카네기 세일즈 리더십

홍헌영·김선민 지음

사 람 을 통 해 결 과 를 만 드 는

카네기
세일즈 리더십

Dale Carnegie
SALES Leadership

월요일의꿈

목차

#1. 자수성가형 꼰대의 비극

실무에서 성공적인 경력을 쌓은 사람은 이후 존경받는 리더가 될까, 아니면 꼰대가 될까? 15년 가까이 리더십 강의를 하면서 생긴 질문이다. 대개 관리자는 자기 일에서 인정받은 사람이 승진한 결과이다. 이러한 관리자가 자신의 성공 경험을 바탕으로 팀원을 코칭해서 팀 전체를 성공으로 이끄는 행복한 상황을 연출하면 좋겠지만 그렇지 않은 경우도 많다. 리더는 자신의 성공 방정식을 강요하고 팀원은 이에 부합하지 못한다. 이에 답답해진 리더는 일을 직접 해결하려 들고 팀원은 거기에서 성장을 멈춘다. 솔선수범이라는 미명하에 리더는 바쁘게 움직이지만 팀워크는 점점 나빠지고 성과도 계속 떨어진다. 그럴수록 리더는 더 열심히 일하고 성에 차지 않는 팀원에 대한 원망은 커져만 간다. 이런 경우 조직은 준비되지 않은 사람을 리더로 승진시킴으로써 유능한 팀원을 잃어버림과 동시에 무능한 관리자를 세우는, 이중 타격을 입게 된다. 심지어 막상 관리자가 되어 보니 이런저런 스트레스가 극심해 다시 현장의 실무자로 돌아가고 싶어하는 관리자도 생긴다.

필자 역시 '데일카네기 트레이닝'이라는 조직에서 영업 담당자로 성공 경험을 맛보았다. 데일카네기 트레이닝은 '인간관계론'으로 유명한 동명의 데일 카네기가 설립한 세계적인 기업 교육 전문 기업이다. 전 세계 85개국에서 100년 이상 교육사업을 해오고 있는 이 기업의 일선에는 데일 카네기의 교육 솔루션을 영업하는 컨설턴트들이 있다. 필자는 2008년 컨설턴트로 입사하여 '루키클럽'이라 불리는 글로벌 카네기 신인상을 수상하고, 2011~2012년 글로벌 카네기 세일즈 어워드 위너가 되어 난생 처음 미국 땅을 밟고 국제 컨벤션에서 메달을 목에 거는 영광을 맛보기도 했다. 그 결과 2013년에는 국내의 데일카네기 트레이닝 영업을 총괄하는 부서장으로 승진했지만 리더로서의 수많은 고충이 기다리고 있다는 것은 미처 깨닫지 못했다.

하지만 역시 길은 있었다. 나름의 배움과 도전으로 2015년부터는 매해 글로벌 카네기 세일즈 매니저 어워드를 수상해 오고 있다. 또한 1년에 평균 200시간 이상의 강의를 하고 해마다 수백 명의 기업 실무자와 관리자를 만난다. 그 경험을 통해 깨달은 바는 이것이다. "실무와 관리는 다르다." 그렇다. 영업과 영업 관리는 다른 차원의 직업이다.

경로 의존

우리가 사용하고 있는 키보드의 알파벳 배열은 누가 정한 것일까? 지금의 컴퓨터가 대중화되기 이전 기계식 타자기부터 적용된 이 자판을 '쿼티(QWERTY)' 자판이라고 한다. QWERTY는 자판의 왼쪽 윗부분 알파벳 배열을 순서대로 읽은 것인데, 이 자판은 배열에 일정한 규칙도 없고 한 손가락에 타이핑이 집중되는 비효율성을 가지고 있어서 사실 사용하기에는 불편하다. 과거의 수동 자판기는 빠른 속도로 타이핑을 할 경우 글자를 찍는 봉이 서로 엉키는 문제가 발생했다. 이 문제를 해결하기 위해 사람들이 타자를 느리게 치도록 일부러 비효율적인 배열을 적용한 것이다. 하지만 컴퓨터의 경우 쿼티 자판이 더 이상 필요 없음에도 불구하고 우리는 여전히 이 자판을 사용하고 있다. 실제 미국 시장에서 더 효율적인 새로운 자판 형태가 출시된 적도 있지만 이미 쿼티 자판에 익숙해진 대중은 이것에 냉담하게 반응했다. 이렇게 한 번 경로가 지정되면 그것이 비록 비효율적이라 할지라도 그 틀 안에 갇히게 되어 좀처럼 벗어나지 못하는 현상을 '경로 의존'이라고 한다.

조직에서 영업팀의 관리자로 발탁되는 사람들은 대부분 성공적인 성과를 낸 영업 담당자들이다. 이들은 대개 성공적인 영업 경험이 있기 때문에 오히려 경로 의존의 오류에 빠질 가능성이 크다. 비효율적인 방식조차도 한 번 익숙해지면 거기에서 벗어나기 힘든데 하물며 자신이 직접 경험한 성공의 방식이라면 어떠하겠는가? 물론 자신의 경험을 통해 타인에게 '말할 자격'을 얻는 것은 중요하다. 그러나 리더가 된다는 것은 전혀 다른 문제이다. 전문가가 반드시 좋은 리더가 되는 것은 아니다. 수술을 잘하는 의사가 곧 유능한 병원장이 되는 것은 아니다. 능력 있는 프로그래머가 IT 회사를 잘 이끌 수 있는 것 역시 아니다. 지금까지 전문가로서 성과를 잘 쌓아왔다 하더라도 관리자가 되었다면 더 이상 과거 성공의 향수에 머물러서는 곤란하다. 리더는 성과를 내는 사람이 아니라 성과를 내게 하는 사람이다. 자신이 아닌 타인을 통해서 성과를 낸다는 것은 완전히 새로운 역량을 필요로 한다. 관리자가 된 순간 당신은 지금까지의 성공 경로에 의존하지 않고 새로운 길을 만들어 가야 하는 입장이 된 것이다.

준비되지 않은 리더의 두 가지 위험한 생각

"냅킨으로 쓰기에는 크고 식탁보로 쓰기에는 작다." 한마디로 어중간하다는 뜻이다. 이 말이 누구에 대한 평가인지 짐작이 가는가? 바로 2002년 월드컵 4강 신화를 이룬 거스 히딩크 감독이 선수 시절 네덜란드 언론으로부터 받은 다소 박한 평이다. 하지만 역설적으로 그가 탁월한 선수가 아니었기 때문에 다양성과 균형감을 잃지 않고 팀을 잘 이끌 수 있었던 것은 아닐까? 영업 관리자는 자신이 아니라 팀원들을 영웅으로 만들어야 한다.

내가 전문가라는 착각은 사람의 마음을 폐쇄적으로 만든다. "자기 지식이 풍부하다고 느끼는 사람들은 자기와 생각이 다른 사람의 견해를 찾아보거나 그런 견해에 귀 기울이지 않게 된다."

시카고 로욜라대학교의 빅터 오타티(Victor Ottati) 교수의 말이다.

관리자가 되는 것은 새로운 직업을 가지는 것이라 해도 과장이 아니다. 비단 영업뿐 아니라 다른 업무 영역에서도 기존의 전문가적인 역량이 관리자로서의 성공을 보장해 주지는 않는다. 이렇게 새로운 역량이 필요할 때는 열린 마음과 배우려는 열망이 필수요소이다. 그러나 아이러니하게도 영업 담당자로서 성공적이었던 사람은 자신만의 성공 경험이 있고, 이것에 대해 늘 인정을 받아 왔기 때문에 새로운 지식과 배움에 열린 마음을 가지기가 힘들다. '내가 해봐서 아는데…' 하는 생각이 오히려 성장을 방해할 수 있다는 것을 꼭 기억해야 한다.

또 하나의 위험한 생각은 자신이 속한 업종의 비즈니스적 특수성을 지나치게 강조하는 것이다. 세상에는 많은 종류의 영업이 있다. IT, 제약, 기계, 장비, 기술, 디자인, 컨설팅 솔루션 제공 등 영업 분야는 정말 다양하다. 필자도 강의를 직업으로 하고 또 교육 상품을 영업해 온 사람으로서 해당 업종만의 특수성을 모르는 바가 아니다. 그렇지만 오히려 영업 전문가들은 자기 업종의 특수성으로 인해 외부의 지식과 정보에 닫혀 있는 경향이 있다. '이 방식은 우리 업종에는 맞지 않아' '이 업계는 특수해서 기존의 이론들은 잘 맞지 않아' 하는 생각을 가지기가 쉽다. 물론 그런 면이 없다고는 할 수 없다. 그래서 우리에게 필요한 것이 비판적 수용이다. 리더십에 있어 검증된 방법론이 있다면 그것을 최대한 깊이 있게 학습하고 나의 상황에 맞게 응용해서 적용할 수 있는 능력을 키우려는 자세가 필요하다. 사실상 관리자 대부분은 리더십을 체계적으로 배운 적이 없다. 그렇기에 학습에의 열린 시각과 균형 잡힌 관점은 성공적인 영업 관리자가 되는 전제조건이며 이 책이 그 토대를 튼튼히 하는 데 소중한 초석이 되기를 바란다.

#2. 뉴노멀 시대의 버추얼 리더십

코로나19가 세상을 바꾸었다. 영업은 사람을 만나는 일인데 대면 접촉이 어려워졌다는 것은 영업에 있어 크나큰 도전이다. 이미 시작된 4차 산업혁명의 시대에 코로나19로 인한 비즈니스 환경 변화는 급속도로 조직의 커뮤니케이션 양상을 바꾸고 있다. 자녀들은 줌(Zoom) 클래스를 통해 학교 수업을 한다. 어른들은 집에서 커피를 마시며 페이스타임(Face Time)으로 친구들과 모임을 한다. 직장인은 카페로 출근해서 노트북을 켜고 일을 하다가 MS팀즈(Microsoft Teams)나 웹엑스(Webex)로 화상 회의를 하는 것이 일상이 되었다. 출근할 필요도 없다. 지금은 어디에서 일하든 모든 도구가 갖춰져 있다. 사무실이 사라지는 것이 아니라 인터넷이 연결되는 모든 곳이 업무 공간이 된 것이다.

홈오피스, 모바일오피스를 통해 몸은 떨어져 있지만 가상의 세계에서 팀과 함께 일하고 있다. 이것이 '버추얼(virtual)팀'이다. 버추얼팀이란 지역이 다른 사람들이 온라인으로 연결되어 함께 일하는 조직을 말한다. 사실 이것은 코로나19로 인한 변화가 아니다. 이미 시작된 변화를 감염병이 더욱 가속화한 것일 뿐이다. 그리고 한번 이러한 환경에 적응했기 때문에 설사 감염병이 사라진다고 해도 다시 100% 예전의 근무환경으로 돌아가지는 못할 것이다. 바야흐로 뉴노멀의 시대가 시작된 것이다. 또한 앞으로는 AI(인공지능)가 발전해서 이 변화를 더욱 가속화할 것이다. 2019년 데일카네기 트레이닝 자체 글로벌 리서치에 의하면 조사 대상자의 67%가 이미 AI가 자신의 근무환경에 영향을 미치고 있다고 답했다. 그리고 이 변화의 폭은 더욱 커지고 있다. 영업 관리자도 이러한 변화에 익숙해져야 한다. 이젠 버추얼팀으로 일하는 것의 장단점을 파악하고 그것을 어떻게 잘 활용하는가 하는 문제만 있을 뿐이다. 버추얼로 팀을 리딩하는 역량은 이제 영업 관리자에게 선택의 영역이 아니다. 거부할 수 없는 흐름이다.

버추얼팀의 장점

1. 출퇴근 시간 등 불필요한 시간을 절감할 수 있다.
2. 업무 방해 요소가 적다.
3. 자유롭게 일할 수 있다.

버추얼팀의 단점

1. 언제나 일해야 한다. 출퇴근 시간이 없다는 것은 출근도 안 하지만 퇴근도 안 한다는 뜻이다.

2. 일과 휴식 사이의 경계가 명확하지 않아 쉬어도 쉬는 것 같지 않은 느낌이 든다.

3. 자유가 있다는 것은 책임도 크다는 말이다. 보다 명확한 성과 기준이 적용될 것이다. 사실상 업무 성과에 대한 부담은 더 높아졌다.

MS 오피스경험조직화 설계팀의 알레스 올레첵 부사장은 "작업 항목, 기한 준수, 업무 협조 등에서 어떤 감소도 볼 수 없었다"면서 버추얼팀으로도 얼마든지 생산성을 유지할 수 있다고 역설한다. 먼저, 점심 식사로 인한 생산성 저하가 재택근무에서 나타나지 않았다. 오히려 회사에 출근할 때보다 생산성이 높았다. 필자 역시 대부분의 영업 회의를 온라인으로 전환하였다. 1:1로 영업 담당자들과 화상 코칭을 하고, MS팀즈로 주간미팅을 진행한다. 매일 아침 회사 메신저로 영업 본부원 전원이 일간 업무를 공유한다. 아직은 힘들지만 희망을 가져도 좋다고 믿고 변화에 적응하고 있다.

버추얼팀의 장점을 극대화하고 단점을 최소화하면서 효과적으로 영업 조직을 이끌기 위해서는 다섯 가지 성공 요인이 필요하다.

1. 커뮤니티(Community): 공동체 의식

팀에는 공동체 의식이 필요하다. 공동체 의식이란 공동의 목표를 가진 팀이라는 생각과 친밀한 관계 형성을 말한다. 반드시 오프라인이 친밀함이 높고 온라인은 낮다는 것도 편견이다. 물론 대

버추얼팀의 다섯 가지 성공 요소, 5C

출처: Dale Carnegie Training Module 'Build a High Performing Virtual Team'

면 접촉의 부족을 메꿀 수 있는 아이디어는 필요하다. 온라인 미팅 때 '굿 뉴스'를 서로 나누거나 기념일이나 생일을 챙겨서 축하해 주는 것도 좋다. 또한 월 1회 정도는 오프라인 소통의 날을 정해서 모이는 것도 고려해볼 수 있다. 의외로 원격근무를 싫어하는 사람들도 있다. 일례로 필자와 함께 일하는 한 직원이 '출근의 자유를 보장하라'는 농담 섞인 항의를 한 적도 있다. 그만큼 사람들이 그립고 동료애를 느끼고 싶다는 뜻일 것이다.

2. 콘트롤(Control): 업무 공유

버추얼팀으로 일하기 위해서는 서로 약속을 지켜야 한다. 업무를 세분화해서 어떤 일이 얼마나 걸리는지 서로 확인하고 소통하는 것이 중요하다. 팀 동료들이 무슨 일을 하고 있는지 서로 알아야 한다. 일간, 주간 업무 공유는 필수이다. 매일 아침 그날의 고객 미팅 현황과 주제를 간단히 메신저로라도 공유하도록 만들어야 한다. 또한 특정한 사안이 있을 때만 소통하는 것이 아니라 상시적으로 업무를 공유할 수 있도록 도구를 적극 활용해야 한다. 구글스프레드시트를 사용해서 팀 스케줄표를 만들고 실시간으로 동시에 문서를 수정하면서 업무 현황을 공유하는 것도 가능하다. 이렇게 하면 업무 진척도와 생산성을 함께 확인할 수 있다.

3. 커뮤니케이션(Communication): 소통

자주, 그리고 효과적으로 커뮤니케이션을 해야 한다. 커뮤니케이션에는 소통 채널이 중요하다. 메신저, 메시지, 이메일, 전화, 화상회의 등 여러 도구가 있는데 어떤 채널로 소통할지에 있어 중요한 기준은 바로 '감정'이다. 감정이 크게 들어가는 것일수록 밀도 높은 채널을 활용해야 한다. 이것 역시 채널에 대한 공식적인 의사소통을 하는 것이 좋다. 단체 채팅방만으로는 부족하다. 어떤 소통을 이메일로 할지, 메신저는 어떤 경우에 쓸지, 전화는 언제 할지, 화상회의는 어떤 용도로 할지 등 팀 내에서 커뮤니케이션 도구에 대한 사용 규칙을 미리 논의해 정해 둘 필요가 있다.

4. 컬래버레이션(Collaboration): 협력

버추얼팀에서 어려운 부분 중 하나이다. 사실 신뢰가 기본이 되

카네기 세일즈 리더십

어야 나머지 것들도 가능하다. 기본적으로 원격근무는 개인성이 높다. 하지만 협력해야 하는 일들도 많다. 상호 협력해야 하는 부분에서는 SOP(표준작업지침, Standard Operation Procedure)를 준수해야 한다. 관리자의 이메일에는 24시간 이내로 답변한다. 업무적 채팅방과 커뮤니티용 채팅방을 구분해서 업무적 메시지는 반드시 확인한 것을 알리고 2시간 이내에 답변해야 한다. 이렇게 업무의 종류에 따라 작업 지침을 만들어서 공유해야 한다.

5. 커미트먼트(Commitment): 헌신

영업 담당자들의 근무 시간을 관리해야 한다. 버추얼팀은 생각보다 높은 수준의 독립성과 책임감을 요구한다. 언젠가 화상 인터뷰 중에 자녀가 들어와서 미팅을 방해하는 것을 본 적 있다. 개 짓는 소리, 아이들 방해, 인터넷 속도 등 원격근무에도 방해 요소가 즐비하다. 가급적이면 독립된 업무 환경 구축이 필요하다. 사무공간과 쉬는 공간을 구분하도록 영업 담당자들을 지도해야 한다. 또한 화상회의 때는 반드시 비디오를 켤 것, 1회 이상 발언할 것 등 나름의 헌신규칙을 정하는 것도 좋다. 각 영업 담당자들이 정해진 업무 시작 시간과 종료 시간을 공유하는 것도 방법이 된다.

인간에게는 본질적인 욕구가 있다. 그것은 '인정'이다. 의미 있는 일에 기여하고 그것을 통해 가치 있는 존재로 인정받고 싶어한다. 버추얼로 작업 환경이 바뀌어도 그 본질적인 욕구만은 크게 변하지 않는다. 그래서 거의 100년 전에 카네기가 말한 인간관계 원칙이 아직도 유효한 것이다. 언택트 시대에도 이것은 마찬가지이다. 카네기의 리더십 원칙은 온라인이든 오프라인이든 그것을 제대로 적용하기만 한다면 조직에 성과를 가져온다. 디지털을 기술 발전 관점에서만 접근하는 경우가 많다. 그러나 모니터 너머에, 스마트폰 액정에 표시되는 메시지 너머에 감정과 욕구를 가진 사람이 있다는 것을 꼭 기억해야 한다.

#3. 카네기 세일즈 리더십 모델

앞으로 총 다섯 파트에 걸쳐서 영업 관리의 핵심 요소들을 다루어볼 것이다. 영업을 뜻하는 영문 SALES의 스펠링을 따서 셀링(Selling), 애널라이즈(Analyze), 리딩(Leading), 이밸류에이트(Evaluate), 석세션(Succession) 등 다섯 가지로 영업 관리자의 역할을 구분하였고 각 파트마다 상세하게 관리자들이 해야 할 일과 가져야 할 마음가짐을 정리했다. 이것을 '세일즈 리더십 모델'이라고 부르도록 하겠다. 한 단계 한 단계를 읽고 학습하며 솔직하고 진지한 태도로 자신을 돌아본다면 유능한 영업 관리자의 반열에 올라설 수 있는 디딤돌을 얻을 수 있을 것이다.

모델과 프로세스의 차이점을 알고 있는가? 프로세스는 시작과 끝이 있다. 그리고 각 단계가 분절되어 있고 무엇보다 순서가 중

카네기 세일즈 리더십 모델

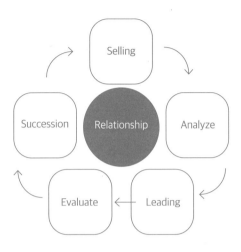

* 전 방향적인 관계를 중심에 두라:

- Selling, 비전과 가치로 설득하라
- Analyze, 사람(People)과 성과(Performance)를 분석하라
- Leading, 모범을 통해 팀을 리드하라(Lead by Example)
- Evaluate, 측정하고 관리하라
- Succession, 강팀의 전통을 이어 가게 하라

요하다. 컴퓨터 연산 프로세스에서 알고리즘 순서를 바꾸어 버리
면 오류가 난다. 생산 공정에서도 각 단계의 절차가 중요하다. 이
것을 프로세스라 한다. 모델은 이것과 유사하면서도 다른 점이 있
다. 기본적인 흐름은 있지만 반드시 그 순서가 중요한 것은 아니
다. 어떤 것이 중요한 요소인가, 그리고 각각의 요소들이 어떻게

유기적으로 연결되어 있는가 하는 질문이 모델에 대한 올바른 접근법이다. 그래서 이 책에서는 세일즈 리더십 모델이라는 말을 쓸 것이다. 현실에서 리더십을 발휘해야 하는 상황은 매우 역동적이고 가변적이다. 따라서 리더는 이 세일즈 리더십 모델의 각 요소들을 흐름에 따라 잘 파악하고 학습하되 실제 적용에 있어서는 유연성을 발휘해야 한다.

먼저 '관계'가 가운데 있다. 마치 아이언맨의 아크 원자로처럼 이 관계가 중심이 되어 각각의 다른 모델에 파워를 공급해 준다. 아무리 훌륭한 스킬과 시스템도 사람 사이의 관계, 신뢰가 없다면 제대로 작동하기 어렵다. 영업 관리자 하면 대체로 이미지가 어떠한가? 고집이 세고, 목표와 성과만을 강조하고, 카리스마적이고, 실적이 없으면 혼날 것 같은 그런 무섭고 경직된 이미지가 떠오르는가? 이러한 리더의 시대는 이미 끝났다. 사람은 자신이 좋아하는 사람에게 헌신하게 되어 있다. 그렇기 때문에 리더십 모델의 다른 부분이 제대로 작동하기 위해서는 리더와 멤버의 신뢰 관계가 본질적인 전제조건이 되어야 한다. 카네기의 인간관계 원칙은 그러한 면에서 세일즈 리더십 모델의 근간을 이루고 있다.

여기서 중요한 것이 하나 있다. 이 모델에서 말하는 관계가 반드시 리더와 멤버의 관계만을 의미하는 것은 아니라는 점이다. 한번 상상해보자. 리더인 나 자신이 가운데 있다. 아래로는 팀원들이 있다. 관리자에게도 위로는 영업담당 임원 또는 CEO 등 상사가 있다. 옆으로는 유관 부서장들이 있다. 지원팀의 리더, 재무팀의 리더, 마케팅팀의 리더, 기술팀의 리더 등 유관 부서의 리더들이 관리자와 수평적인 관계에 있다. 세일즈 리더십이 제대로 발휘되려면 이들 모두와의 전(全) 방향적인 관계가 공히 중요하다.

CEO와 관계가 좋지 않은 리더가 팀원들에게 제대로 된 지원책을 펼쳐 주는 것은 매우 어렵다. IT나 솔루션 영업에 있어 영업팀과 기술지원팀은 서로 각을 세우는 경우가 흔히 있다. 영업팀은 고객의 까다로운 요구에 대체로 수용적이고 고객이 요구하는 기한에 맞추려는 성향이 있다. 기술팀은 그 반대인 경우가 많다. 전 방향적인 관계 중심이라는 것은 이러한 갈등을 풀어내는 능력을 말한다. 업무적으로 부딪치는 유관부서의 장(長)일수록 마치 고객을 관리하듯이, 여러 가지 기회를 통해서 소통하고 신뢰 관계를 쌓아 두는 것이 필요하다. 리더십이라는 주제를 다루면 다들 자신의 팀원들을 어떻게 관리해야 하는가에만 초점을 두는 경향이 있다. 하지만 우선순위로 따지면 먼저 자기 자신을 잘 관리하고, 상사와 동료 리더들과의 관계를 잘 구축하는 것이 더 중요하다고 볼 수 있다. 리더의 이러한 전 방향적인 관계와 신뢰 구축이 그 자체로써 팀원들이 활력을 가지고 일할 수 있는 환경을 제공해 주기 때문이다. 반대로 CEO의 눈 밖에 난 리더, 동료 리더들로부터 인정받지 못하고 적이 되어 있는 리더는 그 한계를 드러내는 데 그리 오랜 시간이 걸리지 않는다.

1부 셀링(Selling)에서는 비전과 가치로 사람을 설득하는 기술을

다룬다. 이것은 목표를 세우고 공유하는 능력을 말한다. 영업은 성과가 가장 명확한 업무다. 대부분의 목표가 숫자로 명확하게 제시된다. 이 목표를 우리는 텔링(telling)하고 있는가? 아니면 셀링(selling)하고 있는가? 텔링은 그저 목표를 말하는 것이다. 거기에서는 어떤 가슴 뛰는 가치도 발견하기 힘들다. 셀링은 목표와 비전을 파는 것이다. 영업 담당자가 제품과 서비스를 고객에게 판매하듯이 영업 관리자는 팀의 목표와 비전, 가치를 담당자들에게 판매해야 한다. 당신은 단순히 목표를 전달하는 사람인가 아니면 가치를 판매하는 리더인가? 이것은 영업팀의 성공을 가르는 매우 중요한 요소이다. '영업 목표' 혹은 '매출'이라고 하면 어떤 느낌이 떠오르는가? 부담감으로 다가오는가? 아니면 희망과 비전, 용기를 끌어내는가? 영업 담당자들에게 '타깃' 또는 '목표'라는 말이 어떻게 다가가는지 생각해볼 필요가 있다. 단순한 숫자, 그것으로 인한 보너스의 의미를 넘어서 우리의 목표가 왜 중요한지, 그것을 달성하는 것이 어떤 의미인지, 나아가 우리 제품의 가치는 무엇인지, 우리가 왜 회사의 가이드라인을 준수해야 하는지 등 영업 관리자는 끊임없이 영업 담당자와 목표, 방향, 전략 등에 대해 소통해야 한다. 이것을 단순한 전달이 아니라 설득과 동기부여의 소통으로 만들어 내는 기술이 바로 셀링이다. 고객에게는 제품과 서비스를 그렇게 잘 셀링하던 관리자들이 리더가 되어서는 직원들에게 단순한 텔링형 리더로 바뀌는 경우가 많이 있다. 기억해야 한다. 영업 관리자의 핵심 고객은 영업 담당자이다.

2부는 애널라이즈(Analyze), '사람과 성과를 분석하라'이다. 영업은 데이터가 말해 준다. 계약이 성사되려면 제안과 협상을 해야 하고, 제안을 하기 위해서는 고객을 만나 니즈를 파악해야 한다. 그리고 고객을 만나려면 다양한 고객 발굴 활동이 있어야만 한다. 따라서 각 세일즈 프로세스에서 영업 담당자의 일하는 양식을 분석하고 어떤 부분을 개선해야 하는가를 파악하는 것이 중요하다. 많은 관리자들이 자신의 경험과 직감으로 문제점을 인식한다. 하지만 '내가 해봐서 아는데…' 하는 태도는 위험하다. 그리고 이 단계에서 분석의 대상은 데이터만을 의미하지는 않는다. People, 즉 사람에 대한 이해도 포함해야 한다. 각 영업 담당자의 장점과 개선점, 성격적인 유형, 동기부여가 되는 요소 등 그 사람에 대한 분석이 같이 있어야 한다. 사람과 프로세스에 대한 제대로 된 분석이 있을 때 비로소 성과를 개선할 수 있는 열쇠를 얻게 된다.

3부는 리딩(Leading), '모범을 통해 팀을 리드하라'이다. 영업 조직에서 리더십을 발휘하는 것은 사실 만만치 않다. 관리자가 먼저 모범을 보이고, 담당자들에게 명확한 이익과 통찰을 제공해 주지 않으면 리더로서 인정받기 힘들다. 영업 조직에는 개성이 강하고 주도적인 사람들도 많고 조직문화 역시 지위와 체계보다는 능력주의가 우선시되기 때문에 어지간히 유능한 관리자가 아니라면 영업 조직에 강력한 리더십을 발휘하기가 쉽지 않다. 흔히 우리는 리더십 하면 솔선수범을 떠올린다. 이것을 다른 말로 '모범을 통한 리드(Lead by Example)'라고 하는데, 그렇다고 반드시 관리자가 모든 것을 직접 해야 한다는 뜻은 아니다. 영업 담당자들이 가장 꺼리는 일 중 하나는 콜드콜이다. 영업 담당자들이 콜드콜을 하도록 만들기 위해 관리자 역시 매일 콜드콜을 할 수는 없다. 하지만 관리자들에게도 귀찮고 꺼려지는 일이 있다. 팀원들의 불만을 듣고 챙기는 것, 까다로운 민원 고객을 직접 상대하는 것, 타 부서 리더들의 협력을 얻기 위해 나의 부가적인 시간을 내는 것, 이 모든 것들이 귀찮고 꺼려지는 일이다. 이렇게 관리자에게는 리더로서 해야 할 일이 따로 있다. 관리자로서 당신은 이런 종류의 꺼려지는 일들을 최선을 다해서 수행하고 있는가? 영업 담당자들은 관리자를 지켜보고 있다. 영업 담당자는 힘들더라도 영업의 정도를 지켜야 하고 관리자는 고통이 따르더라도 리더십의 정도를 지켜야 한다. 말과 행동이 다른 리더는 결코 신뢰를 얻을 수 없다.

4부는 이밸류에이트(Evaluate), '측정하고 관리하라'이다. 실제적이고 구체적인 영업 데이터 관리에 관한 내용이다. 이밸류에이트 단계는 성과관리에 해당한다고 볼 수 있다. 영업에 대한 보상은 회사가 그냥 해주는 것일까? 아니다. 영업은 성과가 숫자로 표시되기 때문에 정량적인 평가는 비교적 용이한 편이다. 하지만 그것만이 전부라고 할 수 있을까? 그 성과가 나기까지의 과정도 매우 중요한 지표이다. 단지 업적에 대한 보상만이 아닌 과정에 대한 평가와 피드백, 그리고 더 나은 성과로 이끌기 위한 동기부여 등이 매우 중요하다. 관리자는 담당자 각 개인의 역량에 대해 제대로 된 관찰과 평가를 하고 물질적·비물질적 보상이 균형을 이루도록 해서 팀이 보다 성과에 몰입할 수 있는 환경을 조성해야 한다.

마지막 5부는 석세션(Succession)으로, 리더십 승계 문제를 다룬다. 유능한 리더는 그 사람이 팀을 떠났을 때 진가가 발휘된다고 한다. 적절한 후임자가 양성되었는가, 유능한 인재들이 끊임없이 팀에 충원되고 있는가, 하는 질문이 지속적으로 성공을 이어 갈 수 있는 팀을 만든다. 즉 선발, 육성, 리더 양성 등 강팀의 전통을 이어 가기 위한 노력이 계속되지 않는다면 리더 한 명이 스타가 될지언정, 그 팀이 지속적으로 성공하지는 못한다.

쉽지 않지만 할 수 있다

내가 잘하는 것보다 다른 사람을 잘하게 만드는 것이 훨씬 어렵다. 영업과 영업 관리는 완전히 다른 기술이다. 그런데 왜 우리는 영업을 잘하면 곧바로 좋은 관리자가 될 거라고 쉽게 생각할까? 왜 업무를 잘하는 사람이 좋은 리더가 될 거라고 속단하는 것일까? 그렇다면 과연 어떻게 해야 유능한 관리자가 될 수 있는가? 이 책은 이 난제에 대한 길잡이가 되기를 바라는 간절한 소망의 산물이다. 이 책의 내용이 단 하나의 정답은 아닐 것이다. 하지만 독자 여러분이 책을 읽어가는 과정 가운데 얻게 될 깨달음은 분명 지금보다 우리를 성장시킬 더 나은 답이 될 것임은 감히 확신한다.

Part1
S.

셀링(Selling),
비전과 가치로
설득하라

**Dale Carnegie
SALES Leadership**

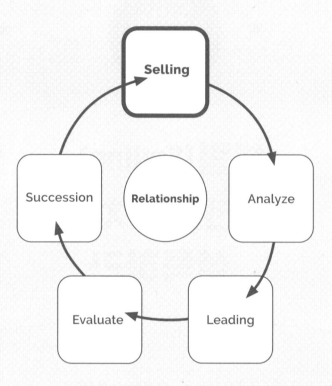

1장.

전문가에서 리더로

　세일즈 리더십 모델을 본격적으로 다루기 전에 꼭 짚고 넘어가야 할 점이 있다. 리더의 기본기라고 할 수 있는 균형 잡힌 관점을 갖춤으로써 성공한 전문가의 오류를 극복하는 것이다.

리더, 균형 잡힌 관점이 필요한 자리

　경영자이자 작가인 맥스 드프리(Max DePree)는 "Manage the system, lead the people"이라는 유명한 이야기를 했다. 일은 시스템으로 관리하고 사람은 존중과 신뢰를 통해 리드하라는 말이다. 일과 사람의 균형은 카네기 리더십의 두 축이다. 하지만 우리는 가끔 이것을 반대로 적용한다. 사람을 관리하고, 일은 체계적으로 하지 못하는 경우가 생기는 것이다. 프로세스는 종종 사람 뒤에 가려져 있다. 성과가 더디면 '저 친구는 능력이 없어' 하고 판단하기 쉽다. 하지만 유능한 리더는 그 사람이 성과를 내는 프로세스를 관찰하고 문제가 되는 부분을 정확히 찾아낸다. 그리고 그것을 개선할 수 있도록 사람을 리드한다.

영업은 일련의 프로세스로 이뤄져 있다. 업종과 제품이 달라도 이 핵심적인 프로세스는 대략 유사한데, 고객 발굴, 고객과의 접점 도출 등의 고객 발굴 단계, 고객과의 미팅, 소통을 통해 고객이 필요로 하는 것을 찾아내는 니즈 분석 단계, 제품이나 제안을 프레젠테이션하고 솔루션을 설득하는 단계, 협상과 조정 등을 거쳐 계약을 이끌어 내는 단계, 사후관리를 통해 고객을 유지하고 추가적인 비즈니스 기회를 찾아내는 단계가 그것이다. 세부적으로 들어가면 각 단계 안에서도 담당자의 역할에 따른 일하는 방식과 업무 프로세스들이 존재한다. 만약 성과가 잘 나지 않는 직원이 있다면 이 프로세스 중 어딘가가 제대로 작동하지 않는다는 의미이다. 단순히 이 친구는 능력이 부족해, 열심히 하지 않아, 하는 판단을 내리기 이전에 영업 과정이나 담당 업무 프로세스의 어떤 부분이 제대로 작동하지 않는가를 찾아내서 그 부분을 해결하는 것이 '일의 시스템을 관리'하는 영역이다.

문제를 해결하기 위해서는 업무 방식이나 환경적으로 개선해야 할 프로세스 부분과 영업 담당자 개인, 즉 사람에 대한 부분을 분리해야 한다. 그런 후에 담당자의 태도, 지식, 행동의 변화를 이끌어 내야 한다. 이것이 '사람을 리드하는 것'이다. 자신감이 부족하다면 격려를, 지식이 부족하다면 교육을, 의욕이 부족하다면 동기부여를, 실전 스킬이 부족하다면 동행하면서 훈련과 코칭을 제공해야 한다. 이것을 우리는 리더십 스킬이라고 한다. 우리는 앞으로 업무 프로세스 관리는 어떻게 해야 하는지, 프로세스 각 단계에서 활동하는 사람의 태도, 지식, 행동의 변화를 이끄는 리더십은 어떻게 발휘해야 하는지에 대해 균형 있게 알아볼 것이다.

또 하나 균형이 필요한 관점은 행하기(doing)와 이끌기(leading)이다. 관리자는 무엇을 직접 행해야 하고, 무엇을 이끌어야 하는가? 관리자가 해야 할 일은 무엇이며, 담당자가 할 일은 무엇인가? 이 부분을 잘 설정해야 불필요한 기대에서 오는 오류를 줄일 수 있다. 지금 자신이 하는 일 중에서 팀원이 할 일을 대신해 주고 있는 것은 없는지 돌아보라. 아니면 관리자로서 반드시 챙겨야 할 부분을 놓치고 있는 것은 없는지 확인해봐야 한다.

어떤 영업 관리자는 자신의 역할을 큰 계약(Big Deal)을 따내는 것이라 생각한다. 행하기에 많은 비중을 둔 태도라 할 수 있다. 때로는 조직이 이것을 요구하기도 한다. 관리자가 큰 계약을 따내는 결정적인 역할을 하고 담당자는 그것을 보조하는 역할을 하는 것이다. 실제로 이것이 필요한 업종도 있다. 그러나 이러한 경우에도 관리자가 어떻게 하는가에 따라 담당자가 성취감과 성장을 느끼는 정도가 다를 수 있다.

어떤 관리자는 철저하게 관리하고 체크만 하면 영업이 잘될 것이라 생각한다. 이런 관리자는 근태 관리 철저히 하고, 활동량 챙기고, 실적을 체크하면서 신상필벌을 확실하게 하는 것에 비중을 둔다. 이 방식은 단기적으로는 효과를 발휘할지 모르지만 유능한 인재를 육성하여 전반적인 영업 역량을 강화해 나가는 것에 있어서는 한계가 명확하다.

때로는 관리자가 직접 앞장서서 영업 일선에서 함께 활동해야 한다. 그리고 실적과 활동을 철저하게 관리하고 체크하는 것 역시 관리자의 역할이다. 중요한 것은 균형이다. 영업 담당자가 할 수 있는 일, 또는 해야 할 일을 관리자가 직접 함으로써 리더는 인정받지만 팀원이 성장하지 못하는 것은 아닌지, 반대로 관리와 체크만 하면서 현장에서는 멀어진 관료가 되어 있는 것은 아닌지 늘 자신을 돌아봐야 한다. 영업 관리자는 그라운드에서 멋지게 골을 넣는 스트라이커가 아니다. 동시에 경기장 밖에서 뒷짐지고 있는 구단 관리자는 더더욱 아니다. 경기장에서 함께 소리치고 작전을 지시하고 때론 넥타이를 풀어 헤치고 선수들을 격려하는 감독과도 같은 역할, 이것이 유능한 영업 관리자를 상징하는 이미지이다. 사람을 통해서 성과를 창출하는 것(Performance through People), 유능한 영업 관리자라면 슬로건처럼 여겨야 할 말이다.

성공한 전문가들의 오류

영업으로 성공한 사람일수록 조직의 인정을 받아왔기 때문에

카네기 세일즈 리더십

'전문가의 저주'라는 위험에 빠질 가능성이 크다. 때로는 이것이 치명적인 실책으로 이어진다. 그렇기 때문에 관리자로 성장하기 위해서는 다양한 의견을 듣고, 자신을 돌아볼 수 있는 자기 인식 능력을 반드시 키워야 한다. 영업 환경은 시시각각 변하고, 과거의 성공 방정식은 더 이상 통하지 않는다. 그래서 열린 마음으로 새로운 것을 받아들이지 않는 리더는 팀을 제대로 이끌 수 없다. 문제는 성공한 전문가일수록 관리자가 되었을 때 이러한 오류에 더 자주 빠진다는 것이다. 자기 인식이 부족한 리더가 자주 빠지는 오류에 대해 알아보자.

성공한 전문가의 대표적인 오류 다섯 가지

BBC 기자 출신의 데이비드 롭슨이 최근 저서《지능의 함정》에서 이것을 잘 정리해 두었는데, 그중 대표적인 다섯 가지를 알아보자.

1. 메타 건망증(Meta Forgetfulness). 내가 얼마나 알고 있는지를 잊어버린다는 뜻이다. 예를 들면 졸업한 지 한참 지난 사람이 학창시절 기말고사를 볼 때와 같은 지식을 가지고 있다고 스스로를 평가하게 되는 경향을 말한다. 자신의 전성기에 갇혀 있는 것이라고 할 수 있다. 또한 기존의 지식은 시간이 흐름에 따라 퇴색하고 새로운 개념과 트렌드, 지식이 계속 쏟아져 나온다. 내가 기존에 알고 있던 성공 공식과 지식은 이미 오래된 것일 수 있다는 것을 기억해야 한다. 그런데 전문가들은 자신이 전성기 때와 같은

지식을 가지고 있다고 생각하는 경향이 있기 때문에 이러한 인식은 생각을 굳게 만들고 새로운 것에 열린 마음을 갖지 못하게 한다. '나의 전성기는 이미 지났다.' 이렇게 생각하고 새로운 지식과 방법론에 열린 자세를 취해야 한다. '오래된 것일수록 좋다(Oldies but Goodies)'라는 문구는 올드팝을 감상할 때나 해당되지 비즈니스 현장에서는 위험한 말이다.

2. 모세의 착각(Moses Illusion). '모세는 방주에 동물들을 종류별로 각각 몇 마리씩 태웠는가?' 이 질문의 정답은 무엇일까? 정답은 '한 마리도 태우지 않았다'이다. 방주에 동물을 태운 것은 모세가 아닌 '노아'라는 인물이다. 그런데 의외로 많은 사람이 성급하게 두 마리 태웠다고 말함으로써 이 퀴즈의 정답을 틀렸다고 한다. 엉뚱한 곳에 집중하고 성급하게 판단함으로써 세부적인 부분에 신경 쓰지 못하고 잘못된 의사결정을 하게 되는 현상이 바로 모세의 착각이다. 영업 현장은 빠른 의사결정을 필요로 할 때가 많다. 그렇다고 해서 문제 분석에 필요한 데이터의 일부만을 보고 성급하게 답을 찾게 되면 어떻게 될까? 역설적이게도 자신이 잘 안다고 생각하는 분야일수록 이 오류를 범할 가능성이 높다.

3. 솔로몬의 역설(Solomon's Paradox). 솔로몬은 지혜로운 판결로 유명한 왕이다. 한 아이를 두고 서로 자신의 아이라고 주장하는 두 여인을 향해 아이를 반으로 갈라서 각각 가져가라고 한 판결 이야기를 들어본 적 있을 것이다. 진짜 어머니라면 자신의 아이를 차마 죽일 수 없기 때문에 아이를 반으로 가를 바에 차라리

포기할 것이라고 생각한 지혜에서 나온 판결이다. 그러나 그렇게 타인의 문제에는 정확한 솔루션을 주었던 솔로몬 왕은 정작 자신의 삶에 있어서는 판단력이 흐려져서 불운하고 후회스러운 말년을 보낸 것으로 알려져 있다. 이렇듯 타인의 문제는 잘 지적하고 해결책을 내지만 정작 자신에게는 적용하지 못하는 현상을 솔로몬의 역설이라고 한다. 역시 자기 자신을 잘 돌아보는 것이 중요하다는 것을 말해 준다.

4. 인지 태만(Cognitive Miserliness). 분석보다는 직관에만 의지해서 결정을 내리는 성향을 말한다. 영업은 과학이다. 데이터에 대한 면밀한 분석이 필수적이다. 하지만 자신이 바라보는 모습만 보고 쉽게 문제와 원인을 규정하고 결론을 내려 버린다면 심각한 오류에 빠지게 된다. 관리자는 객관적인 데이터를 충분히 검토한 후에 직관을 활용하는 균형 잡힌 의사결정을 해야 한다.

5. 자초한 교조주의(Earned Dogmatism). 자신의 전문성을 확신한 나머지 자신에게 타인의 관점을 무시할 수 있는 권리가 있다고 생각하는 폐쇄적 사고방식을 말한다. 새로운 아이디어를 얻을 수 있는 길은 많이 있다. 하지만 고성과자가 아닌 사람의 의견은 끝까지 들어보지도 않고 차단해 버리는 리더를 종종 본다. 만약 임원이나 CEO가 어떤 의견을 낸다면 우리는 어떤 자세로 들을까? 이해가 안 되고 말이 안 되더라도 일단 듣는 시늉이라도 할 것이다. 그러고는 다른 건 몰라도 이 말은 맞아, 하면서 최소한의 긍정적인 해석을 내린다. 하지만 기존의 지식과 경험이 자신도 모르는

사이에 일종의 권위주의를 형성할 수 있다. 이것이 소통을 가로막는 장애물이 된다. 자초한 교조주의는 소통을 가로막고 결국에는 영업 성과의 정체를 초래할 것이다.

리더의 자기 인식

이러한 전문가의 오류를 줄이고 리더로서 올바른 지혜를 발휘하려면 어떻게 해야 할까?

전문성은 네 단계로 구분된다. 나의 무능을 모르는 상태, 나의 무능을 의식하는 상태, 나의 능력을 의식하고 활용하는 상태, 나의 능력을 무의식적으로 활용하는 상태. 이렇게 네 단계로 능력과 전문성의 발전을 나눠볼 수 있다. 운전을 예로 들어보자. 1단계인 초보 운전자는 사이드미러를 보지도 않고 차선 변경을 하고 있는 자신의 모습을 알아차리지 못한다. 2단계로 가면 사이드미러를 안 보고 핸들을 꺾는 것이 문제라는 것을 알게 된다. 3단계에서는 신중하게 신경 쓰면서 차선을 바꿀 수 있다. 운전이 익숙해져 4단계가 되면 무의식적으로 사이드미러를 보고 다가오는 차와의 거리를 감지하면서 자연스럽게 차선을 바꾸게 된다. 그런데 의외로 4단계로 막 접어들었을 때 가장 사고 확률이 높다. 흔히 운전한지 1년쯤 지났을 때 사고를 조심해야 한다고 말하지 않는가? 이렇듯 이제 익숙하다고 여겨질 때쯤 자신의 직감을 의심하고 자신의 무의식적 능력을 성찰해보는 자기 인식의 단계가 전문성의 마지막 단계라고 할 수 있다.

그렇다면 영업 관리자는 어떤 것을 성찰해야 할까? 먼저 자신의 성공 요인에 대한 분석이 필요하다. 하지만 그것이 다가 아니다. 과연 자신의 성공 방식을 일반화할 수 있는가에 대해 질문하며 자신의 역량에 대한 성찰을 반드시 해야 한다. 자신만의 성공 요인이 있다면 그것이 일반화될 수 있는 것인지에 대한 객관적 검증을 해봐야 한다는 말이다. 이것을 위해서는 자신의 부족한 점을 인식할 수 있는 겸손이 필요하다. 겸손이야말로 지혜와 통찰을 얻을 수 있는 밑거름이다. 기꺼이 조언을 구할 수 있는 오픈마인드가 있는지 스스로에게 물어보라. 리더는 실수하거나 허점을 보이면 안 된다는 강박이 있기 때문에 피드백을 두려워한다. 실제로 피드백을 받을 기회도 가지기 어려운 것이 현실이다. 우선 세일즈 리더십 모델에 근거하여 다섯 가지 영역에 있어 자신의 강점과 개선점을 스스로 찾아보기 바란다. 그리고 주변의 신뢰할 수 있는 사람에게 리더로서 자신의 강점과 개선점이 무엇이라고 생각하는지 피드백을 구해보라. 기대한 것보다 많은 깨달음과 유익을 얻을 수 있을 것이다.

어쩌면 지금까지 다룬 내용이 기존에 생각해 온 영업 관리자의 이미지와 다를 수 있다. 열정과 성공, 행동과 성취를 강조하는 것이 영업 관리자의 역할인 것은 맞다. 하지만 오히려 차분히 자신을 돌아보며 균형을 잃지 않기 위해 스스로를 점검하는 것이 성공적인 리더가 되는 가장 중요한 기초작업이라는 것을 다시 한번 생각해봐야 할 것이다.

2장.

목표를 말하는 사람, 비전을 파는 리더

혹시 우리나라의 하루 복권 판매액이 얼마나 되는지 알고 있는 가? 무려 하루 평균 100억 원에 이른다고 한다. 왜 이렇게 많은 사람이 복권을 구매할까? 사람들은 복권에 당첨되면 그 돈으로 이것도 하고 저것도 할거야, 하는 상상을 한다. 복권을 사서 호주머니에 집어넣는 순간 행복한 상상을 하게 되는 것이다. 사람들은 복권이라는 종이를 사는 것이 아니라 행복한 기분을 산다. 다소 엉뚱한 이야기로 들릴 수 있겠지만 여기서 우리는 목표가 가지는 속성을 엿볼 수 있다. 목표를 세우는 것, 그리고 그것이 이뤄지면 나에게 어떤 좋은 일들이 펼쳐질까 상상하는 것, 이것이 우리를 기분 좋게 만든다. 원래 목표에는 사람을 기분 좋게 만드는 속성이 있다. 하지만 비즈니스 상황에서 주어지는 목표는 우리에게 어떤 감정을 불러일으키는가? 우리를 행복하게 하는 자극을 주는가? 아니면 부담과 스트레스로 다가올 뿐인가? 영업에는 뚜렷한

목표가 존재한다. 영업 관리자의 중요한 역할 중 하나는 목표가 영업 담당자들에게 행복한 상상과 동기부여가 되는 자극으로 받아들여질 수 있도록 소통하는 것이다. 목표는 원래 나쁜 것이 아니다. 우리를 불편하게 하기 위해 존재하는 것도 아니다. 비전, 미션, 그리고 가치를 제대로 소통할 수만 있다면 영업 목표는 우리를 동기부여하는 좋은 자극제가 되기에 충분하다.

목표와 타깃에 대한 재해석

목표의 본질

영업 조직에서 타깃, 목표 같은 용어는 매우 익숙한 단어다. 사실 영업 조직만큼 목표가 분명한 곳도 없다. 대부분의 영업 조직에는 명확하게 정의된 수치적인 목표가 주어진다. 연간 매출 얼마 달성, 신규 고객수 몇 % 증가, 분기 계약 건수 몇 건 증가, 어떤 분야로의 사업 확대 등 명확한 목표가 주어진다. 영업 조직의 성과는 이 목표에 대한 달성 의지가 얼마나 되는가에 따라 좌우된다고 해도 과언은 아닐 것이다.

하지만 목표, 타깃이라는 단어를 들을 때 영업 담당자의 마음에 떠오르는 감정은 어떤 것일까? 영업 담당자들을 대상으로 강의를 할 때마다 이 질문을 해본다. "타깃, 올해 매출목표, 이런 말을 들으면 어떤 감정이 생기나요?" 영업 담당자 대부분의 대답은 부담, 스트레스, 회사가 마음대로 정한 것, 항상 높아지기만 하는 것, 불가능한 것 등, 부정적인 뉘앙스의 단어가 대다수를 이룬다. 희망, 설렘, 보상에 대한 만족감, 성취감 등 긍정적인 감정을 떠올리는 사람은 많지 않다. 사실 이것은 매우 심각한 문제이다. 영업은 결과로 말한다. 영업에 있어서 가장 중요한 것은 목표를 달성하는 것 아니겠는가? 그런데 그 목표를 대하는 감정이 부정적이라면, 이미 절반은 실패한 것이다. 반대로 목표에 대해서 긍정적인 감정, 할 수 있다는 생각, 달성하고 싶다는 욕구와 열망이 있다면, 이미 절반의 성공을 담보하고 출발하는 것과 같다.

영업 관리자는 이 목표의 본질에 대해서 숙고해봐야 한다. 혹시 여행을 좋아하는가? 좋은 사람들과 좋은 장소에서 좋은 경치를 보고 좋은 음식을 먹는 것, 이렇게 여행에는 많은 매력이 있다. 그런데 여행의 전 과정에 있어서 가장 즐거운 시기는 '여행 계획을 세울 때'이기도 하다. 행선지를 정하고, 무엇을 할지 일행들과 함께 생각하고 이야기를 나누는 건 정말 즐겁고 유쾌한 일이다. 여행 계획을 세우는 것과 마찬가지로 영업 목표를 세우는 것은 본질적으로 기분 좋은 일이다. 영업 관리자의 목표의식은 여기서 출발해야 한다. '목표는 좋은 것이다'라는 믿음. 다른 사람은 몰라도 영업 관리자는 이러한 태도부터 가져야 한다.

이제 우리 조직을 한번 생각해보자. 영업이라는 여정에서 궁극적인 종착점인 '목표'에 대해 긍정적인 감정이 일어나지 않는다면, 무언가 잘못되어 있는 것이다. '목표는 원래 좋은 것이야. 다만 어떠한 대가를 치러야 하고, 그 과정이 힘들 수 있지만 나는 저 목표를 간절히 달성하고 싶어.' 이렇게 생각하는 태도와, '목표만 생각하면 부담되고 스트레스 받아. 회사에서 하라고 하니 하긴 하지만 잘될 수 있을지도 모르겠고… 물론 나도 잘하고 싶기야 하지…' 하는 태도를 가지는 것. 그 결과의 차이는 어떠할까? 영업 관리자의 다른 이름은 '목표 도우미'이다. 목표를 잘 세울 수 있도록 지원하고, 그것을 달성하고 싶은 욕구가 들도록 소통하면서 영업 담당자를 돕는 것이 목표 도우미로서 영업 관리자의 사명이다.

설득력을 높이는 대화의 원리

데일 카네기는 그의 저서 《카네기 스피치론(The Quick and Easy Way to Effective Speaking)》에서 설득력을 높이는 대화의 원리로 세 가지 E를 제시했다. 영어 알파벳 E로 시작하는 세 문구로 이루어져 있어서 이것을 '대화의 원리 3E'라고 부른다.

1. Earn the right(말할 자격을 얻으라). 메시지보다 더 중요한 것은 메신저이다. 자녀를 키워보지 않은 사람이 자녀양육 전문가가 되고, 영화를 좋아하지 않는 사람이 좋은 영화 평론가가 되기는 어렵다. 영업 목표를 제시해야 하는 관리자에게 있어 '말할 자격'이란 무엇일까? 영업 담당자가 실제로 그 목표를 달성할 수 있다고 믿는 강한 믿음이 그 첫 번째 요소이다. 관리자 자신도 영업 담당자들이 목표를 달성할 수 없다고 생각한다면 그 목표를 말할 자격

이 없는 것이다.

2. Excited(열렬하게 이야기하라). 어떻게 해야 열렬하게 이야기할 수 있을까? 목소리를 크게 하고, 과장된 몸짓을 써서 이야기하면 열렬하게 이야기하는 것일까? 데일 카네기는 이렇게 조언한다. "주제에 대하여 긍정적인 생각을 가짐으로써 열렬하게 이야기할 수 있다." 앞서 여행의 비유에서 이야기한 바와 같이 영업 관리자는 목표를 좋아해야 한다. 이 목표가 이뤄진다면 어떤 일이 벌어질까 상상하면 즐거운 감정이 떠올라야 한다. 너무나 많은 사람이 관성적으로 목표를 이야기한다. 자신이 달성해야 할 과제를 이야기할 때 정말 그렇게 되면 좋겠다는 간절한 열망과 바람이 느껴지는 방식으로 소통하는 사람을 사실 많이 보지 못했다. 스티브 잡스가 아이폰을 선보이며 "세상을 바꿀 것이다" 하고 말할 때의 흥분, 일런 머스크가 우주여행을 이야기할 때 느껴지는 열망을 우리 주변에서는 찾아보기 힘들다. 적어도 우리는 스스로에게 이렇게 질문해봐야 한다. 나는 진심으로 이 목표가 이뤄지기를 원하는가? 고통이나 수고, 번거로운 일을 감당하는 등 대가를 치르는 것을 기꺼이 감수할 만큼 그것을 원하는가? 그 질문에 대해 "그렇다"라고 답변할 수 없다면 우리의 목표는 그럴싸한 감언이설에 불과할 뿐이다.

3. Eager to share(전달하기를 열망하라). 관리자는 목표 자체가 아닌 그 목표가 가지는 가치를 전달해야 한다. 목표에는 가치가 있다. 목표 매출 달성이 우리에게 주는 의미는 무엇인가? 인센티브

를 의미하는 것인가? 그럼 그 인센티브는 어떤 가치를 가지고 있는가? 능력 있는 가장으로 인정받는 것의 가치, 자신의 이름과 명예를 지키는 가치, 조직에서 전문가로 성장하는 가치, 원하는 것을 소비하는 효능감 등, 수치적인 목표는 각 영업 담당자들이 중시하는 고유의 내재적 가치로 재해석될 수 있다. 많은 사람이 여기까지 깊게 생각하지는 않는다. 영업 관리자와 담당자들이 함께 목표가 가지는 가치에 대해서 진지하게, 또 개별적으로 소통하는 것은 흔한 일이 아니다. 그러나 유능한 영업 관리자라면 목표 그 자체가 아니라 그 목표가 가지는 가치에 대해서 소통한다.

목표에 대한 영업 관리자의 관점

이상의 원리를 구체적으로 적용해보려면 다음과 같은 질문에 답을 내보는 것이 도움이 된다.

"수치로 표현된 영업 목표가 한 인간으로서 나에게 의미하는 것은 무엇인가?"

그것이 달성되면 나에게 어떤 일이 생길 것인가? 승진인가? 성취감인가? 자존심인가? 좀 더 좋은 조직을 만들기 위한 초석인가? 아니면 무엇인가? 나는 그것을 좋아하는가? 강렬하게 원하는가? 수고와 대가를 치를 만큼 정말 원하는가? 또한 목표가 달성된다는 것은 영업 담당자들에게 어떤 의미인가? 김 과장에게는? 이 대리에게는? 박 매니저에게는? 목표가 달성된다는 것은 이들에게 어떤 일들이 생긴다는 것을 의미하는가? 그렇다면 그들의 욕구는 무엇일까? 영업 담당자는 그 결과를 정말 원하는가? 그리고 나는 이상의 질문들에 대하여 담당자들과 충분히 소통하고 있는가?

이런 질문들이 주어진 목표를 놓고 어떻게 소통해야 할지, 그들과 어떤 대화를 나누어야 할지에 대해 답을 줄 것이다. 수치로 주어진 목표 그 자체에 영업 담당자들이 자동으로 동기부여될 거라고 믿는다면 그것은 큰 오산이다. 인간은 누구나 숫자 이상의 의미를 필요로 한다.

영업 목표 설정의 기술

목표 설정을 위한 소통 방식

영업 관리자들과 워크숍을 할 때 "영업 목표를 어떻게 설정합니까?" 하고 물어보면 의외로 "목표를 설정할 필요가 없습니다. 어차피 회사에서 목표를 내려줍니다"라는 대답을 들을 때가 많다. CEO나 영업 최고 책임 임원이 아니면 목표를 스스로 설정하는 것이 어렵다는 것이다. 다소 안타깝지만 이것이 현실이다. 이렇게 목표는 위로부터 부서별로 주어지는 경우가 많다. 이러한 방식은 영업 관리자조차도 목표에 수동적인 태도를 취하게 만든다.

그럼에도 불구하고 아래로부터의(bottom-up) 소통을 포기할 수는 없다. 이상적으로는 스스로 세우는 목표가 동기부여에 가장 적합하다. 영업 관리자는 이상과 현실 사이에서 균형을 잡아야 한다. 우선은 영업 담당자가 스스로 목표를 세울 수 있도록 직접 물어봐야 한다. 물론 수치적인 목표만이 전부는 아니다. 목표에는 여러 측면이 있다. 수치적인 목표는 기본이고, 이번 분기 내에 반드시 계약을 따내고 싶은 고객사가 어디인지, 영업 담당자로서 계발하고 성장시키고 싶은 목표는 무엇인지, 어떤 분야에서 전문성을 더 갖추고 싶은지 등 정성적인 부분도 목표의 일부가 된다. 이런 정성적인 목표에 대해서 소통하는 과정 중에 회사가 제시한 목표와 관련하여 어떤 부분을 달성해야만 하는지 다시 정량적인 목표를 소통할 수 있다. 이런 조정 과정을 거쳐서 최종 목표를 도출해 낼 수 있다.

이상적인 목표, 실행 가능한 목표, 최소한의 목표 등 세 단계로 구분해서 목표를 설정해보는 것도 도움이 된다. 회사에서 제시한 목표가 이상적이라면 이것을 일단 받아들이더라도 실제적인 목표(actual target)는 무엇인지, 그리고 최소한의 목표(minimum target)는 어떻게 가져갈지를 소통하는 것은 매우 중요하다. 모든 목표를 언제나 100% 달성할 수 있다면 얼마나 좋겠는가? 그러나 그렇지 않더라도 이렇게 세 단계로 구분하는 것 자체가 이후에 평가나 중간 점검 과정에서의 올바른 소통을 위한 토대를 만들어 준다.

목표를 설정하고 소통하는 데 있어서 중요한 커뮤니케이션 원칙이 하나 있다. 데일 카네기가 《인간관계론》 16장에서 언급한 "상대방으로 하여금 그 아이디어가 바로 자신의 것이라고 느끼게 하라"는 원칙이다. 사람은 자신이 만든 세상을 지지하는 경향이 있다. 타인의 아이디어, 타인의 성과는 스스로를 동기부여하지 못한다. "너는 커서 반드시 의사가 되어야 해" 하고 자신들의 목표를 강요하는 부모 아래서 자라는 아이는 얼마나 답답할까? 필자 또한 한 명의 영업 관리자로서 담당자들과 목표 설정 면담을 한다. 면담에서 회사가 기대하는 목표 매출을 당연히 제시한다. 하지만 그 전에 담당자가 목표로 하는 수치를 먼저 물어본다. 대부분은 내가 기대하는 수치보다 낮은 목표를 이야기하지만 때로는 기대한 것보다 더 높은 목표를 제시하는 경우도 있다. 그런 경우에는 오히려 대화를 하면서 목표를 낮추어 주기도 한다. 그러면서 달성 가능한 목표와 최소한의 목표를 다시 물어본다. 이러한 대화 과정을 통해서 담당자들이 스스로 목표 의식을 가지는 계기를 만들 수 있다.

영업 담당자의 목표 설정, 영업 관리자의 목표 점검

이렇게 목표에 대해 소통할 때 기억하면 도움이 되는 원칙이 있다. 목표 설정에 있어 'SMART 원칙'은 너무 유명해서 아마도 한 번씩은 들어보았을 것이다. 영업 관리자는 이 SMART 원칙을 한 단계 더 응용해서 목표 설정과 소통에 적용할 수 있다. 우리가 익히 알고 있는 SMART 원칙은 Specific(구체적으로), Measurable(측정 가능한), Attainable(달성 가능한), Result Oriented(결과 중심의), Time Bounded(기한이 있는) 방식으로 목표를 기술해야 한다는 의미이다. 목표 설정에 있어 이 요소들을 점검하는 것은 기본적으로 중요하

카네기 세일즈 리더십

다. 여기에서는 이 SMART 원칙을 기존의 방식대로 적용하되 한 걸음 더 들어가서 영업 관리자의 목표 점검을 위한 SMART 공식으로 응용해보도록 하겠다.

목표 설정 및 점검을 위한 SMART 원칙

영업 담당자의 목표 설정	영업 관리자의 목표 점검
· Specific: 구체적인	· Simulation: 시뮬레이션, 달성 시나리오
· Measurable: 측정 가능한	· Meaning: 목표 달성의 의미
· Attainable: 달성 가능한	· Action Plan: 핵심 실천 사항 도출
· Result Oriented: 결과 중심의	· Review: 점검 계획
· Time Bounded: 기한이 있는	· Trouble Shoot: 예상 문제 해결안

Simulation(시뮬레이션, 달성 시나리오). 가상의 시나리오를 통해서 모의실험을 한다는 의미이다. 영업 담당자와 논의한 목표가 이뤄지는 과정을 머릿속에 그려보고 이야기해보는 것이 이에 해당한다. 이 과정에는 계절성 이슈, 구체적인 상황, 담당자의 영업 스타일 등이 포함된다. 예를 들어서 연간 120의 영업 목표를 세웠다고 해보자. 이론적인 시나리오는 매월 10만큼의 성과를 내면 목표 달성이 가능해진다. 하지만 실제로 정말 그럴까? 일반적으로 7, 8월 휴가철에는 제대로 일을 하지 못한다. 12월 연말에는 업종에 따라 매출이 높을 수도 낮을 수도 있다. 이러한 계절성 이슈를

고려하면 대개는 2개월 정도는 여유분으로 생각해서 연간 목표를 12가 아닌 10으로 나눈 것을 월간 목표로 잡는 것이 합리적이다. 구체적인 상황 역시 고려해야 한다. 신규 개척이 주요한 상황이라면 영업의 주기를 고려할 때 초반 3~4개월은 성과가 거의 나지 않을 수 있다. 영업 담당자의 성향과 스타일을 파악하는 것도 중요하다. 큰 계약 위주의 영업을 하는 사람이나 부서도 있고, 작은 금액의 계약을 여러 건 확보하는 스타일도 있다. 각각의 스타일에 따라서 세부적인 전략이 나오겠지만 우선은 목표가 이뤄지는 과정을 대략적으로 스케치해보는 것이 필요하다. 그러면 연간 목표가 분기, 월간, 주간으로 그려질 것이다. 이렇게 시나리오를 함께 상상하고 이야기하다 보면 자연스럽게 목표를 보다 구체화할 수 있고 세분화할 수 있다.

Meaning(목표 달성의 의미). 목표의 의미를 소통하는 것이다. 매출이 10% 증가한다는 것은 당신에게 어떤 의미가 있는가? 그것이 왜 중요하다고 생각하는가? 조직에서의 이유도 있지만 당신 개인에게는 어떤 의미가 있는가? 이러한 부분을 질문하고 소통하는 것이 중요하다. 사람들은 대개 목표를 관성적으로 설정한다. 또한 모든 영업 담당자가 승진 같은 것에 자연스레 동기부여될 것이라고 믿는 것도 착각이다. 심지어 어떤 사람은 돈을 많이 버는 것도 원하지 않는 경우가 있다. 적절한 금액의 보상만 주어진다면 '나는 여기서 만족한다. 더 큰 성과를 원치 않는다'고 생각하는 영업 담당자도 있다. 이런 이유로 목표의 의미(meaning)를 점검하는 것은 매우 중요하다. 이 목표 달성이 개인에게 어떤 의미가 있는지를 나눔으로써 이 사람이 어떤 부분에 동기부여가 되는지를 확인할 수 있다.

Action Plan(핵심 실천 사항 도출). 목표에 대해 소통할 때 최소한 핵심이 되는 실천 사항(Key Action Plan)을 도출하고 합의해야 한다. 물론 대부분의 영업 조직에서는 일간, 주간, 월간으로 해야 할 일이 정해져 있다. 하지만 목표 달성을 위한 시나리오를 시뮬레이션하다 보면 반드시 보완하거나 실행해야 하는 핵심 행동이 도출되기 마련이다. 예를 들어 연간 120의 목표를 달성하기 위해서는 월간 12의 실적을 내야 하고(월간 10이 아닌 12인 이유는 앞서 설명했다) 그러려면 매월 두 군데 이상의 고객사를 더 방문해야 한다는 가정이 나올 수 있다. 그러면 최소한 격주로 기존 거래처 외의 신규 고객사 방문을 핵심 실천 사항으로 합의하는 것이다. 물론 이 핵심 실천 사항은 사람마다 다르다.

Review(점검 계획). 목표 달성 과정에서 점검 작업을 얼마나 자주, 어떤 방식으로 할지 그라운드룰을 정해야 한다. 신입 직원인 경우는 일간 체크가 필요하다. 아주 유능한 영업 담당자의 경우도 간헐적인 점검이 있어야 한다. 회사가 지정한 영업 일지나 영업 시스템 인트라넷의 기록만으로 충분할지, 별도의 리포트가 필요할지 등에 대해 영업 관리자와 담당자가 함께 점검 계획을 수립해야 한다. 경력이 낮은 직원일수록 자주, 구체적으로 점검하게 될 것이다. 필자의 경우 고성과자는 2개월에 한 번 정도 따로 저

녁 식사를 하자는 다소 느슨한 룰을 정하기도 한다. 오히려 이것이 그 사람에게 중요감(내가 중요한 사람이라는 느낌)을 심어 주고 자발적으로 더 큰 성과를 내게 하는 효과가 있다. 중요한 것은 획일적인 방식으로 목표 달성 과정을 보고받는 것 외에 필요에 따라 별도의 맞춤형 점검 계획을 수립하는 것이다.

Trouble Shoot(예상 문제 해결안). 즉 예상되는 문제, 리스크를 목표 설정 단계에서 논의하라는 것이다. 목표 달성에 있어 예상되는 가장 큰 어려움은 무엇인가? 혹시 발생할 수 있는 문제가 무엇인가? 마치 중요한 프레젠테이션을 할 때 까다로운 청중의 예상 질문을 사전에 체크하듯이 목표 달성에 걸림돌이 될 만한 요소를 확인하는 것이다. 그 대안을 미리 고려할수록 돌발적인 문제를 해결하는 것이 용이하다는 것은 당연한 이치이다.

이상으로 SMART하게 세운 목표를 SMART하게 점검하는 방식에 대해 이야기해보았다. 이 모든 것을 다 적용하기가 어려울 수 있다. 하지만 적어도 이 중에서 하나, 내가 해보지 않았던 것 한 가지라도 정해서 영업 목표를 점검하는 데 활용해보기 바란다. 그러면 영업 담당자의 달라진 반응을 체감할 수 있을 것이다.

비전, 미션, 가치로 소통하는 힘

목표와 지향의 3요소

흔히 영업 목표라고 하면 숫자를 떠올리기 마련이다. 그런데 어쩌면 목표에 있어서 수치적인 것은 중요하긴 하지만 전부는 아닐 수 있다. 목표는 하나의 지향점이다. 우리가 영업이라는 여정을 통해서 다가가야 할 목적지, 이뤄야 할 성취물, 나아가야 할 방향이다. 이러한 목표, 혹은 지향점은 보다 다층적인 접근을 필요로 한다. 단편적인 접근만으로는 목표를 팔 수 없다. 단지 목표를 말할 뿐이다. 다층적이고 복합적인 목표의 요소를 이해하고 소통할 때 비로소 우리는 비전을 파는 리더가 될 수 있다.

목표의 요소를 간단한 프레임으로 정리해보자. 바로 '가치-실행-결과'라는 프레임이다. 여기서 결과는 이뤄야 할 성과나 소유물을 말한다. 우리가 흔히 생각하는 목표는 대부분 여기에 해당할 것이다. 매출 목표, 고객수 증가, 신제품 판매, 신규고객 발굴, 재판매율 제고 등 대부분의 비즈니스 성과는 결과적인 목표이다. 하지만 이 결과 목표는 저절로 이뤄지지 않는다. 결과 목표를 이루려면 반드시 무언가를 해야 한다. 그것을 실행 목표라고 이름 붙일 수 있다. 계약이라는 결과를 얻기 위해서는 미팅과 제안을 해야 한다. 미팅과 제안은 그 자체로 영업 목표라고 할 수 없지만 영업에서 매우 중요한 과정인 것은 분명하다. 하루 3인 이상의 고객을 만나는 것, 한 번도 접근해보지 못한 대기업과 니즈 발

목표, 지향의 3요소

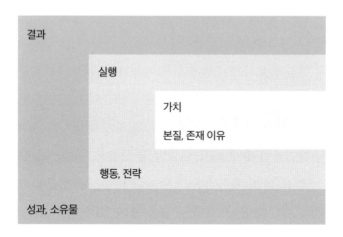

굴 미팅을 하는 것, 영업 프레젠테이션을 성공적으로 수행하는 것 등, 실행 목표들은 영업 성과에 있어 매우 중요한 과정인 동시에 그 자체로도 하나의 목표이다.

필자가 잘 아는 한 젊은 영업 담당자가 있다. 젊은 나이에 신용카드 영업을 시작했는데, 지인 시장이 매우 협소해서 초기에 성과가 거의 나지 않았다. 그래서 무작정 사무실에 찾아 들어가 모르는 사람들을 대상으로 영업을 하기 시작했다. 당연히 계약보다는 거절을 당하기 일쑤였다고 한다. 그러던 어느 날 그는 하나의 목표를 세우게 된다. "100번의 거절을 당하자. 내 목표는 하루에 100명에게 거절을 당하는 것이다." 100번의 거절을 당할 때까지 지나가는 사람에게, 식당 주인에게, 모여서 담배를 피우고 있는 직장인들에게 카드 신청을 제안하자는 것이었다. 1건의 계약이 아닌 100번의 거절을 목표로 사람들을 만나고 '100번 거절'의 목표를 달성하면 그날의 업무를 종료하는 것이다. 조금은 극단적인 사례이긴 하지만 실행 목표를 수행한 좋은 사례이다. 그 결과가 어땠는지 아는가? 해당 기간 소속된 카드사에서 최연소 영업왕의 타이틀을 거머쥘 수 있었다.

마지막으로 가치 목표를 이야기할 수 있다. 가치는 말 그대로 존재, 성품, 특성 등 내면적인 자질이나 지향점을 말한다. 이것은 철학이나 원칙이라고도 말할 수 있는 목표이다. 어떤 사람이 될 것인가, 어떤 원칙을 보여 주는 영업인이 될 것인가 하는 것이 가치 목표이다. 정직, 고객 중심, 전문성, 신뢰 등 영업인으로서 중요한 존재의 의미를 실현하려는 자세가 여기에 해당한다. 사실 성공하는 영업 담당자들은 이 부분이 확고하다. 이것은 보이지 않고 수치화하기 어렵지만 비즈니스에서 매우 중요한 부분이다. 어떠한 가치를 따를 것인가, 어떠한 신념을 지향점으로 삼을 것인가 하는 영업 철학이 부재한 사람은 장기적인 성공을 유지하기 어렵다.

영업의 목표는 가치 목표, 실행 목표, 결과 목표의 세 층위로 구성된다. 우리는 이 중 어디에 치중해 있는가? 오직 결과만을 이야기하는 조직은 오래가지 못한다. 열심히 달려가더라도 그 끝은 공허한 경우가 많다. 실행만 강조하는 사람은 방향성이 없다. 비전 없이 실행만 하는 사람을 노예라고 하지 않는가? 기계적인 활동의 반복은 감동을 만들 수 없다. 또한 추구하는 가치만 있다면 모든 것이 탁상공론에 그치고 만다. 그럴듯한 이상만으로는 결과를 만들기 어려운 것이 분명하다. 이 '가치-실행-결과' 프레임에서 지나치게 결과와 실행에 치중된 조직이 많다. 유능한 영업 관리자는 목표가 가지는 세 층위의 프레임을 보면서 균형 있게 소통하는 방식을 취해야 한다.

가치-실행-결과의 균형 잡힌 소통

영업 관리자가 목표를 팔기 위해서는 영업 담당자들과 가치-실행-결과 목표를 적절히 소통해야 한다. 그러기 위해서는 우선 영업 관리자 스스로의 가치-실행-결과가 어떻게 설정되어 있는지 돌아봐야 한다. 그리고 나서 '우리 영업 조직에 공유되는 가치-실행-결과 목표는 제대로 존재하고 있는가?' '각각의 영업 담당자는 어떠한 가치-실행-결과 목표를 가지고 일하고 있는가?' 하는 부분을 주의 깊게 살펴야 한다. 각 요소를 이해하고 소통하기 위해서는 다음 질문들에 함께 답을 찾아보는 것이 도움이 된다.

가치 목표 설정을 위한 질문

"영업인으로서 자신만이 가지고 있는 원칙은 무엇인가?"

"우리 팀이 지향해야 하는 핵심 가치는 무엇인가?"

"우리 제품이 고객에게 창출하는 가치는 무엇인가?"

"나는 고객에게 어떤 사람으로 기억되고 싶은가?"

결국 이러한 질문은 "우리는 왜 이 일을 하는가?"로 귀결된다. 여기에 정답은 없다. 또한 완성된 답도 없다. 하지만 이러한 질문에 대해 생각하고 이야기해보는 시간을 갖는 것은 비즈니스의 방향 설정과 진정성이라는 측면에서 매우 중요하다. 사람들을 동기부여하는 것은 결과 목표라고 생각하기 쉽지만 사실은 그렇지 않다. 진정한 동기부여는 가치 목표에 대한 동의에서 비롯된다.

실행 목표 설정을 위한 질문

"목표 달성을 위해 가장 우선적인 실천 사항은 무엇인가?"

"내가 가장 잘할 수 있는 행동은 무엇인가?"

"목표 달성을 위해 보완해야 하는 행동은 무엇인가?"

"일간, 주간, 월간으로 점검해야 하는 핵심 행동은 무엇인가?"

결국 이 질문은 "우리는 어떻게 이 일을 할 것인가?"로 요약된다. 핵심적인 전략, 우리가 수행해야 할 미션을 정의하는 질문이다. 이러한 소통이 이뤄질 때 비로소 목표로 가는 길이 보이게 된다.

결과 목표 설정을 위한 질문

"목표가 달성되면 가장 먼저 하고 싶은 일은 무엇인가?"

"목표가 이뤄지면 어디에서 무엇을 하고 있을 것인가?"

"이 목표 달성은 나의 미래에 어떤 영향을 줄 것인가?"

"목표 달성이 나에게 주는 감정은 무엇인가?"

요약하자면 "나는 무엇을 얻기 위해 이 일을 하는가?" 하는 질문이 될 수 있다. 원하는 결과에 대한 생생한 그림, 이것이 바로 비전이다. 영업 성과라는 숫자를 눈앞에 펼쳐지는 장면으로 재해석하는 것, 이것이 비전을 파는 리더의 소통 방식이다.

애플의 스티브 잡스는 1983년 28세 때 국제 디자인 컨퍼런스에서 이렇게 말했다. "정말 뛰어난 컴퓨터를 책 크기로 만들어서 들고 다닐 수 있게 하겠다. 20분 안에 사용법을 배울 수 있게 하고, 통신선에 연결하지 않고도 대형 데이터베이스에 접속할 수 있도록 하겠다. 컴퓨터 프로그램을 오프라인 상점에서 사는 것은 적합하지 않다. 전화망을 통해서 결제까지 바로 가능하게 할 것이다." 그의 비전은 오늘날 현실이 되었다. 중요한 것은 그의 표현 방식이다. 컴퓨터 판매 대수, 성능의 수치화를 넘어 매우 시각적인 언어로 그의 비전을 정리한 것이다. 매출 100억 원 달성. 이것은 우리에게 어떤 의미일까? 어떤 하루가 펼쳐질까? 관리자인 나와 담당자인 김 과장의 일상에 어떤 변화를 가져오게 될까? 이러한 상상력은 결코 헛된 것이 아니다. 오히려 목표를 살아있게 만드는 힘이 된다.

단순히 목표를 말하지 말라. 가슴 뛰게 만드는 목표를 팔아라.

3장.

제품과 솔루션의 가치를 극대화하는 법

1929년 미국 사회는 최대의 경제 위기를 맞이한다. 경제 대공황이 온 것이다. 수많은 사람이 실업자가 되어 거리로 내몰리고 공장과 가게는 문을 닫았다. 데일 카네기는 1912년부터 강연 사업을 시작했는데 당시 불황의 여파를 온몸으로 체감할 수밖에 없었다. 데일 카네기는 본인의 회고록에서 이렇게 고백한다. "대공황 당시 미국 사회가 잃어버린 것은 경제시스템의 붕괴만이 아니다. 우리가 잃어버린 것은 용기와 희망이다. 사람들은 다시 일어설 수 있다는 자신감이 필요하다." 당시까지 카네기 교육은 스피치 기술에 주안점을 두고 있었다. 하지만 대공황을 계기로 카네기 코스는 본격적으로 자신감과 리더십을 훈련하는 내용으로 진화하게 된다. 역설적으로 대공황 시기에 카네기 코스는 미국 전역으로 퍼져 나갔고, 수많은 사람이 대공황을 이길 수 있는 계기를 마련할 수 있게 기여하였다. 영업을 하는 사람들에게 요즘 어떠냐고

한번 물어보라. "요즘은 경기가 좋아서 영업하기에 좋습니다"라고 답변하는 사람이 얼마나 될까? 특히 코로나19로 인한 팬데믹 상황은 우리 모두의 비즈니스를 심각한 수준으로 위축시켰다. 영업에 있어서 자신감은 가장 근본적인 성공 요소이다. 비록 그것이 전부는 아닐지라도 영업 성공에 있어 없어서는 안 될 출발점인 것은 분명하다. 그렇다면 그 자신감은 어디에서 오는 것일까?

영업 자신감의 근원, USP

USP(Unique Selling Proposition), 차별적 판매 제안

영업은 제품과 서비스, 즉 솔루션을 그것을 필요로 하는 고객에게 제공하는 행위이다. 여기에 몇 가지 중요한 키워드가 등장한다. 바로 '솔루션', '필요', '고객', 그리고 '제공하는 행위'이다. 이 키워드를 중심으로 많은 이야기를 할 수 있다. 중요한 질문은 이것이다. 우리의 제품과 서비스는 특별한 것인가? 우리의 솔루션은 고객이 필요로 하는 것을 정말 해결해 줄 수 있는가? 또한 그것은 경쟁자들이 제공하는 것과 다른 특별한 차별점을 가지고 있는가?

다른 경쟁자들이 해줄 수 없는 우리만의 차별성을 세일즈에서는 USP라고 부른다. USP는 Unique Selling Proposition의 약자로 '차별적 판매 제안'이라는 뜻을 가지고 있다. 우리의 솔루션만

카네기 세일즈 리더십

이 가지고 있는 차별적 요소가 바로 USP이다. 시장에서 1위 제품을 판매하는 영업 담당자는 아무래도 다른 업체보다는 성과를 내기가 용이하다. 1위 제품은 이미 시장에서 그 차별성을 인정받았을 것이고, 따라서 그것을 판매하는 영업 담당자의 자부심과 자신감도 높다. 하지만 모두가 다 1위가 될 수는 없다. 그렇기 때문에 USP는 1위 제품을 의미하는 것이 아니다. 고객에게 이익을 줄 수 있는 우리만의 고유한 특징이 있다면 그것으로 USP의 요소를 갖춘 것이다. 어떤 제품은 가격 경쟁력이 있다. 어떤 제품은 사용의 편리성이 있다. 어떤 서비스는 속도가 빠르다. 또 어떤 서비스는 옵션이 다양하거나 혹은 사용이 편리하다. 시장에 존재하는 어떠한 제품과 서비스이든지 그 고유의 특성을 필요로 하는 고객이 어딘가에는 있기 마련이다.

만약 정말 눈을 씻고 찾아봐도 USP가 없는 제품과 서비스가 있다면 그것은 언젠가는 시장에서 사라질 것이다. 또한 USP가 없는 제품과 서비스를 고객에게 판매하는 것은 엄격하게 말하면 고객을 기만하는 행위일 수 있음을 기억해야 한다.

문제는 고객이 해당 솔루션의 USP를 제대로 인지하지 못하고 있다는 것이다. 그뿐만 아니라 심지어 영업 담당자가 자사 솔루션의 USP를 제대로 알지 못하거나, 또는 알고 있어도 제대로 설명하지 못하는 경우도 많다. 영업 담당자는 자사의 USP를 고객이 이해하고 납득할 수 있는 언어로 전달하는 사람이어야 한다. 그런데 USP를 명확하게 정의하지 못한다면 어떻게 고객에게 그것을 판매할 수 있겠는가? 필자가 영업 담당자들과 워크숍을 할 때 USP에 대해서 물어보면 대개 이런 답변을 듣게 된다. "우리는 최고의 기술력을 가지고 있다. 비용이 저렴하다. 최초 투자비용은 크지만 장기적으로는 비용 절감 효과가 있다. 우리 제품은 신뢰할 수 있다. 운용 수익률이 좋다…." 이런 답변이 어떻게 들리는가? 나쁘지는 않지만 무언가 부족하다는 느낌이 들지 않는가? 이런 설명은 USP라고 말하기에는 일반적이고, 구체적이지 않으며, 증명 가능하지도 않다. 영업 관리자는 영업 담당자가 자사 솔루션의 USP를 명확하게 인식하고 제대로 설명할 수 있도록 교육해야 한다.

제대로 된 USP는 다음과 같은 특징을 가지고 있다. **첫째, USP는 자사의 솔루션을 경쟁업체의 것과 차별화한다.** 이를 위해서는 자사 솔루션의 특징을 세심하게 분석해서 경쟁업체에는 없는 요소를 찾아내야 한다. 예를 들어 '100년 이상의 역사를 가지고 있어서 시장에서 검증되었다.' '국제 품질인증 절차를 거친 제품이다.' 이처럼 구체적이면 구체적일수록 그 요소를 가지고 있는 경쟁자들은 대폭 축소된다. 반면 단순히 역사가 깊다. 품질이 좋다 등의 일반적인 언어일수록 경쟁자와 차별화가 되지 않는다. **둘째, USP는 차별점을 더 확장해서 타사에서는 제공하지 않는 가치를 설명하는 것이다.** 예를 들어 'A제품을 구매할 때 B라는 추가 서비스를 제공할 수 있다', 혹은 '제품의 사후 보증 기간이 경쟁사 대비 더 길다'와 같은 추가적인 가치를 가지고 있다면 그것을 구체적으로 어필할 수 있다.

그리고 영업 담당자 자신만이 가진 USP도 반드시 생각해야 한다. 세무 서비스를 제공하는 곳은 매우 많다. 금융 상품을 파는 영업 담당자도 무수히 많다. 그 많은 사람 중에서 나만이 가진 차별적인 장점, 영업 담당자 개인의 강점은 무엇인가? "저희 회사 제품의 재구매율은 업계 최상위 수준입니다. 특히 제 고객의 80% 이상이 추천을 해주시거나 재구매를 해주십니다. 그것은 구매 이후에 제가 A라는 서비스를 추가로 제공해 드리는 데 이유가 있다고 생각합니다." 이처럼 자신만이 가진 차별적인 요소를 파악해서 고객에게 설명할 수 있어야 한다. 똑같은 상품을 판매하는 영업 담당자 중에서도 반드시 고성과자가 있고, 저성과자가 있기 마련이다. 같은 제품과 서비스를 판매하는 경우에는 개인이 가진 USP가 그 결과를 좌우하는 기준점이 된다. 그렇기 때문에 영업 담당자는 자신만의 고유한 USP를 이야기할 수 있어야 한다.

USP의 점검

USP는 설명한 바와 같이 나의 솔루션이 가진 차별적 요소, 그리고 나 자신이 가진 차별적 요소로 이루어져 있다. 우선은 영업 관리자 스스로 이 USP를 제대로 도출해보기 바란다. 그리고 영업 담당자들이 각자의 USP를 제대로 이해하고 설명할 수 있는지 확인해야 한다. 이 솔루션의 USP가 무엇인지 다양한 각도에서 분석해보는 것이 필요하다. 또한 제대로 설명된 USP인지도 점검해야 한다.

"우리만의 차별적인 장점이 무엇이라고 생각하는가?" "우리는 고객에게 어떤 가치를 더 제공해 줄 수 있는가?" 그리고 "영업 담당자 자신이 가진 차별성은 무엇인가?" 이 질문에 제대로 대답할 수 있는 사람은 영업 담당자로서 기본 준비가 된 사람이다. 만약 대답이 명확하지 않다면 영업 관리자가 적절한 해답을 찾을 수 있도록 코칭하고, 도움을 제공해야 한다. 무엇보다 USP를 명확하고 조리 있게 정리해서 언어로 표현할 수 있어야 한다. 예를 들어 "우리 제품은 100년의 역사를 가지고 있습니다. 이것은 우리 제품이 시장에서 검증받았다는 것을 의미하며 또한 그 시간 동안 지속적으로 발전해왔다는 것을 뜻합니다. 또한 저는 사후관리 절차에서 반드시 월 1회 고객 팔로업 프로세스를 진행합니다. 따라서 저희는 구매 시 발생할 수 있는 걱정과 리스크를 최소화해 드릴 수 있습니다." 이 정도로 표현되어야 제대로 된 USP라고 할 수 있다.

USP를 표현하고 나서는 반드시 검증해야 한다. 경쟁자에게는 없는 것이 맞는가? 증명 가능한가? 고객에게 가치를 주는가? 나에게 확신이 있는가? 이런 질문에 예스라고 답할 수 있다면 그것은 제대로 된 USP라고 할 수 있다. 이러한 USP 문구는 많으면 많을수록 좋지만, 최소한 3~5개 정도의 문구는 명확하게 정리할 수 있어야 한다. 물론 USP만 설명한다고 고객이 바로 구매하는 것은 아니다. 이것은 영업 전체 과정에서 아주 작은 일부일지 모른다. 하지만 이 부분이 제대로 되어 있지 않다면 어떻게 자신감 있게 고객에게 다가갈 수 있겠는가?

영업의 자신감

USP가 명확히 정리되었다면 다음의 중요한 질문을 해보겠다.

"만약 영업 담당자인 나와 고객이 만나서 계약을 하게 된다면 과연 누가 더 이익인가?"

영업 담당자 중 많은 이들이 고객에게 다가가기를 두려워한다. 신규시장 개척을 위해 콜드콜을 할 때 거절에 대한 두려움이 있다. 지인에게 소개를 요청할 때 상대에게 부담을 줄까 걱정한다. 영업은 상대를 번거롭게 하는 일이라는 인식이 무의식에 깔려 있기 때문이다. 그런데 거꾸로 생각해보자. 우리가 가진 솔루션의 차별적인 가치가 명확하고 구체적이라면, 그리고 그것이 고객에게 이익을 제공해 줄 수 있는 것이라면 우리가 주저할 이유가 무엇일까? 계약이 이뤄지면 영업 담당자는 실적이 오르고 인센티브를 받을 수 있다. 하지만 고객이 얻는 가치는 사실 훨씬 큰 것이다. 그들은 비용을 절감할 수 있고, 높은 수익율을 올릴 수 있고, 업무의 효율성이 오를 수 있다. 물론 우리의 USP가 명확하고 구체적인 사실이라는 전제에서 말이다. 영업인에게는 계약을 통해서 고객이 얻는 이익이 자신이 얻을 이득보다 더 크다는 믿음과 확신이 필요하다. 이것은 그냥 정신승리가 아니다. 진정으로 이익을 제공해 줄 수 있어야 한다. "나를 만나면 고객이 더 큰 이익을 본다." 이것이 영업 자신감의 본질이다. 내가 이익을 보려고 고객을 찾으면 오히려 더 위축된다. 나를 만나지 못하면 고객이 손해다, 이런 생각을 한다면 고객에게 다가가는 자세가 어떻게 되겠는

가? 영업 관리자는 이러한 태도를 영업 담당자에게 알려 주어야
한다. 이것이 USP가 영업 자신감의 근원이라고 말하는 이유이다.

우리가 파는 것 vs. 고객이 사는 것

우리가 파는 것

영업 관리자는 목표를 말하는 사람이 아니라 목표의 가치를 파
는 사람이다. 이때 말하는 것과 파는 것을 구분하는 것은 매우 중
요하다. 과연 우리는 무엇을 판매하는가? 이 질문을 바탕으로 영
업이라는 업을 재정의해보자. 우리는 무엇을 판매하는가? 자동
차? 보험? 부동산? IT 솔루션? 제약 제품? 의료기기? 세무 서비
스? 다양한 답변들이 예상된다. 당연한 말이지만 영업 담당자는
제품과 서비스를 판매한다. 하지만 이것은 단순히 말하기의 관점
이다. 겉으로 보이는 것을 말한 것뿐이다. 그러나 가치를 판매한
다는 것은 본질에 집중한다는 의미이다. 제품과 서비스의 본질은
바로 고객이 얻게 되는 가치이다.

비즈니스가 존재하는 이유는 해결해야 할 문제가 있기 때문이
다. 모든 비즈니스는 이 세상에 존재하는 특정한 문제를 해결하
기 위해 탄생한다. 그 문제를 해결하기 위해 일정한 비용을 지불
하려는 사람이 있는 곳에 비즈니스도 존재할 수 있다. 차를 타고
가는데 몇 시간을 달려도 도로에 주유소가 없다면 중간에 차가 멈

　　　　　　　　　　　　　　　　　　　　카네기 세일즈 리더십

춰 버리는 문제가 발생할 것이다. 그래서 곳곳에 주유소라는 비즈니스가 존재한다. 데이트 상대에게 오늘은 정말 특별히 잘 보이고 싶은데 자기 모습이 못마땅하다면? 이 사람은 문제를 겪고 있다고 할 수 있다. 그래서 액세서리와 화장품, 의류 비즈니스가 있는 것이다. 우리가 판매하는 제품과 서비스가 존재하는 이유는 그것으로 해결할 수 있는 문제가 이 세상 어딘가에 있기 때문이다. 그래서 우리는 제품, 서비스, 솔루션, 혹은 가격할인 같은 추가적인 혜택을 고객에게 제공하고 판매한다.

고객이 사는 것

그런데 이것을 반대 입장에서 다시 질문해보겠다. "그렇다면 과연 고객은 무엇을 사는 것인가?" 고객은 제품이나 서비스 그 자체를 원하는 것이 아니다. 고객은 제품 그 자체가 아니라 그들이 가지고 있는 문제를 해결하기 원한다. 예전에는 별로 인기 없던 한 친구가 오랜만에 동창회 모임에 고급 외제 승용차를 타고 나타났다고 하자. 이 친구는 왜 굳이 비싼 외제차를 타고 다니는 것일까? 단순히 출퇴근을 위해서? 만약 그렇다면 택시를 타도 된다. 이 친구는 그냥 자동차를 산 것이 아니다. 타인의 부러운 시선, 스스로에 대한 만족감, 사회적 지위를 인정받는 느낌에 비싼 돈을 지불한 것이다. 고급 화장품 세트를 구매하고 만족스러운 미소를 짓는 사람은 화장품을 산 것이 아니다. 친구보다 더 매끈한 피부를 가지고 싶은 욕구에 비용을 투자한 것이다. 다른 예를 들어보

자. 보통 B2B 세일즈 상황에서 구매 담당자는 항상 비용을 절감하려고 한다. 제안 금액에서 일정 부분 협상이 들어가는 것은 영업에서 너무나 흔한 일이다. 그런데 필자는 어느 날 엉뚱한 상상을 해봤다. 이 사람은 자기 돈도 아닌데 왜 이렇게 돈을 아끼려고 할까? 어차피 회사 비용인데, 그 돈을 아낀다고 자기가 쓸 수 있는 것도 아닌데 왜 이렇게 견적을 깎으려고 하는 걸까? 구매 담당자는 그 절감한 비용 자체를 원하는 것이 아니다. 그 사람은 일을 잘한다는 효능감을 원하는 것이다. 혹시 모를 감사에 대비하고 싶은 마음의 안정감을 사는 것이기도 하다. 협상에서 승리했다는 성취감을 원하기도 한다. 아니면 조직에서의 인정이 필요하다고 해도 좋겠다. 이렇듯 비즈니스 상황에서 구매자는 효능과 가치를 사기 원하고 판매자는 제품과 서비스를 팔기 원하니 서로 박자가 어긋날 수밖에 없다. 고객은 그들이 가진 문제의 해결에서 오는 만족감을 구매한다는 것을 꼭 기억해야 한다.

그런데 재미있는 것은 고객 역시 스스로 자신이 구매하는 것이 무엇인지 명확하게 인식하는 것은 아니라는 점이다. "특정 제품을 구매하면서 효능감을 얻고 싶어서요." "업무 효율을 높이고 싶어서요." "친구에게 자랑하고 싶어서요." 이렇게 고객이 먼저 말하는 경우는 거의 없다. 적절한 질문과 대화를 통해서 구매자의 진정한 욕구를 찾아내고, 해석하고, 그 가치를 제공하는 것이 유능한 영업 담당자의 기술이다.

영업 담당자는 풍부한 지식을 바탕으로 자기 솔루션의 가치를 고객에게 전달해야 하는데 영업 관리자는 이 부분에 있어서 우리가 파는 것은 무엇이며, 고객이 사는 것은 무엇인가에 대하여 제대로 교육해야 할 책임이 있다. 이러한 관점에서 고객이 구매하는 것이 무엇인지 파악하고 알려 주는 것이 가치를 판매하는 영업 관리자의 접근법이다.

우리가 파는 것 vs. 고객이 사는 것

영업 담당자들과 함께 다음과 같은 회의를 한번 해보면 어떨까? 한쪽에는 우리 제품이나 서비스를 쭉 나열해서 적는다. 그리고 반대편에는 고객이 그 제품이나 서비스를 통해 구매하는 것이 무엇인지를 적어본다. 예를 들어 우리가 판매하는 것이 자동차라면, 고객은 자부심이나 안전, 체면을 사는 것이고, 우리가 파는 것이 기계 설비라면, 고객은 사용의 편리함, 안전사고의 예방, 비용 절감, 생산단가 절감, 시간당 생산성 향상 등을 구매하는 것이 된다. 이것이 바로 고객이 구매하는 가치이다.

제품의 라인업에 따라 좀 더 세분화하는 것도 가능하다. 제품별로, 고객별로 각각 다른 답변이 나올 수 있다. 여기에 정답이 있는 것은 아니다. 그리고 이러한 예측이 틀릴 수도 있다. 어떤 경우에 맞는 답이 다른 상황에서는 맞지 않을 수도 있다. 물론 이것을 외워서 고객에게 설명하라는 뜻도 아니다. 중요한 것은 질문의 전환이다. 우리가 해야 하는 질문은 "어떻게 이 제품을 팔 수 있을까?"가 아닌 "고객은 왜 이 제품을 사야 하는가?"이다.

"상대방의 관점에서 사물을 볼 수 있도록 성실히 노력하라." 영업에 있어서 데일 카네기가 강조한 가장 중요한 인간관계 원칙 중하나다. 이것을 구체적으로 적용하기란 말처럼 쉬운 일이 아니다. 그러나 우리가 파는 것과 고객이 사는 것을 대비시키는 연습은 이러한 관점을 훈련하는 데 큰 도움이 된다. "고객이 왜 이것을 사야할까?"라는 질문을 통해 다양한 사고를 하다 보면 고객의 상황을 이해하게 되고, 맥락을 파악하게 되고, 그 결과 영업 담당자가 제품을 설명하는 방식이 달라진다.

영업 담당자가 제품의 특징과 장점을 고객에게 제대로 설명할 수 있도록 코칭하는 것은 영업 관리자의 중요한 책무이다. 이때 관리자는 다음과 같은 질문을 던져야 한다. "우리는 무엇을 파는가?" "우리 제품과 서비스의 특징은 무엇인가?" "고객이 구매하는 것은 무엇인가?" "그들은 왜 우리 제품과 서비스를 구매해야하는가?" 이 질문의 답을 찾아가는 과정이 제품 교육의 기본이다.

제품 교육의 네 가지 필수요소

FBA(Fact, Benefit, Application): 사실, 이익, 적용

제품의 가치를 전파하고 교육하는 사람으로서 영업 관리자가 갖춰야 할 스킬에 대해서 좀 더 알아보자. 먼저 제품이 가진 특성을 고객에게 설명할 때 사실(Fact)과 이익(Benefit)을 제대로 정의해

카네기 세일즈 리더십

서 이야기하고 있는지 점검해야 한다.

먼저 사실이다. 사실은 주장과 대비되는 개념으로 이해하면 가장 쉽다. "우리 회사 제품은 안전합니다." 이것은 사실인가 주장인가? "우리 솔루션은 믿을 수 있습니다." 이것은 사실인가, 주장인가? 이 두 문장은 주장에 해당한다. 물론 우리는 자사 제품이 안전하고, 신뢰할 수 있고, 품질이 좋다는 믿음을 가질 수 있다. 그러나 그것은 어디까지나 우리 관점에서의 주장이지 객관적인 사실은 아니다. 주장은 나의 주관적인 의견이다. 이에 반해 사실은 담백하고 객관적인 언어로 표현된다. "이 프린터는 분당 60매를 인쇄할 수 있습니다." 이것은 사실적인 표현이다. "이 제품은 ISO 인증을 획득했습니다.""저희 솔루션은 총 5단계로 구성되어 있습니다." 이와 같은 표현들이 사실을 언급하는 것이다.

이러한 설명이 너무 당연한 이야기처럼 들리겠지만 의외로 많은 영업 담당자들이 사실과 주장을 제대로 구분해서 활용하지 못한다. 중요한 것은 자사 솔루션에 대하여 최대한 많은 사실을 파악하고 그것이 고객에게 어떤 이익이 되는지 조리 있고 간결하게 설명할 수 있어야 한다는 것이다. 기회가 된다면 영업 담당자들과 솔루션에 대한 사실을 나열하는 테스트를 해보기 바란다. 아니면 영업 교육 시 제품에 대한 사실을 관리자가 먼저 최대한 많이 나열해보고 이것이 적합한 표현인지 검증해본 후에 영업 담당자들에게 하나하나 알려 주는 것도 좋다.

두 번째, 이익에 대해 알아보겠다. 이익은 앞서 언급한 사실이

고객에게 주는 일반적인 혜택을 말한다. 신뢰할 수 있다, 안심할 수 있다, 생산성을 높일 수 있다, 사용이 편리하다, 가볍게 휴대할 수 있다, 높은 수익률을 예상할 수 있다 등이 이익에 해당한다. 사실과 이익을 연결해서 표현하면 제품의 특장점을 간결하고 명확하게 전달할 수 있다.

중요한 부분은 그다음에 따라오는 적용이다. 이 부분은 의외로 영업 교육에서조차 잘 언급되지 않는다. 적용은 언급한 사실과 이익이 특정 고객의 특정 상황에서 적용되는 모습을 구체적으로 표현하는 것을 의미한다. 이익이 일반적인 효용이라면 적용은 그 사람만의 맞춤형 이익이다. 예를 들어서 다음과 같이 적용을 말할 수 있다. "저희 IT 솔루션은 매일 아침 자동으로 보고서를 생성하는 기능을 설정할 수 있습니다." 이것은 사실이다. "따라서 편리하게 전날의 이상 유무를 체크할 수 있습니다." 이것은 이익이다. "과장님께서 아침마다 부서에 보낼 자료가 많아 번거롭다고 하셨는데 모니터만 열면 자동으로 보고서가 생성되어 있으니 여유 있게 커피 한 잔 하시면서 내용을 확인하고 쉽게 정보를 공유하실 수 있는 것이죠." 이렇게 언급하는 것이 바로 적용이다. 한 가지 예만 더 들어보겠다.

사실: 이 최신 차량은 앞 차와의 간격이 70cm 이하가 되면 자동으로 정차하는 기능이 있습니다.

이익: 접촉사고를 미연에 방지할 수 있죠.

적용: 사장님께서는 저녁에 약속도 많으신 편이니 아침에 피곤한 상태로 운전하시다 보면 깜빡 졸음운전을 하실 수 있는데 이 때 접촉사고라도 나면 중요한 일정에 늦을 수 있습니다. 이럴 때를 대비한 매우 유용한 기능이지요.

적용 문구는 사실에 따른 이익을 좀 더 구체적으로 묘사하는 말이자 특정한 고객의 상황이 반영되는 표현이다. 이익의 구체적인 예시라고 할 수 있다. 적용을 잘 전달하기 위해서는 전제조건이 있다. 바로 고객의 상황, 맥락, 필요를 잘 알고 있어야 한다는 것이다. 영업 상황에서 질문을 통해 고객의 니즈를 파악하는 것이 중요한 이유가 바로 여기에 있다. 같은 제품이라도 사람마다 느끼는 효용은 다를 수 있다. 질문과 대화를 통해 고객에게 이 제품과 서비스가 필요한 이유를 파악했다면 그것을 적용 문구에 적절하게 활용할 수 있다. 만약 영업 담당자가 제품 프레젠테이션을 하러 가거나, 솔루션을 제안하고 설명해야 하는 미팅을 앞둔 상황이라면, 적절한 적용 문구를 제시할 준비가 되어 있는지 확인해 봐야 한다. "고객이 이 제품과 솔루션으로 얻을 수 있는 이익이 무엇인가? 그 이익을 얻고 있는 장면을 하나만 예로 들어서 설명해 보라." 이런 질문에 영업 담당자가 제대로 대답할 수 있다면 사실, 이익, 적용을 효과적으로 설명할 준비가 된 것이다.

인간은 구체적이고 시각적인 언어에 반응한다. "효율성이 높다"라고만 하면 잘 와닿지 않는다. 급박하게 요청하는 고객에게는 "바로 다음 날이라도 납기를 맞추어 아침 시간에는 제품 포장까지 준비되어 있는 것을 확인하실 수 있으실 겁니다"라는 말이 훨씬 더 감각적으로 와닿는 법이다. 이러한 시각적인 표현은 고객의 구매 욕구를 자극하는 효과가 있다. 더군다나 그것이 자신이 해결하고 싶은 문제에 맞닿아 있는 부분이라면 더욱 그러할 것이다. 다시 한번 강조한다. 문제가 있는 곳에 비즈니스가 존재한다. 적용은 그 문제가 해결되는 장면을 생생하게 묘사하는 말이다.

적용 문구를 잘 활용하기 위해서는 다소간의 연습이 필요하다. 이를 위해 영업 관리자는 담당자에게 "고객에게 사실, 이익, 적용을 어떻게 설명할 건가요?" 하는 질문을 자주 해야 한다. 그래서 담당자가 꼭 대답을 준비해 둬야 할 질문이라는 인식을 스스로 갖게 관리해야 한다. 그러면 자연스럽게 영업 담당자에게는 그러한 관점에서 사고하고 프레젠테이션을 준비하는 습관이 형성된다.

증거의 활용, DEFEATS

솔루션의 가치를 극대화해서 설명하는 데 있어서 마지막으로 고려해야 할 요소는 증거이다. 사실, 이익, 적용을 잘 설명한 후에 이 말을 신뢰할 수 있는 적절한 증거를 제시할 수 있다면 금상첨화이다. 증거로 활용할 수 있는 좋은 방법들은 다음과 같다.

Demonstration(실연, 시연). 가능하다면 제품을 실제로 시연해 보는 것이다. 유형의 제품은 쉽게 시연할 수 있다. 자동차 판매원은 고객에게 시승의 기회를 제공한다. 영어 학원에서는 짧은 시연 강의를 하거나 동영상 강좌를 보여 주기도 한다. 실제로 체험하게 하는 것이 가장 강력한 증거이다. 스티브 잡스는 프레젠테이션을 할 때 이 시연을 적절히 활용한 것으로 유명하다. 새로 출시된 노트북이 얇고 가볍다는 것을 말하기 위해 서류봉투에서 노트북을 꺼내는 장면은 지금도 회자되는 멋진 모습이다.

Example(예시). 다른 고객들의 활용 사례, 임상실험 결과 등이 이에 해당된다. 이때에는 유사한 니즈를 가진 고객이 처음에 고민하던 것을 말하고, 나중에 이 문제가 어떻게 해소되었는지 짧고 간결한 이야기 형식으로 전달하는 것이 효과적이다.

Fact(사실). 또 다른 몇 가지 사실들을 언급하는 것도 증거이다. "그래서 이 제품은 작년에 10만 대 넘게 판매되었습니다." 이런 간단한 사실을 첨언하는 것도 의미 있는 증거자료가 된다.

Exhibits(전시자료). 모형이나 사진, 시각적 자료를 제시하면 제품과 서비스에 대한 신뢰가 훨씬 더 커진다.

Analogy(비유). 때로는 비유를 들어 메시지를 강화할 수 있다. "기존 서비스가 4차선 도로라면 이 통신 서비스는 8차선 도로를 두 개 더 놓는 것과 마찬가지입니다." 이런 식의 표현은 단순히 속도가 빠르다는 말보다 훨씬 더 감각적으로 다가온다.

Testimonial(추천사). 다른 고객의 추천사 및 후기를 사용하는 것이다. 영업에서 가장 많이 쓰이는 동시에 여전히 효과적인 증거이다.

Statistics(통계자료). 신문 기사나 학술 논문을 참조하면 제품의 가치를 전하는 데 도움이 되는 다양한 통계자료를 확보할 수 있다.

증거의 종류들은 각 단어의 앞 글자를 따서 DEFEATS라고 요약된다. DEFEATS는 영어로 '무엇을 제압하다' '말소시키다'는 뜻인데, "Evidence Defeats Doubts" 즉 "증거는 의심을 없앤다"라는 말로 정리가 가능하다.

영업 관리자는 좋은 교육자가 되어야 한다. 제품과 솔루션의 가치를 극대화해서 영업 담당자가 인식하고 그것을 고객에게 전달할 수 있도록 끊임없이 가르치고 점검해야 한다. 그 과정에 있어 특히 놓치지 말아야 할 것이 사실, 이익, 적용, 증거를 제대로 활용하도록 만드는 것이다. 이것을 교육하는 가장 본질적인 이유는 바로 자신감 때문이다. 근거 없는 자신감은 기만이다. 진정성 없는 성공은 결코 오래가지 못한다. 차별성에 대한 이해, 고객이 구매하는 가치에 대한 인식, 그리고 솔루션에 대한 사실, 이익, 적용, 증거를 명확하게 전달할 수 있는 능력. 영업의 진정한 자신감은 바로 여기에 기초해야 한다.

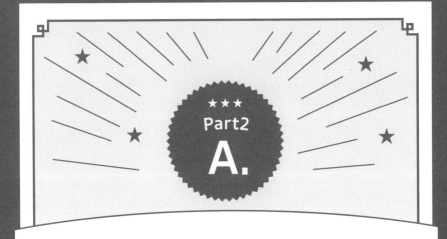

애널라이즈(Analyze), 사람과 성과를 모두 분석하라

Dale Carnegie
SALES Leadership

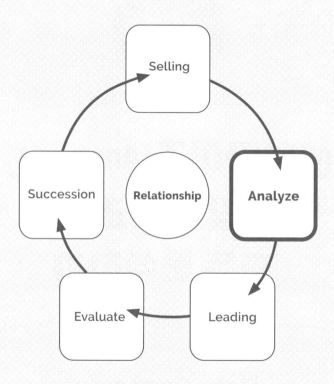

4장.

영업 관리를 위한 분석 전략

〈머니볼〉은 2011년에 개봉한 메이저리그 배경의 야구 영화다. 만년 최하위를 면치 못하던 '오클랜드 애슬레틱스' 팀의 2002년 시즌을 그린, 실화를 바탕으로 만들어졌다. 영화에서 브래드 피트가 연기한 오클랜드 구단주 빌리 빈은 최하위 팀의 새로운 시즌을 준비한다. 그런데 그는 느닷없이 야구 전문가가 아닌 경제학을 전공한 통계전문가 피터를 구단에 영입한다. 물론 구단의 모든 관계자들이 격렬하게 반대했지만 그는 굽히지 않는다. 한정된 예산 안에서 주인공 빌리 빈과 피터는 선수들의 데이터를 분석하기 시작한다. 그래서 당시 팬이나 구단에서 구설수에 오르고 평판이 좋지 않았던 선수들을 오로지 데이터에만 의존해서 한 명 한 명 스카우트하기 시작한다. 타율은 좋지 않지만 출루율이 좋은 선수를 1번에 배치하고, 스타플레이어에 대한 의존도를 버리고 특정 상황에서의 데이터만을 고려해서 타순을 정하였다. 그 결과는 어땠을까?

메이저리그 구단 중 합계 연봉 최하위 팀이었던 오클랜드는 그 시
즌에서 무려 메이저리그 사상 최초의 20연승이라는 대기록을 세
우는 성과를 이루게 된다. 스타플레이어에 의존하는 전략, 실제
경기 기여도에 비해 지나치게 고평가된 도루 성공 숫자와 환상적
인 수비 능력 등은 배제하고, 철저하게 경기 결과에 영향을 미치는
데이터에만 기반해서 선수를 배치하여 승리를 이끈 것이다.

　이와 마찬가지로 영업에 있어서도 데이터 분석이 필요하다. 데
이터는 모든 것을 말해 주지는 않지만 중요한 것은 알려 준다. 유
능한 영업 관리자는 데이터의 힘을 결코 간과하지 않는다.

영업 코칭을 위한 핵심 데이터

영업 프로세스 데이터 전략

　어디선가 무슨 일이 생기면 사람들은 리더의 얼굴을 바라본다.
'이 상황을 헤쳐 나갈 계획이 있나요?' '이 문제는 어떻게 해결해
야 하나요?' 하는 표정으로 리더를 쳐다본다. 리더는 문제가 생길
때 직원들에게 해법을 제시해야 한다는 압박을 받을 수밖에 없다.
그렇기 때문에 리더는 끊임없이 생각하고 고민해서 막힌 곳에서
길을 열어 내는 사고력을 단련해야만 한다. 사고력에는 여러 측면
이 있다. 창조적인 사고는 기존의 틀을 깨뜨리고 새로운 방법을
생각하게 한다. 논리적 사고는 각 사안들의 상호 연결성과 인과관

계를 파악하기 위해 필요하다. 분석적 사고는 사안을 깊이 파고들어 무엇이 진짜 중요한 것인지 알아내는 힘을 가진다. 통합적 사고는 여러 방면에 흩어져 있는 사안들을 엮어서 메시지를 뽑아내고 큰 그림을 제시한다. 데이터 분석이란 분석적 사고로 원인을 찾고, 논리적 사고로 문제 흐름을 파악하며, 창조적이고 통합적인 사고를 통해 해법을 도출하는 과정을 말한다.

본격적으로 영업 관리에 필요한 데이터 활용에 대해 알아보자. 영업 관리자는 다양한 데이터를 살펴보고 검증한다. 각 기업에서 활용하는 시장조사 자료, 실적 자료, 지점별 성과 비교분석 자료 등 수많은 데이터를 보고받기도 한다. 이 모든 자료가 다 중요하지만 이것은 업종별, 분야별로 각양의 특색이 있기 때문에 여기서 하나하나 다루는 것은 사실상 큰 의미가 없다. 다만 어떤 업종의 영업이라고 해도 본질적으로 공통적인 프로세스와 영업 담당자들이 수행해야 할 과제들이 있다. 영업이 이뤄지기까지의 전 과정을 영업 프로세스라고 하는데, 우선 프로세스 각 단계에서 영업 담당자들이 어떤 성과를 보이고 있고, 이것을 목표와 연계해서 어떻게 개선해야 하는지 분석하는 작업이 선행되어야 한다.

하나의 계약이 이뤄지려면 제안과 협상의 과정을 거쳐야 한다. 제안을 하려면 고객이 어떤 것을 필요로 하는지 파악하는 과정이 필요하다. 고객의 필요를 알려면 그 고객에게 접근해서 소통을 해야 한다. 고객에게 접근하려면 가망 고객을 발굴하는 작업이 반드시 있어야 한다. 그래서 대부분의 영업은 고객 발굴, 관계 형성,

니즈 도출, 솔루션 제안, 협상과 계약, 그리고 사후관리라는 과정을 거치게 된다. 업종에 따라서 어떤 과정이 더 오래 걸리거나 특정 부분이 많이 생략되기도 하지만 대개는 이러한 과정을 거친다. 영업 관리자는 각 영업 프로세스상에 존재하는 문제를 찾아내고 대안을 마련하는 작업을 해야 한다.

우선 편의상 영업 담당자의 세일즈 목표를 100이라고 가정해보자. 최우선적으로 파악해야 할 데이터는 영업 담당자의 평균 계약금액(Average Deal Size)이다. 이는 A라는 담당자가 한 건의 계약으로 평균 얼마의 금액을 수주하는지 파악하는 것을 의미한다. 이것은 사람마다 연차별로 조금씩 다를 것이다. 어떤 담당자는 큰 계약 한두 개와 작은 계약 여러 개로 실적을 이루고 있어서 기계적인 평균을 구하기 어려운 경우도 있다. 이때는 큰 계약과 평균 금액 계약을 구분해서 포트폴리오별로 전략을 수립할 수 있는데 이 부분은 추후 파이프라인 전략에서 조금 더 다루기로 하겠다. 일단은 최근 실적을 기준으로 A 담당자의 평균 계약금액이 10이라고 해보겠다. 평균 계약금액 산정에 있어서 일반적으로는 직전 3년 실적을 바탕으로 하지만 근무 기간에 따라서 1년 실적, 신입 담당자인 경우에는 다른 선배 담당자들의 초창기 평균 실적을 기반으로 산출해볼 수 있다.

평균 계약금액이 10인 담당자가 연간 100의 매출을 달성하려면 10건의 계약이 필요하다는 계산이 나온다. 그렇다면 몇 건의 제안과 협상이 필요할까? 이것을 알기 위해서는 제안 대비 계약 건의 수를 파악해야 한다. 야구선수로 비유하면 타율을 계산하는 것이다. A 담당자의 작년 활동 기록을 살펴보니 총 제안 프레젠테이션 건수 대비 계약 건수가 3:1이라는 결론이 나왔다고 하자. 그렇다면 3건의 제안에 1건의 계약을 따내는 것을 기준으로 10건의 계약을 위해서는 30건의 제안이 필요하다는 것을 알 수 있다. 마찬가지 방식으로 제안서를 내려면 니즈 분석 미팅을 해야 한다. 이 경우에 만약 2:1의 성공률을 보이는 담당자라면 연간 60건의 니즈 분석 미팅이 요구된다는 결론이 나온다. 10명의 고객을 발굴해서 콜드콜이나 추천으로 1명의 고객과 미팅을 성사시킬 수 있다면 니즈 분석 미팅 60건을 위해서는 600건의 고객 발굴이 필요하다는 결론을 도출할 수 있다.

이제 연간 600건의 고객 발굴 작업을 하기 위해 이것을 월간, 주간으로 데이터를 쪼개어보자. 1년이 12개월이니 600 나누기 12를 하면 월간 필요한 고객 발굴 숫자가 쉽게 나온다. 하지만 여기서 중요한 점은 앞에서도 언급했듯이 1년을 12개월로 생각해서는 안 된다는 것이다. 1년에 최소 15일 이상은 휴가가 있다. 특히 여름 휴가 시즌에는 영업 활동을 많이 하기 어렵다. 외국계 기업의 경우는 12월 말에 크리스마스 연휴를 보내기도 한다. 따라서 보수적으로 1년을 10개월로 생각하는 것이 핵심이다. 즉 A 영업 담당자는 600건의 고객 발굴을 위해 한 달에 60건의 고객 발굴이 필요하고 이를 4주로 나누면 주당 15건의 고객 발굴 작업이 필요하다는 계산이 나온다. 따라서 최종적으로 하루에 3건의 추천이나 소개, 신규고객 전화 등을 할 수 있다면 이 담당자가 연간 매출 실적을 달성할 수 있다는 잠정적인 결론이 도출된다.

여기에 한 가지 더하여 제품 포트폴리오 및 계절성 이슈를 함께 고려해야 한다. 1년 내내 동일한 수준의 계약 빈도를 이루는 업종은 거의 없다. B2B 세일즈의 경우는 고객사의 회계연도에 따라 예산 수립 시점에 계약이 많이 발생한다. 또 특정 제품은 특정 시기에만 판매될 수도 있다. 부동산은 아무래도 이사나 입주가 많은 시즌이 따로 있을 것이다. 이러한 것은 과거의 월별 실적자료를 분석해보면 금방 도출할 수 있다. 자, 이제 약 3년 정도의 자료를 바탕으로 1, 2, 3, 4분기의 매출 발생 비중을 계산해보자. 예를 들어 1, 2분기에 매출의 60%가 발생하고 3, 4분기에 나머지 40%의 매출이 발생하는 경우라면 1, 2분기에는 목표 활동량을 더 높여야 한다.

영업 데이터 활용 코칭법

영업 데이터를 활용해서 코칭을 실시하기 위해서는 다음 사안들이 전제되어야 한다. 첫째, 당연한 이야기이지만 데이터가 존재해야 한다. 각자 업종에 맞게 정리된 영업 프로세스에 따라서 핵심적인 활동이 얼마나 이뤄지고 있는지 기록으로 남아 있어야 한다. 연간 실적, 제안 제출 건수, 니즈 파악 미팅 건수 등은 필수 자료이다. 그런데 실적 자료는 있지만 그 중간 과정에 대한 데이터가 신뢰할 수 있는 수준으로 존재하는 조직은 의외로 적다. 대규모 영업 조직을 가지고 있는 회사들은 대개 저마다의 CRM 시스

카네기 세일즈 리더십

템을 쓰거나 기존에 검증된 영업 관리 IT 시스템을 활용한다. 물론 중소기업인 경우에는 이런 시스템을 갖추지 못한 경우가 많다. 영업 관리 시스템이 있어도 데이터의 기록이 부실한 경우도 많다. 영업 관리자라면 다른 것은 몰라도 필요한 최소한의 데이터는 정확하게 관리할 수 있도록 방법을 찾아야 한다. 평균 계약금액을 파악하고, 제안 건수, 고객별 니즈 도출 미팅 건수 등에 따른 주요 영업 단계별 성공확률, 그리고 그에 따른 목표 활동량 도출은 최소한의 작업이다. 제품 포트폴리오나 계절성 이슈를 고려해서 월간, 주간 목표를 조정하고 이것을 어떻게 점검하고 모니터링할지 영업 담당자와 합의하고 소통해야 한다.

프로세스 분석 스킬: 문제 정의 기법

문제 분석 프레임

영업 관리자는 데이터를 바탕으로 영업 담당자와 머리를 맞대고 월간/주간 활동목표를 도출해야 한다. 이 작업은 영업 담당자에게 현실을 직시하게 하고, 책임감을 가질 수 있게 한다. '연간 매출 100'이라는 목표는 막연하지만 '주간 3건의 고객 발굴'은 구체적이다. 그렇다면 이제 영업 담당자의 현재 활동 기록을 살펴볼 차례이다. 이상적인 제안 건수, 이상적인 고객 발굴 건수에 비해 실제 어떤 부분이 부족한지를 점검해보면 현재 어디에서 문제가 발생하는지를 명확하게 알 수 있다. 제대로 해석되지 않은 데이터는 의미가 없다. 데이터는 현실을 살펴보고 문제를 도출해서 해결하는 작업을 위해 존재한다. 그래서 영업 관리자는 문제 분석 프레임을 적용한 사고를 할 줄 알아야 한다.

문제 분석 프레임은 네 가지 질문으로 이뤄져 있다.

첫 번째이자 가장 중요한 질문은 '문제가 무엇인가?'이다. 실적이 나오지 않는 직원을 대할 때 막연하게 열심히 하지 않는다, 실력이 부족하다 등의 인식으로는 문제를 개선하기 어렵다. 예를 들어 담당자 A는 고객 발굴은 열심히 하는데 니즈를 파악해서 솔루션을 제안하는 기술이 부족하다면, 질문과 니즈 파악 커뮤니케이션 스킬을 훈련해야 한다. 담당자 B는 현재 실적은 괜찮은데 데이터를 분석해보니 한두 건의 큰 계약에 대한 의존도가 지나치게 크게 나왔다. 그렇다면 현재 실적에 만족해서 고객 발굴 작업이 지속적으로 이뤄지지 않는지를 살펴봐야 한다. 문제를 무엇으로 정의하느냐에 따라 해법이 달라지기 때문에 이 작업은 매우 중요하다. 어떠한 영업 담당자도 완벽할 수 없으며 누구나 문제를 가지고 있기 마련이다. 이것은 나쁜 것이 아니다. 왜냐하면 그 말은 바꿔 말하면 누구에게나 개선의 기회가 있다는 의미이기 때문이다. 문제를 제대로 정의하기 위해서는 열린 사고를 바탕으로 다양한 접근이 필요하다. 우선 영업 데이터를 통해 취약점이나 강화가 필요한 포인트를 짚어 낼 수 있다. 또한 '문제가 무엇인가?'라는 질문을 놓고 영업팀 안에서 난상 토론을 할 수도, 피드백을 주고받을 수도 있다.

두 번째 질문은 '원인은 무엇인가?'라는 것이다. 데일 카네기는 "증상을 치료하지 말고 원인을 해결하라"는 말을 했다. 한 영업 담당자는 미팅은 많이 하는데 제안으로 연결되지 않는다면 그 이유가 무엇일까? 아마도 질문이나 면담 스킬이 부족한 것일 수 있다. 자신감이 부족해서 다음 단계로 과감하게 진행하지 못하는 것일 수도 있고, 애초에 잘못된 접근법으로 가능성이 낮은 고객만을 대상으로 열심히 미팅을 진행하고 있을 수도 있다. 제대로 된 원인을 살펴보기 위해서는 다음 사안들을 체크해봐야 한다.

문제 분석 체크리스트

- 이 문제는 시기와 관계없이 발생하는가, 특정 시기의 문제인가?

- 모든 사람에게 발생하는 문제인가, 특정인에게만 발생하는 문제인가?

- 모든 곳에서 나타나는 문제인가, 특정한 곳에서만 발생하는가?

- 시스템의 문제인가, 사람의 문제인가?

- 사람의 문제라면 태도, 지식, 실천 중에 어떤 것이 문제인가?

- 이 문제만의 특징이나 결정적 요소는 무엇인가?

출처: Dale Carnegie Leadership Training for Managers Program

이런 질문들을 던져보면서 진짜 원인을 찾아낼 수 있다. 특정 제품의 판매 실적이 모든 사람에게 비슷하게 낮은 현상이 일어난

다면 그것은 담당자 한 사람의 잘못이 아니다. 제품 자체에 문제가 있거나 그 제품의 판매 스킬을 관리자가 제대로 교육한 적이 없을 가능성이 높다. 마찬가지로 '경기가 어려워서 영업이 안 된다', 이것이 제대로 된 원인 진단일까? 그렇다면 경기가 어려운데 높은 실적을 보이는 직원은 어떻게 설명할 수 있을까? 문제의 원인은 한 가지가 아니다. 문제를 낳는 다양한 원인을 다각도에서 살펴보고 그중에서 핵심적인 원인을 찾아내야 한다. 태도의 문제인지, 지식의 문제인지, 실천이 약한 것인지, 요령이 없는 것인지 등, 문제와 원인이 제대로 확인되어야 올바른 해결책을 도출할 수 있다. 이 작업을 위해 관리자와 담당자는 열린 마음으로 문제에 대해 소통해야 한다.

'문제가 무엇인가', '그 원인은 무엇인가'를 살펴보는 것을 묶어서 '문제 분석 단계'라고 한다. 사람은 어떤 어려움을 만나면 평정심을 잃고 마음이 급해지기 때문에 이 문제 분석 단계를 건너뛰기 쉽다. 아이가 "친구가 때렸어" 하면서 상처 난 얼굴로 울고 들어오는 장면을 생각해보자. 성질 급한 부모는 당장 "누가 그랬어? 같이 가자. 아빠가 혼내 줄게" 하면서 집을 나설 것이다. 문제가 무엇이고 원인이 무엇인지를 생략한 채 바로 해결에 들어가는 것이다. 비즈니스에서도 마찬가지이다. 실적이 떨어진 직원에게 "이번 달 실적이 왜 이래? 좀 더 열심히 해야 되겠어" 하고 말하거나, '이 친구가 요즘 열심히 하지 않는군' 하고 속으로 판단하는 것은 문제 분석을 건너뛰고 곧바로 해결책과 결론부터 도출하려는 성급한 사고에서 비롯되는 것이다. 문제만 제대로 분석해도 해결책의 절반은 찾아낸 것이나 마찬가지이다.

문제 정의와 원인 분석이 제대로 이뤄졌다면 가능한 해결책과 최선의 해결책을 도출하는 과정은 의외로 간단하다. 많은 예를 들 수 있겠지만 영업에 있어서는 대체로 몇 가지 형태의 해결책을 유형별로 정리할 수 있다. 영업 담당자의 태도가 문제라면 비전과 동기부여가 필요하다. 제품이나 서비스의 문제라면 영업팀 스스로 해결하기는 힘들고 조직 전체의 협조가 필요하다. 주요 제품의 포트폴리오를 변경하는 것으로 전략을 전환할 수도 있다. 열심히 하는 태도는 있는데 방법이 잘못된 것이라면 학습과 교육을 통해 이를 개선해야 한다. 앞에서 언급한 비전, 미션 가치로 되돌아가거나, 제대로 된 목표 설정을 해야 한다. 제품의 특장점과 USP를 다시 면밀히 분석하고 재정비하는 것이 해법이 될 수도 있다. 가능한 해결책들을 다각도로 떠올려보고 그중에 가장 좋은 해결책을 적용하면 된다. 물론 가장 좋은 해결책이란 상황에 따라 달라질 수 있다. 빠른 조치가 필요할 때는 속도를 기준으로, 자원이 제한될 때는 실현 가능성을 기준으로 할 수 있는 조치를 취한다. 영업 관리자는 늘 제한된 자원으로 새로운 문제를 해결하기를 요구받는다. 가끔은 인간의 힘으로 해결 안 되는 것도 있다. 하지만 여러 가지 가능한 해결책 중에서 실현 불가능한 것은 제외하고, 최소한 내가 할 수 있는 것을 최선의 해결책으로 여기고 우직하게 실천한다. 그것이 문제를 해결하는 영업 관리자의 존경받는 자세이다.

영업 프로세스의 문제

실천적인 적용을 위해서는 영업 프로세스를 다시 살펴야 한다. 영업 프로세스는 일반적으로 고객 발굴, 관계 형성, 니즈 도출, 솔루션 제안, 협상·계약, 사후관리 등의 단계로 이뤄져 있다. 각 단계에 존재하는 데이터를 바탕으로 각 영업 담당자별로 무엇이 문제인지 찾아내야 한다. 물론 이것을 영업 관리자 혼자 할 필요는 없다. 담당자가 스스로 문제를 찾을 수 있도록 도움을 주는 것이 좋다. 문제를 찾았다면 원인이 무엇인지 함께 고민해본다. 담당자와 신뢰 관계가 형성되어 있다면 관리자는 열린 질문을 통해서 그 핵심 원인을 찾아낼 수 있다. 어떤 경우에는 매우 개인적인 일이 실적 저하의 원인이 되기도 하기 때문에 이때는 기계적인 분석에만 의존할 것이 아니라 진정성과 솔직함을 담보로 한 열린 대화가 반드시 필요하다. 그리고 가능한 해결책과 최선의 해결책을 함께 도출한다. 데이터를 통해 문제를 찾아내고 개선하기 위해서는 냉철한 사고와 따뜻한 마음이 동시에 필요하다.

사람의 특징에 맞게 코칭하는 법

리더십의 네 가지 유형

영업 관리자는 사람과 프로세스 사이에서 균형 잡힌 관점을 가져야 한다. 영업과 관련한 데이터를 분석하고 개선점을 도출하는 것은 프로세스에 관한 것이다. 그러나 이것을 영업 담당자와 소통하고 실제적인 변화를 이끌어 내는 것은 프로세스 스킬만으로는 되지 않는다. 왜냐하면 결국 그것은 사람이 하는 일이기 때문이다. 사람은 마음이 움직이고 의지가 생겨야만 무엇인가를 이룰 수 있다. 문제를 발견하고 해법을 찾아내는 것이 프로세스의 영역이라면 실제로 그것을 이루어 내는 것은 피플, 즉 사람의 영역이다. 사람을 제대로 알고 그 사람에게 맞는 소통법을 적용하지 않는다면 어떠한 좋은 해결책도 문서상의 글자로만 존재할 뿐이다. 그래서 우리는 사람을 이해해야 한다.

사람을 이해하기 위한 유형 분석을 활용하는 것은 리더에게 큰 통찰을 준다. 자신과 상대방을 이해하기 위한 방법으로, 가로와 세로 두 축을 놓고 각각의 특징별로 네 가지 유형을 도출할 수 있다. 가로축은 감정과 이성을 기준으로 한다. 이성을 더 중시하고 더 많이 활용하는 유형은 왼쪽에, 감정을 중시하고 더 잘 활용하는 유형은 오른쪽에 위치한다. 세로축은 외향과 내향을 기준으로 나눈다. 자신의 생각이나 감정의 에너지가 바깥으로 표출되는 것을 선호하는 유형은 위쪽에, 반대로 내면으로 스며드는 유형은 아래쪽에 위치한다.

첫 번째는 이성적이고 외향적인 유형으로 '주도형'이다. 주도형은 행동 지향적이고, 말 그대로 주도권을 가지기 원한다. 자동차로 비유하면 엔진이나 핸들의 역할을 하는 사람들을 말한다. 방향을 정하고 밀고 나가는 유형이 여기에 해당한다. 이 유형은 변

리더십의 네 가지 유형

출처: Dale Carnegie Training 'Leadership Advantage program'

화를 주도하고, 목표 지향적이며, 강한 의지를 가지고 있다. 그러나 그것이 지나치면 경솔한 판단을 내리거나, 독선에 빠질 위험도 있다.

두 번째 유형은 감정 중심의 외향형으로 '설득형'이다. 설득형은 인기가 많다. 사람들과 잘 어울리고 관계를 중시하며 사교적이다. 열정적인 태도로 인해 창의적인 아이디어를 많이 생산하고 동기부여 능력이 뛰어나다. 그러나 가끔은 공약을 남발하거나, 비현실적인 모습을 보이기도 한다. 자동차에 비유하자면 최고급 오디오 시스템이라고 할 수 있다. 이런 설득형이 없는 조직은 열정과 흥미가 현저히 떨어진다.

세 번째 유형은 감정 중심의 내향형인 '안정형'이다. 이들은 대개 모범적이고 따뜻한 성품을 가지고 있다. 다른 사람들의 이야기를 잘 들어주고 수용적이며 겸손하다는 평가를 듣는다. 안정형과 대화를 나누면 편안함이 느껴진다. 그러나 안정형이 지나치게 타인에게 맞출 경우에는 의존적이거나 목적의식이 없어 보일 수 있다. 그래서 이들은 좀 더 적극적인 자기표현이 필요하다. 자동차에 안락한 시트가 없다면 아무리 성능 좋은 차라도 그것을 타고 다닐 수 없다. 안정형은 조직에서 윤활유 역할을 하고 조화를 이끌어낸다.

마지막 유형은 이성 중심의 내향형인 '분석형'이다. 이들은 데이터와 팩트를 중시한다. 연구하고 분석하는 것을 즐기는 학자적 성향이다. 그래서 이들은 신뢰할 수 있고, 철저하며 정확하다는 평가를 받는다. 완벽을 추구하기 때문에 업무 완성도도 높다. 그러나 분석형은 지나치게 비판적이고 부정적으로 되거나 외톨이가 될 수 있는 위험이 있다. 자동차에는 브레이크와 안전장치가 있다. 분석형이라는 브레이크가 없다면 조직은 큰 위험에 빠진다.

이 네 가지 유형을 통해 리더는 먼저 자신의 성향이 어디에 가까운지 인식해야 한다. 물론 사람을 하나의 유형으로만 고착화시켜 설명할 수는 없다. 사람은 이 각각의 성향을 어느 정도씩 다 가지고 있다. 다만 어떤 성향이 더 많이 나타나느냐의 차이가 있을 뿐이다. 주도형 리더라면 좀 더 타인의 말을 경청해야 한다. 설득형 리더는 분석형 팀원의 의견을 들어보고 현실성을 보완하는 것이 좋다. 안정형 리더는 좀 더 명확하게 지시사항을 요구하는 것을 연습해야 하고, 분석형 리더는 속도를 높이고 타인의 수준을 좀 더 배려하는 것이 필요하다. 리더로서 영업 관리자가 담당자를 코칭할 때 그들이 어떤 성향에 가까운가를 아는 것은 중요하다. 주도형 담당자에게 너무 세세하게 지시를 내리는 것은 좋지 않다. 명확한 방향성과 핵심적인 지침을 확인하되 스스로 방법을 세워서 실천하도록, 즉 주도권을 가지고 일할 수 있도록 도와주는 것이 효과적이다. 설득형 담당자는 고객과의 소통에 뛰어나다. 그러나 반복적인 영업 활동을 지속할 수 있도록 모니터링을 강화하는 것이 필요하다. 안정형 담당자는 잘 드러나지 않는다. 옛말에 우는 아이 떡 하나 더 준다고 했다. 요구사항이 별로 없는 안정형 담당자는 관리자의 눈에서 소외될 우려가 크다. 따라서 관리자가 먼저 다가가서 필요한 사항이 없는지 세심한 주의를 기울여야 한다. 분석형 담당자는 '왜'라는 단어가 매우 중요하다. 정확한 지식을 바탕으로 소통해야만 이들을 움직일 수 있다.

팔로워의 네 가지 유형

리더십 스타일이 사람의 성향을 바탕으로 구분한 것이라면 조직에 기여하는 역량과 태도, 헌신도를 기준으로는 팔로워 유형의 틀을 적용해볼 수 있다. 리더십 유형 분석과 마찬가지 방식으로 4분면을 기준으로 네 가지 팔로워의 유형을 도출할 수 있다. 이것은 독립성과 조직 몰입도(engagement)를 기준으로 구분한다. 여기

팔로워의 네 가지 유형

독립성 높음

파괴자	협력자
강력한 저항 문제를 일으킴 성공을 방해함	스스로 생각함 더 높은 수준의 도전을 하게 함 리더에게도 적절한 도전을 제공
도피자	종속자
보이지 않게 따름 필요한 만큼의 최소한의 활동	의지가 있으나 도전이나 개선에 적극적이지 않음

몰입도 낮음

독립성 낮음

출처: Dale Carengie Training "Develope your Leadership Potential'

에서의 몰입도란 성과에 대한 헌신의 정도를 뜻한다.

몰입도가 높고 독립성도 높은 직원은 '협력자'이다. 가장 이상적인 팔로워 유형이라 할 수 있다. 이들은 스스로 생각하고 더 높은 성과에 몰입한다. 때로는 리더에게도 적절한 자극을 주고, 새로운 도전을 마다하지 않는다.

몰입도는 높지만 독립성이 낮은 직원은 '종속자'라고 한다. 이들은 주어진 과제가 있다면 기꺼이 실행할 의지가 있다. 묵묵히 자기 역할을 잘 수행해 낸다. 하지만 새로운 도전이나 스스로 문제를 개선하는 데는 소극적일 수 있다.

몰입도와 독립성이 모두 낮은 유형은 '도피자'이다. 이들은 보이지 않게 따르는 이들로서 최소한의 활동만 한다. 속된 말로 '잘 리지 않을 만큼만 일한다'라는 신념을 실천하는 부류이다.

마지막으로 '파괴자' 유형이 있다. 이들은 몰입도는 떨어지는 데 독립성은 높은 유형이다. 불평불만을 적극적으로 퍼뜨리고, 타인의 성공을 방해하기도 한다. 파괴자 유형이 많은 팀에 닥쳐올 끔찍한 결과를 상상하는 건 어렵지 않은 일이다.

리더십 유형 분석은 사람의 본질적인 성향에 관한 것이므로 어떤 것이 더 좋다 나쁘다 말할 수 없고, 어지간해서는 잘 변하지 않는 개인의 속성인 데 반해, 팔로워 유형은 환경과 상황에 따라 계속 바뀔 수 있다. 협력자가 어느 순간 본인의 요구가 좌절되면 파괴자가 되기도 한다. 종속자가 새로운 시도들을 인정받으면 협력자로 바뀐다. 파괴자가 훌륭한 리더를 만나서 조금만 태도를 바꾸면 좋은 협력자가 될 수 있다. 도피자는 학습과 성장에 따라 종속자를 거쳐 협력자가 될 가능성이 있다. 물론 모든 팔로워를 협력자로 바꾸는 작업은 쉽지 않다. 하지만 협력자를 유지하고, 파괴자를 관리하고, 종속자와 도피자를 협력자로 만들어 가는 작업이 끊임없이 필요하다는 것은 두말할 나위가 없다.

중요한 것은 영업 관리자는 담당자와 문제해결을 위해 소통할 때 이러한 성향들을 잘 파악해서 각 사람에게 맞는 소통 전략을 취해야 한다는 것이다. 소통에는 여러 종류가 있다. 논리로 설득하는 것, 감정에 호소하는 것, 사실관계를 설명하는 것, 구체적 사안을 지시하는 것, 담당자의 의견을 지지하는 것, 질문을 통해 코칭하는 것, 믿고 맡기며 위임하는 것, 지식을 알려 주고 교육하는 것, 비전을 제시해서 스스로 움직이게 하는 것 등 다양한 접근 관점이 그것이다. 어느 하나가 정답이라고 말할 수는 없다. 다만 영업 담당자들이라는 집단이 아니라 각각의 욕구와 성향을 가진 한 사람 한 사람의 개인과 이야기를 나눠야 한다는 사실이 중요하다. 이것이 유형을 통해 사람을 바라보는 작업의 핵심이다. 데일 카네기가 강조한 "상대방이 원하는 것을 파악하라"는 것은 영업에 있어서 진리와 같은 말이다. 그렇다면 영업 담당자의 욕구를 파악하는 것은 영업 관리자의 가장 중요한 역할이 아니겠는가.

5장.

세일즈 모델 중심의 직무성과 기술서

현대 경영학의 아버지로 불리는 피터 드러커는 "측정할 수 없으면 관리할 수도 없다"라는 유명한 말을 남겼다. 자동차의 연비를 개선하기 위해서는 지금 리터 당 몇 미터를 갈 수 있는지 알 수 있어야 하는 것처럼, 영업 성과를 개선하기 위해서는 미팅 횟수를 늘려야 하는지, 제안 성공률을 높여야 하는지에 대해 정확하게 짚어 낼 수 있어야 한다. 이러한 예들은 측정과 관리의 중요성을 잘 나타내 준다. 물론 경영 관리의 모든 지표를 수치화·계량화해서 관리해야 하는 것은 아니다. 인간의 정신과 태도, 조직 문화 등 수치화하기 어려운 요소들도 있으며, 최근 리더십 이론에서는 무조건적인 정량화보다는 정성적 접근, 원론적 접근을 중시하기도 한다. 무조건적인 계량화가 능사는 아니다. 하지만 영업 관리에 있어서 측정과 관리는 여전히 중요하다. 영업 관리자라면 누구나 목표 달성을 원할 것이다. 그러나 목표를 달성하자는 구호만으로는

카네기 세일즈 리더십

부족하다. 이 장에서는 직무성과 기술서를 통해서 영업 목표 달성에 이르는 길을 설정하고 그것을 제대로 측정하고 관리하면서 영업 성과를 개선하는 방법에 대해 알아보겠다.

직무성과 기술서의 중요성

성과의 정렬(Alignment)

목적지가 정해졌다면 그곳에 이르는 체계적인 방법이 필요하다. 그 방법을 분석하고 실행하기 위한 토대를 만드는 것이 세일즈 리더십의 두 번째 부분인 '분석'의 핵심이다. 여기서는 목표 달성에 이르는 중심축을 만들기 위해 직무성과 기술서라는 방법론을 활용해볼 것이다. 스포츠 경기에서 각 포지션에 있는 선수들이 하는 모든 활동, 즉 드리블, 패스, 슛, 밀착마크와 수비 등이 경기에서 이기기 위해 존재하는 것처럼, 출근해서 우리가 하는 일들은 조직이 추구하는 목표를 달성하기 위해서 존재한다. 경기에서 승리하는 것은 나아가 리그에서의 목표한 성적을 내기 위한 것이다. 조직도 마찬가지이다. 영업 조직이 원하는 목표가 있고, 관리자는 영업 담당자의 모든 활동을 그 목표 달성을 위해 효율적인 방식으로 배치한다. 단순히 열심히 하는 것만으로는 부족하다. 열심히 하는 활동들은 좋은 결과를 낼 수 있는 것이어야 한다. 재미있는 예를 하나 들어보겠다.

일을 할 때 우리가 기억해야 할 개념으로 효율성과 효과성이 있다. 영업 관리자는 이 두 개념을 잘 이해하고 담당자들을 이끌어야 한다. 예를 들어 사랑하는 사람의 생일을 맞이해서 그 사람을 기쁘게 해주겠다는 목표를 세웠다고 생각해보자. 그래서 종이학을 천 마리 접어서 선물하기로 한다. 처음에는 서툴러서 학 한 마리 접는 데 10분 이상이 걸린다. 천 마리를 다 접으려면 한참의 시간이 소요될 것이다. 종이학 접는 기술을 숙달할수록 시간이 단축되어 이제는 한 마리 접는 데 1분밖에 안 걸릴 정도로 실력이 향상되었다. 이것이 효율성이다. 학을 접는 효율성이 높아진 것이다. 즉 효율성은 어떤 활동을 하는 데 필요한 기술이나 방법을 개선시켜서 일의 능률을 높이는 것을 말한다. 그런데 효율성을 개선하는 것만으로는 부족하다. 선물 받는 사람이 종이학을 싫어할 수 있기 때문이다. '왜 쓸데없이 종이학을 접어 왔어? 먹을 거나 사주지.' 이렇게 생각한다면 종이학을 접는 효율성을 아무리 개선하더라도 상대방을 만족시켜야 한다는 원래의 목표를 달성할 수 없게 된다.

이때 필요한 개념이 효과성이다. 효과성이란 원래의 목표를 달성하는 데 유효한 활동이나 방법을 사용하는 것이다. 상대방이 원하는 것이 가방이나 액세서리라면 그것을 사 주는 것이 훨씬 효과성이 높다. 목표를 달성하기 위해서는 효과적인 방법을 찾아내서 그것을 최대한 효율적으로 하는 것이 중요하다. 효과성 없이 효율성만 높이는 것은 잘못된 일을 열심히 하는 행위로, 노력에 비해

결과가 나오지 않는다. 열심히 공부하는데 성적은 오르지 않는 학생, 열심히 일하는데 성과가 낮은 직원이 있다. 이런 경우는 이 사람이 과연 실제로 효과적인 일을 하고 있는가를 검증해봐야 한다. 반대로 효과적인 활동을 하지만 효율성이 낮은 경우도 있다. 이 경우에도 시간이 너무 오래 걸리거나 너무 많은 자원을 투입해야 하기 때문에 결과가 잘 나오지 않는다.

효과성과 효율성을 고려해서 조직의 목표 달성에 도움이 되는 일을 잘하는 것, 이것을 목표와 업무의 정렬(alignment)이라고 한다. 조직에는 달성해야 할 비전과 미션, 가치가 있다. 이것을 위해서 존재하는 것이 '직무목표'이다. 그래서 영업 조직은 매출 목표를 설정하는 것이다. 대부분의 영업 담당자의 직무목표는 매출이나 판매량을 어느 정도 달성할 것인가로 설정된다. 그 직무목표를 달성하기 위해서 핵심적으로 성과를 내야 하는 영역들이 있다. 신규 고객 발굴, 기존 고객에게 재구매 등이 여기에 해당된다. 영업 관리자의 핵심성과 영역이라면 업종마다 다르지만 주로 리크루팅, 영업 담당자 교육, 자체 영업, 조직관리, 직원 인게이지먼트 관리 등일 것이다. 그리고 이 핵심성과 영역이 제대로 달성되고 있는가를 측정할 수 있는 세부 지표들을 '성과표준'이라고 한다. 자동차의 계기판과 같은 것으로서 속도는 얼마를 유지하고 있는지, 연비는 얼마인지, 타이어 마모 상태는 어떤지 등을 영역별로 나누고 거기에 해당하는 지표를 수립하고 관리하는 것이다. 그 성과표준을 달성하기 위해서는 지속적이고 반복되는 활동들이 있기 마련이다. 콜 수, 미팅 수, 제안 건수, 제품 교육 시간, 인게이지먼트 지수, 이직율, 재구매율 등 최종 성과에 이르는 각종 지표가 존재한다. 또 각각의 활동을 제대로 하기 위해서는 핵심적인 지식과 기술이 필요하다. 미팅에서의 질문 스킬, 커뮤니케이션 스킬, 상품 설명 능력, 전화 응대 요령 등이 여기에 해당된다. 이 모든 것들이 모여서 '성과'라는 것을 이룬다. 즉 영업 관리자는 영업 담당자가 적합한 지식과 기술을 보유하고 있는지, 이것을 활용한 활동을 적합하게 하는지, 그 활동들이 모여 성과표준을 달성하고 있는지, 그것이 핵심성과 영역의 세부 목표를 달성하고 있는지, 나아가 이것이 개인의 목표와 조직 전체의 목표를 달성하고 있는지를 끊임없이 측정하고 관리해야 한다. 성과를 높이기 위해서는 효율성과 효과성이라는 두 돋보기를 함께 잘 사용해야 한다.

성과 중심 vs. 업무 중심

개념과 이론은 복잡하더라도 실제 적용은 심플하고 명확해야 한다. 이것을 도와주는 도구가 바로 '직무성과 기술서'이다. 대부분의 조직에는 '직무 기술서'가 있다. 직무 기술서(Job Description)는 각 업무 담당자가 해야 할 일을 정리해 놓은 업무 지침이다. 하지만 직무성과 기술서는 용어에 '성과'라는 단어가 들어가는 만큼 보다 진일보한 개념이다. 단순히 해야 할 일을 나열하는 것이 아니라 그것이 직무의 성과를 반영하고 있는가 하는 것이 직무성과 기술서의 핵심이다.

카네기 세일즈 리더십

보통의 조직에서는 KPI, MBO, BSC 등으로 직무성과를 세분화해서 성과지표를 만들고 이것을 성과평가에 반영한다. 직무성과 기술서는 이러한 성과평가 도구와 유사하다고 볼 수 있지만 중요한 것은 담당자 스스로 이것을 작성한다는 것과 그것을 심플한 방식으로 요약해서 상시적으로 활용할 수 있다는 점이다. 기존에 설정된 KPI가 있다면 그것을 활용하는 것은 얼마든지 좋다. 하지만 직무성과 기술서는 여기에서 더 나아가 관리자가 이를 통해 자신의 성과지표를 제대로 도출하고 응용력을 높이는 데 그 목적이 있다. 그리고 직무성과 기술서는 단순히 성과평가를 위한 도구만이 아니라 지속적으로 그것을 업무성과에 활용하고, 채용과 교육 등의 영역에까지 활용과 적용 범위를 넓히는 것에 의의가 있다.

직무성과 기술서는 영어로 'Performance Result Description'이며 영어 앞 글자를 따서 PRD라고도 부른다. 여기서 중요한 것은 Result, 즉 결과, 성과이다. 그 직무가 잘 수행되었을 때의 모습에 대한 표현이 직무성과 기술서의 중요 내용이다. 이것은 '미래 관점에서 바라보기'라는 기본 방향을 가지고 있다. 즉 '무엇 무엇을 한다'라는 현재 관점이 아닌 '무엇 무엇을 달성한다'라는 미래 관점, 성과 위주의 관점으로 표현한다.

성과 중심인가, 업무 중심인가? 이것은 직무성과에 있어서 매우 중요한 관점이다. '주 3회 고객 미팅을 한다.' 이것은 업무 중심이다. 주 3회 미팅을 하긴 하는데 그 미팅이 얼마나 효과적인지, 또는 효율적인지에 대해서는 전혀 알 수가 없다. 영업 담당자가 성과는 잘 나오지 않는데 미팅은 정말 열심히 해서 주 3회 이상 꾸준히 하고 있다고 생각해보자. 이때 영업 관리자가 "왜 이렇게 성과가 안 나와? 미팅 제대로 하고 있어요?"라고 묻는다면 영업 담당자는 "예, 주 3회 이상 꼬박꼬박 미팅을 하고 있습니다"라고 답변할 것이다. 단지 업무 수행의 관점에서 말이다. 하지만 이는 성과 중심의 관점은 아니다. 성과 중심이란 단순히 주 3회 미팅을 한다는 업무 자체에 중심을 두는 것이 아니라 '주 3회 이상의 미팅을 통해 제안을 이끌어 낸다'처럼 그 활동이 지향하는 성과가 무엇인지를 명시하는 방식을 말한다. '제안 프레젠테이션을 강화하여 계약 수주율을 20% 개선한다' 등이 성과 중심의 접근이다.

직무성과를 기술할 때 또 하나 중요한 것은 조직의 비전과 미션, 가치와의 일치이다. 기업은 처해 있는 상황과 목표에 따라 시장 확대 전략, 고급화 전략, 비용 절감 전략 등의 방향성을 택한다. 회사가 주력하지 않는 분야를 열심히 하는 직원만큼 안타까운 경우가 없다. 인간은 자기변호를 할 수밖에 없는 존재이기에 담당자들은 단순히 자신이 열심히만 하면 일을 잘하고 있다고 생각하기 마련이다. 따라서 관리자는 조직의 전략과 방향을 정확하게 이해하고 이를 담당자들과 잘 소통해야 한다.

평가를 할 때 어느 정도의 객관성을 확보할 수 있다는 것도 직무성과 기술서의 이점이다. 영업에서는 매출이 제일 중요하다. 영업에서는 흔히 숫자가 인격이라고 한다. 성과가 좋은 직원은 대체로 높이 평가된다. 하지만 이것이 전부는 아니다. 만약 스트라이

커만 대접받는 축구팀이 있다면 그 팀은 무너질 수 있다. 예를 들어 나중에 후임 리더를 선발한다고 해보자. 매출이 높다고 해서 그 직원이 꼭 좋은 관리자가 될 거라고 장담할 수 있을까? 정형화되고 표준화된 제품을 판매하는 B2C 위주의 영업 조직은 비교적 심플하다. 자동차 판매 대수, 종신보험 가입 건수로 성과를 산정하고 직원들을 독려하는 것도 어느 정도 가능하다. 하지만 프로세스가 복잡한 솔루션 베이스의 B2B 영업의 경우는 어떨까? 세일즈 사이클이 1~2년 이상 되는 프로젝트 베이스의 영업은 또 어떠한가? 최종적으로 계약과 매출이라는 성과에 이르기까지 다양한 전제조건들이 있다. 직무성과 기술서는 이러한 점에 착안한다. 심지어 자동차 보험 같은 B2C 제품 판매의 경우에도 직원 평가에 있어서는 매출, 판매 건수 등과 더불어 재계약율, 계약유지율, 고객 클레임 빈도 등 종합적인 관점의 평가가 필요하다. 판매는 잘하지만 관리가 부족한 사람이 있고, 단기 성과에는 약하지만 장기적으로는 조직에 기여하는 사람도 있으며, 개인 성과는 뛰어나지만 팀워크에는 문제가 있는 사람도 있다. 그 사람의 강점은 최대한 활용하되 균형을 유지할 수 있도록 도와주는 것이 직무성과 기술서의 정신이며, 이것은 궁극적으로 조직원 관리의 공정성을 확보하는 데 도움을 준다.

정리해서 말하자면 직무성과 기술서는 미래 지향적이고 성과 지향적으로 업무 목표를 세분화해서 기술하는 간단명료한 문서이다. 거기에는 성과에 대한 종합적인 고려가 포함되며 이것은 개

직무성과 기술서 기본 양식

팀/조직의 목표

비전:

미션:	작성자:
가치:	승인자:
직무 목표:	기간:

핵심성과 영역	성과표준	활동과 스킬
KRA#1 조직 관리		
KRA#2 매출 관리		
KRA#3 프로세스 관리		
KRA#4 영업 교육		

출처: Dale Carnegie Leadership Training for Managers

인의 영업 활동이 조직성과에 정렬되도록 방향을 잡아준다. 또한 채용과 교육, 평가에 있어 고루 활용될 수 있다. 이것이 직무성과 기술서의 가치이자 중요성이다.

직무성과 기술서의 구체적인 작성 방법은 부록을 참조하기 바란다. 중요한 것은 업무 중심에서 성과 중심으로 사고와 행동의 프레임을 전환하는 것이다.

카네기 세일즈 리더십

직무성과 기술서를 제대로 활용하는 법

직무성과 기술서의 적용

영업 관리자가 자신의 직무성과 기술서를 잘 작성했다면 이제 각 영업 담당자의 직무성과 기술서를 작성하고 이를 코칭하는 것으로 넘어가야 한다. 우선은 영업 담당자가 직무성과 기술서를 작성하도록 해야 한다. 가장 좋은 방법은 전문가와 함께 직무성과 기술서에 대한 워크숍을 하면서 함께 직무성과 기술서를 작성하는 것이다. 하지만 현실적인 한계가 있어 전문가를 배석한 워크숍이 어렵다면 영업 관리자가 먼저 확실하게 직무성과 기술서의 개념을 파악하고 스스로 자신의 것을 작성해본 다음 영업 담당자에게 이 방법을 가르쳐 주어야 한다. 담당자가 초안을 만들고 제출하면 그것을 바탕으로 영업 관리자의 코칭과 피드백을 통해 직무성과 기술서를 수정한다.

핵심성과 영역은 보통 4~8개가 적당하다. 영업 담당자의 핵심성과 영역은 신규 고객 발굴, 기존 고객 관리, 개인 고객 관리, 법인 고객 영업 등 고객을 기준으로 영역을 설정하면 된다. 혹은 제품과 주요 분야별로 영역을 구분하거나, 외부고객 관련 업무, 내부고객 관련 업무 등으로 나눌 수도 있다. 고객 사후관리도 좋은 성과 영역이 된다. 그리고 전문가로서의 자기계발은 빠질 수 없는 핵심성과 영역이다.

영업팀 전체가 직무성과 기술서를 작성했다면 이제부터 이것은 다양한 용도로 활용될 수 있다. 우선 직무성과 기술서는 명확한 목표 설정과 전략 수립의 도구이다. 목표가 큰 덩어리라면 핵심성과 영역은 그 목표를 세분화한 것이다. 이 영역별로 성과표준과 행동 스킬을 명확화한다면 그 자체로 목표 달성 전략의 일환이 된다.

또한 이것은 성과관리의 지표이기도 하다. 영업성과는 종합적인 숫자로 나타나겠지만 세부적으로 들어가면 다양한 선행지표들을 도출할 수 있다. 운이 좋다면 단 한 건의 계약으로 한 해의 영업 목표를 달성할 수도 있다. 하지만 이것은 위험하다. 필자가 속한 데일카네기 트레이닝의 어느 해외 지사에는 모 항공사 한 고객만을 대상으로 한 해 매출을 100% 달성하는 직원이 있었다. 하지만 감염병이 유행해서 항공사가 어려워지자 이 컨설턴트는 매우 어려운 상황에 봉착하고 말았다. 어쨌든 그냥 매출성과로만 보자면 이 직원은 잘못된 부분이 없었다. 하지만 신규 고객 발굴, 판매 제품 다각화 등의 핵심성과 영역을 두고 미리 관리했더라면 위기를 예방할 수 있었을 것이다.

직무성과 기술서가 그 자체로 성과관리의 도구가 되기 때문에 자연스럽게 이것은 성과평가 면담 시 활용할 수 있는 자료가 된다. 직원들과 정기적으로 성과를 모니터링할 때 각종 영업 데이터들과 이 직무성과 기술서를 함께 리뷰하면서 개선 포인트를 도출하고 공과 과를 분석한다면 훨씬 더 생산적이고 효율적인 미팅을 진행할 수 있다.

영업 담당자의 직무성과 기술서가 잘 표준화되어 있다면 이것은 채용 시 좋은 참고 자료가 된다. 직무성과 기술서에는 성과표준은 물론이고 활동과 스킬까지 명시되어 있기 때문에 직원을 채용할 때 해당 스킬을 가진 인원을 채용하면 된다. 채용 후보자에게 확인해봐야 할 역량과 스킬을 객관화하고 알맞은 직원을 탐색할 때 가장 기본적인 근거가 되는 것이 직무성과 기술서이다.

직무성과 기술서는 한 번 작성하고 버리는 것이 아니다. 한 페이지로 간단하게 요약하는 이유는 잘 보이는 곳에 두고 상시적으로 함께 점검하기 위해서이다. 상·하반기 성과평가 면담에 참고하는 것은 물론이고 상시적으로 실시하는 코칭 미팅에서도 이것을 활용할 수 있다. 핵심성과 영역별로 주제를 한정해서 미팅 때마다 주제를 바꾸어 가면서 코칭할 수도 있고, 개선책을 도출할 때 단순히 관리자의 직감이나 강요가 아니라 함께 합의한 성과표준을 근거로 개선 과제를 부여해 줄 수도 있다. 이러한 대화를 통해 직무성과 기술서를 정기적으로 업데이트한다. 연 1회 작성을 기본으로 하고 최소한 반기 1회 정도 업데이트하면 이것을 살아 있는 문서로 만들 수 있다. 가끔 우리는 연간 목표를 정하고 이것을 1년이 지난 뒤에 리뷰하는 경우가 있다. 그러면서 우리가 이런 목표도 세웠나 하며 의아해한다. 작성이 중요한 것이 아니라 정기적인 리뷰와 활용이 중요하다.

월별 프로젝트 리스트
직무성과 기술서의 가장 좋은 활용법은 매월 초 영업 담당자 전원에게 월별 프로젝트 리스트를 제출하도록 하고 피드백하는 것이다. 각 핵심성과 영역별로 이번 달에 꼭 이뤄야 할 프로젝트를 선정해서 수행하게 한다. 예를 들어 신규시장 개척이라는 핵심성과 영역에는 A고객사에 제안서 제출하기 프로젝트, 고객 사후관리 핵심성과 영역에는 고객사 10곳 사후 인터뷰 진행 등의 프로젝트를 만들어서 한 달간 집중해볼 수 있다. 전문가로서의 자기계발 영역에서는 전문서적 2권 읽기 등을 이달의 프로젝트로 선정해서 코칭하는 것도 가능하다.

인간은 스스로 만든 것을 지지한다고 했다. 목표를 스스로 세우게 하되 조직의 방향성에서 멀어지지 않게 하고, 목표 설정에서 그치는 것이 아니라 그곳에 가는 방법까지 함께 고민하게 한다는 데서 직무성과 기술서를 기반으로 한 월별 프로젝트 리스트 관리는 매우 효과적이고 체계적인 방법이다. 시간을 절약하기 위해서는 월간 영업회의 때 각 영업 담당자들이 대표 핵심성과 영역별로 한 개씩 프로젝트 리스트를 공약하고 발표하게 하는 것도 좋은 방법이다. 이러한 활동은 영업 조직에 활력을 제공하고 적당한 긴장감을 가지게 할 수 있다. 직무성과 기술서의 작성은 처음에는 다소 번거로울 수 있지만 한 번 작업을 해두면 두고두고 활용 가치가 있다. 시스템을 관리하고 사람을 리드하는 영업 관리자로의 성장을 위해 직무성과 기술서는 그야말로 필수 아이템이다.

카네기 세일즈 리더십

6장.

파이프라인 영업 전략

놀이동산에 가면 많은 사람들이 롤러코스터를 타기 위해 기다리는 풍경을 쉽게 볼 수 있다. 롤러코스터의 인기 비결은 다이내믹한 질주의 쾌감과 스릴에 있다. 높은 곳으로 올라갔다가 전속력으로 아래로 질주할 때 사람들은 놀라 비명을 지르면서도 그 짜릿한 스릴을 즐기기 위해 수많은 사람이 줄을 서서 자기 순서를 기다린다. 그러나 이런 스릴과 아찔함을 영업에서도 즐기고 싶은 사람이 있을까? 물론 영업에서도 굴곡이 있다. 성과가 높을 때도 있고 그렇지 않을 때도 있다. 하지만 성과가 떨어진다고 하더라도 롤러코스터 수준으로 등락이 심하고, 아찔한 속도로 떨어지는 것을 현실의 영업에서 좋아할 수는 없다. 우리는 안정적이고 지속적인 성과를 원한다. 그것을 만들어 주는 기반이 파이프라인 전략이다. 파이프라인 관리가 잘되지 않으면 기복이 심해지고, 그러다 일정 기간 저성과가 이어진다면 그것은 영업 담당자의 이직으로까지 이

어질 것이다. 파이프라인 관리를 통해 운에만 기대는 것이 아니라 예측 가능하고 지속적인 영업성과의 창출을 이끌어 내야 한다.

파이프라인를 관리한다는 것

헌터와 파머

영업 스타일을 크게 헌터(hunter)와 파머(farmer)로 구분할 수 있다. 헌터, 즉 사냥꾼은 빠른 시간 안에 가능한 한 많은 계약을 만들어 내려고 한다. 주로 비즈니스의 양적인 부분에 집중하며 새로운 영역을 둘러보는 것을 좋아한다. 큰 계약에 강하고 목표를 잡으면 놓치지 않는다. 헌터들은 성취 지향형이고 목표에 대한 승부사 기질도 가지고 있어 단기적으로 높은 성과를 낼 수 있는 장점을 가지고 있다. 반면 기복이 심하고 지속적인 신뢰 구축에는 어려움을 느낀다. 이와 대비되는 스타일로 파머 스타일의 영업 담당자가 있다. 파머, 즉 농부는 장기간의 고객 관계에 집중하고 다른 사람과 함께 협력하는 것을 좋아한다. 농부가 씨를 뿌리듯이 규칙적이고 꾸준하게 일한다. 지속적인 고객 관리에 능하고 사소한 것도 빠짐없이 챙긴다. 이러한 태도를 가진 영업 담당자는 만족감을 느끼면서 일하고, 지속적인 도움을 주고받는 핵심 고객들을 보유하고 있다. 물론 단기적으로는 빠른 성과가 나타나지 않을 수 있지만, 농부가 해마다 가을이 되면 추수를 하는 것처럼 장기적이고 지속적인 성과를 기대할 수 있다.

헌터 스타일과 파머 스타일 중 어떤 것이 더 좋다고 딱 잘라 말할 수는 없다. 업종과 상황에 따라 다를 수 있다. 농부의 심정으로 씨를 뿌리고 지속적으로 고객이라는 밭을 관리하되 필요하다면 헌터가 되어 목표물에 집중하는 자세도 갖추고 있다면 금상첨화일 것이다. 영업은 헌터와 같다고 생각하는 선입견이 있을 수 있지만 이상적으로는 이 두 스타일의 장점을 모두 취해야 한다. 그런데 헌터에게든 파머에게든 정도의 차이는 있겠으나 중요한 것이 있다. 파이프라인 전략이 그것이다.

파이프라인 전략은 말 그대로 수도꼭지를 틀면 물이 나오듯 고객이라는 저수지에 파이프를 연결해서 지속적으로 성과가 나오도록 시스템을 구축하는 것이다. 파이프라인 하나하나를 만들기 위해 기회를 모색할 때는 헌터처럼 접근할 필요도 있다. 핵심은 여러 개의 파이프라인을 구축해야 한다는 것이다. 한쪽에서 물이 마르더라도 다른 쪽에서는 물을 구할 수 있도록 하는 것, 하나의 파이프라인이 마르거나 끊어지기 전에 다른 파이프라인을 구축해 두는 것, 필요한 만큼 많은 파이프라인을 만들어서 결과적으로는 항상 물이 끊이지 않게 고객 관리를 하는 것이 파이프라인 전략이다. 이것을 실행할 때는 농부의 자세와 습관이 매우 중요하다.

파이프라인 관리, Why & How

영업에 있어 파이프라인 전략이 필요한 이유가 무엇일까? 첫째, 비즈니스는 기본적으로 예측이 가능해야 한다. 영업 관리자는 영업 조직의 선봉에 서서 비즈니스를 이끌어야 하는 사람이다. 중소기업의 사장님이나 자영업자 중에는 당장 다음 달에 수입이 얼마가 될지 예측하지 못하는 경우가 생각보다 많다. 영업성과가 예측되지 않는다면, 또는 예측치와 실제 성과의 차이가 지나치게 크다면 전략이라는 것을 세울 수가 없다. 파이프라인을 분석하면 향후 일정 기간에 대한 성과를 예측할 수 있고, 이를 바탕으로 대비책을 마련할 수 있다. 성과에 대한 예측은 영업 관리자에게만 필요한 것이 아니다. 영업 담당자 스스로 자신의 성과를 예측하고 이에 대비하게 만드는 것이 필요하다. 스스로 자신의 목표를 정하고, 성과를 예측하고, 대비책을 마련하는 것, 이러한 주도성과 능동성을 확보하기 위해서는 기업가 정신이 필요하다. 영업 담당자는 한 사람 한 사람이 기업이다. 고용의 형태와 상관없이 영업 담당자 각 개인이 바로 기업이라는 마인드로 스스로 성과를 주도하려는 태도가 필요하다. 파이프라인 전략은 그러한 기업가 정신을 바탕으로 세워야 한다.

예측은 계획을 만든다. 비즈니스에는 계획이 필요하다. 파이프라인을 분석하는 이유는 제대로 된 기간별 계획을 수립하는 데 있다. 이것을 사냥꾼이 사슴을 사냥하는 것에 비유해보자. 사슴 한 마리를 사냥하면 가족들의 일주일 치 식량을 해결할 수 있다. 그러면 사냥 이후 하루는 푹 쉬고, 이틀째는 남은 고기를 적절히 보관하고, 사냥 도구를 정비한 후에 3, 4일째는 사냥터를 탐색해야 한다는 시간 계획을 세울 수 있다. 사슴은 일주일 치 양식이지만 사냥하기가 어렵고 대신 토끼는 하루 치 식량이지만 사냥이 쉽다면 한 달 양식을 위해서는 사슴 두 마리에 토끼 열다섯 마리를 사냥해야 한다는 계산이 나온다. 그래서 사슴 한 마리를 사냥하는 데 걸리는 시간과 토끼 한 마리를 사냥하는 데 필요한 시간을 바탕으로 활동 계획을 세울 수 있게 되는 것이다. 이것이 파이프라인 전략의 기본 접근법이다.

파이프라인을 바탕으로 계획을 세우는 것은 자연스럽게 활동의 규칙을 만드는 것으로 연결된다. 영업 관리자가 담당자에게 '하루 세 명의 신규 고객 방문'을 지시하는 것은 쉽지만 많은 경우 그 실행은 쉽지 않다. 어떤 담당자는 자신은 지금 기존 계약건으로 바쁘고 이미 성과도 잘 나오고 있는데 꼭 신규 고객을 방문해야 하나 하고 의구심을 가질 수 있다. 그리고 사람은 기본적으로 현재에 안주하고 싶은 경향이 있기 때문에 강력한 동기가 부여되지 않으면 최선의 영업 활동량을 채우기가 만만치 않다. 영업 활동의 규칙을 설정하고 실행하게 하는 강력한 'Why'는 다름 아닌 파이프라인 분석에서 비롯된다.

농부는 밭을 갈고 소출을 낸다. 농부가 자유롭게 일하는 것 같지만 매일 정해진 시간에 일어나서 밭을 갈고, 씨를 뿌리고, 잡초를 제거한다. 그것은 최선의 노력을 기울여야만 안정적으로 수확을 기대할 수 있다는 것을 잘 알기 때문이다. 사실 농부만큼 규칙적으로 생활하는 사람도 드물다. 영업은 힘이 들지만 자유롭게 일할 수 있고, 시간을 마음대로 사용할 수 있는 것이 장점이라고 생각하는 사람이 많다. 하지만 시간 사용의 자유는 규칙적인 업무 습관이 자리 잡았을 때만 가능한다. 의욕이 넘칠 때는 왕성하게 고객을 만나고, 슬럼프에 빠지면 한없이 나태해지는, 즉 활동의 기복이 심한 사람은 결코 성공적인 영업자가 될 수 없다. 그렇기 때문에 영업 관리자는 담당자들의 성향을 잘 분석해서 각각에게 맞는 영업 활동의 규칙을 부여해야 한다. 이때 파이프라인 관리가 그 근거가 된다.

파이프라인 관리는 조직의 문화로 정착되어야 한다. 고성과자이든, 저성과자이든 누구든 빠짐없이 자신의 파이프라인 보고서를 작성할 수 있어야 한다. 물론 기록을 남기고 분석하는 작업은 번거로울 수 있다. 어떤 영업 담당자들은 고객을 만나 영업하는 것보다 사내 보고 업무가 더 힘들고 스트레스 받는다고 한다. 불필요한 보고 업무는 프로세스 정비를 통해 최대한 간소화해야 하지만 파이프라인 분석만큼은 영업 관리자에게 있어 절대 양보할 수 없는 작업이다. 이미 파이프라인 작성과 분석이 잘 이뤄지고 있는 조직이라도 더 면밀히 분석하면 얼마든지 개선의 기회가 생긴다. 혹시라도 파이프라인 개념이 생소하거나, 알고는 있지만 실제로 잘 활용하지 않는 조직이라면 이번 기회에 파이프라인 작업을 조직의 문화로 정착시켜 보기 바란다. 영업의 체계를 세울 수 있고 무엇보다 영업 담당자의 자발성을 확보하는 데 큰 도움이 된다.

파이프라인 관리는 최선을 다하고자 하는 마음, 즉 영업 관리자와 모든 영업 담당자의 상호 헌신을 필요로 한다. 영업 관리 방법론에 있어서 다른 모든 것은 유연성을 발휘할 수 있지만 파이프라인 관리만큼은 최대한 예외가 없도록 해야 한다. 모든 영업 담당자의 파이프라인 분석이 확보되어야 전체의 성과를 예측할 수 있기 때문이다. 고성과자라 할지라도 파이프라인 분석에 소홀하면 언제든지 저성과자로 떨어질 위험이 있다. 영업에는 왕도도 지름길도 없으며, 영원한 공식도 없다. 지금 성과에 만족해서 새로운 비즈니스를 미리 준비하지 않는다면, 유능한 사냥꾼이라도 사슴 한 마리를 다 먹은 후에는 가족을 굶기게 된다. 농부가 추수 후에 밭을 갈아 놓지 않으면 다음 해의 소출은 기대할 수 없다. 영업에서는 롤러코스터를 탈 수 없다. 파이프라인 관리만큼은 누구에게도 예외가 없어야 한다. 고성과자는 팀의 모범이 되기 위해서, 중간성과자는 고성과자가 되기 위해서, 저성과자는 최소한의 목표 달성을 위해서 파이프라인 작업을 게을리하지 않도록 관리자는 이들을 지속적으로 동기부여해야 한다.

파이프라인 분석

파이프라인 관리를 낚시에 비유해보자. 어장에 내가 낚아야 할 물고기가 있다는 것을 확인한 것은 '영업 가능성 확인'이고 10%의 확률로 고기를 잡을 수 있다. 낚싯대에 미끼를 달아서 던졌다면 실제 고객과의 접촉이 일어난 것이며 '니즈 분석 완료'이다. 20%의 확률에 근접했다. 물고기가 미끼를 물었다면 이제 확률이

영업 진전도별 파이프라인 분석 차트

Let's Go Fishing!	영업 진전도	%	Stage Description
어장 내 물고기 발견	기회 확인	10	영업의 기회, 계약 가능성이 있는 고객 발굴
미끼를 던짐	니즈 분석 완료	20	초기 접촉이 이루어짐. 필요성 확인
미끼를 물다	솔루션 제안 완료	40	구체적인 기획, 상품 설명, 제안서 제출, 견적 제출 등
낚시대 릴을 당기는 중	협상 중, 혹은 구두 계약	60~80	고객이 계약 의사를 밝힘. 결제 전
낚시 성공, 어망에 담음	계약 완료	100	결제 완료 또는 합의된 계약서 작성, 주문서 정식 발송
낚시 바늘을 빼고 도망	영업 실패	0	재차에 걸친 고객의 거절 의사 확인

높아진다. 솔루션을 제안한 것이다. 고객은 우리 제품을 구매할지 생각하기 시작한다. 확률은 40%이다. 제안 후 수정요청이나 협상을 하는 단계는 릴을 감으며 물고기와 힘겨루기를 하는 시간이다. 협상 진전에 따라 확률은 60~80%이다. 구두로 긍정적인 구매 의사를 확인했다면 80%로 계약 확률이 높아진다. 드디어 낚시에 성공해서 물고기를 어망에 담으면 '계약 완료'이다. 100% 클로징이다. 그러나 낚시의 어떤 단계에 있든지 물고기는 바늘을 빼내고 도망갈 수 있다. 미끼를 물었다가 바로 뺄 수도 있고 잡기 일보 직전에 빠져나갈 수도 있다. 성공 단계가 높아질수록 실패에 대한

낙담은 커진다. 다 잡은 대어가 바늘을 빼고 도망가 버리면 낚시꾼은 망연자실해서 한동안 저수지를 멍하니 쳐다보며 앉아 있게 된다. 우리의 영업 담당자들도 그런 상태를 자주 경험한다.

　이때가 영업 관리자의 도움이 필요한 순간이다. 격려와 지지는 물론이고 낚시의 어떤 단계가 잘못이었는지 코칭도 제공해야 한다. 힘이 너무 과했는지, 미끼의 크기가 너무 작았는지 원인을 분석하고 도움을 줄 수 있어야 한다. 무엇보다 중요한 것은 빨리 다른 곳에 낚시대를 던질 수 있도록 하는 것이다. 파이프라인 분석이란 영업 담당자들이 던져 놓은 낚시대가 총 몇 개인지, 진행되는 확률에 따라 예상되는 물고기의 합이 총 몇 마리인지를 계산해서, 필요하다면 몇 개의 낚시대를 더 던져야 하는지 계산하는 작업이다. 한 마리만 더 잡으면 목표량에 다가갈 수 있다면 10번만 더 시도하면 되는 것이다. (영업 진전도별 확률에 대한 구체적인 내용은 '부록 #2' 참조 바람.)

파이프라인과 기업가 정신

파이프라인 점검 미팅

　파이프라인 점검을 위한 정기 미팅은 영업 담당자에게는 자신의 파이프라인을 잘 관리할 수 있게 도와주고 관리자에게는 팀 전체를 이끄는 데 필요한 통찰은 준다. 각 영업 조직의 영업 사이클에 따라서 월 1회, 또는 분기 1회 파이프라인 점검 미팅을 정례화하는 것이 좋다. 각 영업 담당자의 연간 목표액에서 현재까지 달성한 매출액을 뺀 것을 목표 차액(Gap Amount)이라고 한다. 우리에게는 목표 차액을 채울 파이프라인이 필요하다. 최종적으로는 월간, 또는 주간 활동 목표를 합의하는 것이 필요하다. 이러한 대화를 나누는 것을 '파이프라인 미팅'이라고 한다.

기업가 정신에 기반한 영업 활동을 위하여

이러한 미팅이 잘 작동하기 위해서는 영업 담당자가 기업가 정신을 가지고 있어야 한다. 숙제를 검사하듯 파이프라인을 점검하는 일은 영업 담당자에게나 관리자에게나 괴로운 일이다. 영업 관리자가 파이프라인을 만들어 주는 것이 아니다. 마찬가지로 정기적인 점검은 관리감독이나 보고 업무가 아니다. 그래서 필자는 개인적으로 모니터링, 체크 이런 단어를 별로 좋아하지 않는다. 이것은 돕는 작업, 코칭하는 작업이다. 육상선수가 트랙을 돌 때 코치가 스톱워치를 들고 랩타임을 체크해 주는 장면을 본 적 있을 것이다. 이렇게 랩타임을 체크하고 몇 바퀴 남았는지 알려 주고 조금 더 힘을 내도록 격려하는 것이 코치의 역할이다. 파이프라인 미팅 또한 이와 같다. 기본적으로 트랙을 뛰는 것도, 경기에 우승하는 것도 영업 담당자의 몫이지 결코 관리자가 직접 하는 것이 아니다. 담당자가 경기를 제대로 완주하도록 랩타임을 체크하고 속도를 조절하고, 스퍼트 타이밍을 알려 주는 것이 바로 관리자의 역할이다.

기업가 정신은 사전적으로 '기업의 본질인 이윤 추구나 사회적 책임 수행을 위해 기업가가 마땅히 갖춰야 할 자세나 태도'라고 한다. 앞서 강조했던 것처럼 영업 담당자 한 사람 한 사람은 기업이다. 영업인은 매출을 만들어 내고 주도적으로, 자율적으로 일하기 때문이다. 이 마땅히 갖춰야 할 기업가 정신이 구체적으로 실현되는 장면은 다름 아니라 자신의 파이프라인을 스스로 관리하는 모습에서이다. 경기에 이기겠다는 강렬한 열망을 가진 선수, 그것을 위해 기록을 체크해 주는 코치, 이것이 기업가 정신을 가진 담당자와 그것을 지원하는 관리자의 이상적인 그림이다. 파이프라인 작업을 제대로 하다 보면 자연스럽게 목표 의식과 책임감이 생긴다. 그래서 파이프라인의 기본은 기업가 정신이라고 말하는 것이다. 영업 관리자는 영업팀에 이 취지를 잘 전달해야 한다.

목표 매출에서 현재까지의 달성 매출을 뺀 금액, 즉 목표 매출 달성에 추가로 필요한 금액을 목표 차액이라고 했다. 파이프라인 작업을 통해 이 목표 차액을 메꿀 수 있는 방법을 도출해야 한다. 여기서 중요한 지점은 현재 가지고 있는 모든 파이프라인 금액의 총합은 목표 차액보다 커야 한다는 것이다. 정해진 기준이 있는 것은 아니지만 필자의 경우 개인적으로 파이프라인 총액은 목표 차액의 130% 이상 확보되어 있어야 한다고 강조한다. 물론 실제로는 목표 차액보다 턱없이 부족한 경우도 많고, 130%는 매우 도전적인 액수라고 볼멘소리를 하는 영업 담당자들도 많다. 많은 영업 관리자도 파이프라인이 목표 차액의 100%만 되어도 좋겠다고 생각할지 모르겠다. 하지만 파이프라인이 목표 차액의 130% 이상 되어야만 한다고 강조하는 데는 이유가 있다.

영업 담당자들은 대체로 긍정적이기 때문이다. 오해하지 말기 바란다. 긍정적인 것이 나쁜 것은 아니다. 당연히 영업인은 긍정적인 태도를 미덕으로 삼아야 한다. 하지만 이 긍정성이 분석 작업에 있어서는 좋지 않게 작용하는 경우가 있다. 영업 담당자는 대개 긍정적이기 때문에 결과를 낙관하는 경향이 있다. 큰 금액을 하나 제안해 두면 그것이 이루어질 상상에 기분이 좋아진다. 실제로 제안서 제출이 계약 완료로 가는 확률은 40%밖에 안 되는데 마치 100% 계약이 된 것처럼 생각하기 십상이다. 필자도 영업 담당자 경험이 있기 때문에 이것을 모르는 바가 아니다. 인간은 자기가 바라는 것을 생각하다 보면 마치 그것을 이룬 것처럼 착각할 때가 있다. 이 계약이 이뤄질 것을 상상하면 기분이 좋은데 그 상태에서는 낚시대를 다시 던지는 작업이 쉽지 않다. 영업 관리자는 이 부분을 도와주어야 한다. 이런 긍정성 때문에 단순 접촉일 뿐인데도 40%로 계산하고, 명함만 하나 받았을 뿐인데 니즈 분석이라고 생각할 수 있다. 또한 실제 계약 금액은 최초의 제안 금액보다 많이 깎이게 마련이다. 다양한 변수와 영업 담당자의 낙관적 성향을 고려했을 때 영업 담당자가 말하는 예상 매출은 실제보다 부풀려지는 경우가 대부분이다. 영업팀 관리 경험이 많은 관리자라면 이 이야기에 공감을 표할 것이다. 영업인에게 긍정적인 태도는 필수이지만 파이프라인 분석에 있어서 지나친 긍정은 독이 된다.

파이프라인 분석을 통해 부족액과 예상 매출을 산출해보면 자연스럽게 할 일이 생긴다. 바로 만나야 할 고객들이 떠오르는 것이다. 접촉은 했지만 관리하지 않았던 고객들이 생각날 것이다. 이제 남은 것은 실행이다.

파이프라인 문화 구축

영업 조직이 파이프라인 전략을 제대로 구사하기 위해서는 모든 조직원이 이를 문화로 여겨야 한다. 이를 위해서는 모든 사람의 헌신이 필요하다. 만약 여러분의 조직에 파이프라인 문화가 갖춰져 있지 않다면 그것을 정착시킬 때까지는 시간이 걸릴 것이다. 시행착오도 따를 수 있다. 한 번에 변화하지 않는다고 조급해하지 말고 하나하나 기간을 두고 이뤄 가면 된다. 대신 포기하지 않는 것이 중요하다. 협력적이고 유능한 한두 명의 직원을 선발해서 파이프라인 관리를 시작하는 것도 방법이다. 중요한 것은 꾸준히 해서 전 팀원이 파이프라인을 스스로 작성할 수 있도록 기간을 두고 문화를 구축해 가는 것이다. 파이프라인 작업에는 반드시 기록이 필요하다. 미팅을 했으면 미팅 이력을 기록하고, 제안이 진행 중인 건들에 대해서도 기록이 남아 있어야 한다. 영업 관리 프로그램 또는 자체 문서에 파이프라인 기록 양식을 만들어 놓고, 꾸준히 기록해야만 한다. 미팅과 제안이 이뤄질 때마다 파이프라인을 기록해야 한다. "기록되지 않은 것은 발생하지 않은 것이다." 이런 말을 슬로건으로 영업 담당자들에게 강조하고, 지속적으로 기록해서 관리될 수 있도록 만들어야 한다.

파이프라인 관리는 일회적인 이벤트가 아니다. 정기적인 파이프라인 미팅을 통해서 영업 기회를 구축하는 데 지속성을 확보할 수 있다. 낚시대 하나를 거둬들이기 전에 다른 낚시대를 미리 놓아야 한다. 그것이 파이프라인 관리의 기본이다. 분석의 무력감을 피해야 한다. 실행 없이 자료만 보는 것은 무력감을 준다. 그것을 피하기 위해 작은 것 하나라도 실행 과제를 분명히 하고 성취감과 진전을 맛볼 수 있도록 하는 것이 중요하다. 정기적인 리뷰, 분석, 조정 작업을 통해서 실행이 점검되어야 한다. 파이프라인 관리는 지속적인 과정이다. 연초에 작성해 제출하고 끝나는 것이 아니라 세일즈 사이클을 고려하여 정기적으로 리뷰하고, 이를 통해 실행력을 높여야 한다.

파이프라인은 흘러야 한다. 파이프가 멈춰 있으면 무언가 잘못되어 있는 것이다. 사람의 희망을 놓고 싶지 않는 습성 때문에 이미 죽은 기회인데도 포기하지 못하고 어떻게든 붙잡고 있는 경우를 정말 많이 보았다. 실제 파이프라인으로 보고되는 것 중에는 이미 죽은 기회들이 많다. 니즈 분석 단계에 1개월 이상 머물러 있다면 사실상은 영업 실패인데 그 파이프라인을 닫지 못하고 기록되어 있는 예상매출의 안도감에 젖어 있는 것이다. 파이프라인이 일정 기간 업데이트되지 않고 멈춰 있다면 그것이 진전될 가능성이 있는지를 확인해야 한다. 멈춰 있는 파이프라인이 있다면 한 번 더 진전 노력을 해보고 그래도 안 된다면 미련 없이 닫아야 한다. 그 파이프라인의 매출은 '0'이 되는 것이다. 그래야 새로운 파이프라인을 놓을 수 있다. 고객은 꾸준히 관리하되 파이프라인은 미련 없이 버리고 새로운 기회를 모색해야 한다. 비록 시간이 걸릴 수 있지만 흘러가지 않는 파이프라인은 이미 죽은 것이다.

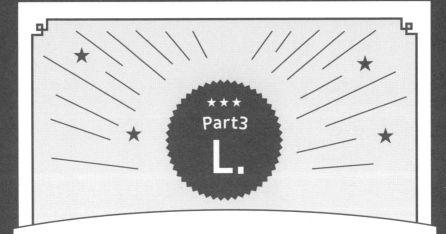

리딩(Leading),
진정성으로
팀을 리드하라

**Dale Carnegie
SALES Leadership**

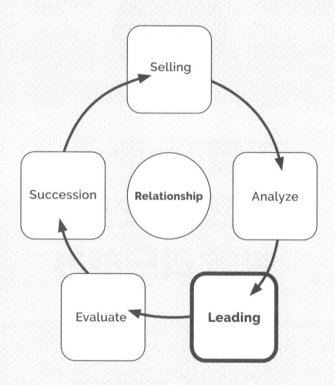

7장.

영업 조직에서의 인게이지먼트 관리

열 명이 보트를 타고 노를 젓는 상황을 상상해보자. 노를 열심히 저어야 보트가 앞으로 갈 수 있다. 열 명 중 세 명은 최선을 다해 노를 젓고 있다. 이들은 배가 나아가는 데 크게 기여하고 있다. 다섯 명은 노를 저을 때도 있지만 때때로 경치를 감상하기도 한다. 최선을 다해서 자기 역할을 하지는 않지만 어쨌든 일은 한다. 나머지 두 명은 보트에 구멍을 내거나 반대 방향으로 노를 젓고 있다. 오히려 방해를 하는 사람들이다. 선장은 열 명 모두가 다 열심히 노를 젓고 있다고 생각했지만 사실은 그렇지 않다.

우리 조직은 어떠할까? 노를 젓는 상태를 인사 분야에서는 인게이지먼트(engagement, 직무 몰입)라는 용어로 표현한다. 인게이지먼트는 얼마나 최선을 다해 자신의 직무에 몰입되어 있는가를 일컫는 말이다. 실제로 우리 영업 조직도 이 보트의 상황과 크게 다르지 않다. 데일카네기 트레이닝의 글로벌 조사 결과(Dale Carnegie

& Associate Global Research Thought Leadership 2020)에 따르면 대략 30%의 사람들만 자신의 일에 제대로 몰입되어 있다. 보트에서 열심히 노를 젓는 세 명에 해당되는 사람들이다. 이들은 생산성에 기여하고 주도적인 자세로 탁월한 성과를 창출한다. 50% 내외의 사람들은 부분적으로 몰입되어 있다. 이들은 최소한의 노력은 기울이지만 그 이상의 성과를 내기 위해 몰입하지는 않는다. 약 20%의 사람들은 인게이지먼트가 끊어져 있다. 바로 배에 구멍을 내거나 반대 방향으로 노를 젓는 사람들이다. 인게이지먼트가 높은 사람이 많은 배가 더 빨리 더 멀리 갈 수 있다는 것은 자명하다. 리더십에 있어서 인게이지먼트 관리는 매우 중요하고 필수적인 요소이다.

인게이지먼트의 힘

인게이지먼트의 중요성

카네기 세일즈 리더십 모델의 세 번째 부분은 리더십 역량이다. 리더십은 '사람들에 대한 영향력'이라고 정의할 수 있다. 그리고 조직에서는 그 영향력을 통해 어떤 성과를 내느냐가 중요하다. 누구나 이야기하고 모두가 알고 있는 말이 리더십이지만 이 말을 제대로 이해하고 적용하는 것은 말처럼 쉽지 않다. 리더십에는 여러 측면이 있지만 이 장에서는 영업 조직을 이끌기 위한 실용적인 관점에서 인게이지먼트라는 개념을 빌려 리더십을 살펴보도록 하겠다.

인게이지먼트는 '결속'이라는 의미를 가지고 있다. 약혼반지를 '인게이지먼트 링(engagement ring)'이라고 하는 것처럼 인게이지먼트는 강하게 결속되어 있는 것, 대상에 강력하게 연결된 상태라고 설명할 수 있다. 이 개념을 조직에 적용한다면, 팀원이 자신의 일과 조직에 연결되어 있는 상태, 즉 성과를 창출하기 위해 몰입되어 있는 상태를 뜻한다. 그래서 데일카네기 트레이닝에서는 인게이지먼트를 '높은 성과를 향한 직원들의 지적, 정서적 헌신'이라고 정의한다.

인게이지먼트는 성과에 있어 매우 중요하다. 2017년 갤럽 조사에 따르면 인게이지먼트가 상대적으로 높은 상위 25%의 조직은 그렇지 않은 하위 25%의 조직에 비해 41% 적은 결근, 24% 낮은 이직율, 10% 높은 고객만족도, 21% 높은 수익율, 17% 높은 생산성을 보인다고 한다. 따라서 조직의 성과관리에 있어서 인게이지먼트는 직접적이고도 중요한 지표가 된다. 성과를 내는 데 필요한 요소로는 전략, 시스템, 제품 등 여러 요소가 있지만 그중에서도 인게이지먼트 지수는 빼놓을 수 없는 요소이다. 특히 영업에 있어서는 이것의 중요성이 막중하다. 영업은 사람이 하는 것이다. 사람의 마음속에 불꽃을 일으키고 성과에 몰입할 수 있도록 동기를 불어넣은 상태가 바로 인게이지먼트이다. 인게이지먼트가 낮은 영업 담당자에게 높은 성과를 기대한다는 것은 어불성설이다. 인게이지먼트를 이해하고 향상시키는 것은 리더십이라는 추상적인 개념이 실무 영역에서 실현되는 가장 구체적인 장면이다.

인게이지먼트란?

인게이지먼트를 측정하는 기법에는 여러 가지가 있다. 공식적인 인게이지먼트 지표를 보유한 조직에 있는 사람은 그 가이드라인에 따라서 인게이지먼트 관리를 하되 이 장의 내용까지 적용한다면 실제적인 관리 효과를 높일 수 있을 것이다. 만약 인게이지먼트 개념이 생소하다 하더라도 이 개념을 이해하고 인게이지먼트 관점에서 영업 조직을 관리하고 리드한다면 분명 영업성과 창출에 큰 도움이 될 것이다.

데일카네기 트레이닝의 정식 인게이지먼트 조사에는 다양한 질문과 기법이 포함되어 있지만 간단하게 요약하면 다음 네 가지 질문이 핵심이다.

1. 지인의 입사를 추천하는가?

내가 소중하게 여기는 가족이나 친구, 지인에게 우리 회사에서 함께 일해보자, 우리 팀에서 일하면 좋겠다고 추천할 수 있는가에 대한 질문이다.

2. 사업적으로 추천할 수 있는가?

우리 회사의 제품과 서비스를 적극적으로 권유할 수 있고, 고객뿐 아니라 비즈니스 파트너에게 우리 회사를 적극 추천할 의사가 있는가 하는 부분이다.

3. 최선을 다하는가?

현재 나의 일을 즐거워하고, 보람을 느끼고 있으며, 내가 할 수

카네기 세일즈 리더십

있는 최선을 다해서 성과 창출을 위해 애쓰고 있는가를 묻는 질문이다.

4. 근속 의지가 있는가?

우리 영업 조직에 대한 충성도가 강하고 오랜 기간 일할 의지가 있는가를 확인하는 것이다.

지인의 입사를 추천하는가? 사업적으로 추천할 수 있는가? 최선을 다하는가? 근속 의지가 있는가? 이 네 가지 질문이 인게이지먼트 수준 도출의 중요한 지표가 된다. 이 질문에 대한 응답 점수에 따라서 인게이지먼트를 세 단계로 구분할 수 있다.

가장 높은 부류인 완전히 몰입되어 있는 상태의 직원들은 보트에 탄 열 명 중 가장 열심히 노를 젓는 세 사람에 해당된다. 중간 단계는 부분적으로 몰입되어 있는 사람들이다. 때로는 열심히 하고, 때로는 그렇지 않은 이들이며 보트에 탄 다섯 명이다. 마지막으로 몰입되어 있지 않은, 또는 인게이지먼트가 끊어진 사람들이 있다. 이들은 보트에서 반대 방향으로 노를 젓고 배에 구멍을 뚫던 두 명인데, 조직의 성과를 저해하고, 업무에 몰입하지 못하는 사람을 말한다.

인게이지먼트 수준

실제로 조직에서 인게이지먼트 수준은 어떻게 분포되어 있을까? 데일카네기 트레이닝은 2010년부터 매년 전 세계적으로 인게이지먼트 조사를 실시하고 있다. 2020년 조사 기준 글로벌 평균으로 완전히 인게이지먼트 된 직원은 조직에서 평균 30% 내외이다. 이들은 기본적으로 장기근속의 의지가 있다. 실제로 인게이지먼트가 높은 직원은 5~10% 급여 상승분을 포기하고 현재 조직에 남을 수 있다고 답변했다. 이들은 조직에 대해서 긍정적인 태도를 가지고 있고 생산성과 이익 창출에 기여한다. 어떻게 하면 100%가 아닌 120%의 성과를 낼 수 있을지 스스로 고민하고 방법을 만들어 내는 직원들이다. 당연히 성과도 상대적으로 높다. 영업 조직에 열 명의 영업 담당자가 있다면 이 중 세 명은 인게이지먼트가 높은 사람이다.

부분적으로 인게이지먼트 된 직원들은 평균 51% 수준이다. 약 절반 정도라고 볼 수 있다. 이들은 출근해서 정해진 일을 하고 퇴근한다. 이들의 특징은 결과가 아니라 업무에 집중한다는 것이다. 인게이지먼트가 높은 직원은 매출과 성과를 만들어 내기 위해 자신이 할 수 있는 최대한의 방법을 동원한다. 반면 부분적으로 인게이지먼트 된 직원은 지시받은 업무를 수행하는 데 집중한다. 예를 들어 하루 두 군데의 고객사를 방문하라고 하면 이들은 그것을 성실히 수행한다. 하지만 어떻게 하면 그 미팅을 효과적으로 할 수 있을지, 하루에 세 군데 이상 방문할 수는 없을지 등 스스로 개선하려는 노력은 부족하다. 이 부류의 사람은 업무 자체를 단지 수행하는 것이 아니라 성과와 결과 지향적으로 사고하고 실행하는 방식을 코칭받고 훈련할 필요성이 있다.

카네기 세일즈 리더십

마지막으로 인게이지먼트가 끊어진 직원들이 있다. 이들은 부정적인 의견을 전파한다. 최선을 다하려는 사람들을 방해하고 사기를 저하시키기도 한다. 불신과 적개심을 표현하기 때문에 이 직원들은 자신의 성과만 나쁜 게 아니라 조직 전체의 성과까지 끌어내리는 역할을 한다. 각별한 주의가 필요하다.

당신의 영업팀은?

우리나라의 인게이지먼트 지수는 대략적으로 글로벌 평균에 비해 5~10%가량 낮은 수준을 보인다. 영업 관리자들에게는 다소 도전이 되는 수치이다. 특히 업종을 막론하고 고객 접점의 직원들은 관리직에 비해 인게이지먼트가 더 낮다. 아무래도 영업직은 진입 장벽이 낮고, 비정규직인 경우도 많으며, 고객으로 인한 스트레스도 높기 때문에 조직에 대한 충성도가 떨어지기 마련이라 인게이지먼트 관리가 만만치 않다. 또한 대부분의 조직에서 최초 입사 후 3~5년이 지난 후에는 인게이지먼트 수치가 떨어지는 경향을 보인다. 이것은 많은 사람이 초기에는 의욕이 높지만 시간이 지날수록 슬럼프나 매너리즘에 빠질 수 있다는 것을 의미한다. 영업의 경우는 이 주기가 더 짧을 수 있다. 열정이 있어야 더 많이 노력할 수 있고 그것이 조직에 성과를 가져온다. 따라서 인게이지먼트는 열정지수라고 보아도 무방하다. 영업에서 열정은 성공의 핵심 요소이다. 인게이지먼트의 관점에서 영업 담당자의 열정 수준을 관찰하고 그것을 높이기 위해 관리자가 할 수 있는 역할을 다하는 것이야말로 세일즈 리더십의 본질이라고 말하는 것은 결코 과장이 아니다.

인게이지먼트를 결정하는 3대 동력과 감정 요인

인게이지먼트를 높일 수 있는 방법은 무엇인가? 이것이 가장 중요한 질문이다. 직원들의 인게이지먼트 수준은 여러 요인에 의해 결정되기 때문에 하나의 이유로 단순하게 설명하기는 어렵다. 고급스러운 사무 공간, 높은 보너스, 강력한 복리후생 등 물리적이고 시스템적인 요인도 물론 있다. 하지만 이것들은 영업 관리자가 직접 컨트롤하기 어렵다. 그래서 데일카네기 트레이닝은 인게이지먼트를 불러일으키는 감정 요인에 집중한다. 영업 관리자는 늘 '어떤 경험을 제공하고 어떤 감정을 불러일으켜야 담당자의 인게이지먼트가 높아지는가' 하는 질문을 던져야 한다.

데일카네기 트레이닝에서는 인게이지먼트에 가장 큰 영향을 미치는 요인으로 크게 세 가지를 꼽는다. 그것은 직속 상사와의 관계, 최고경영진에 대한 신뢰, 그리고 조직에 대한 자부심으로 요약될 수 있다. 직속 상사와의 관계는 영업 담당자와 영업 관리자 간의 인간적인 신뢰 관계를 말한다. 서로 잘 알고 있는가? 친밀감이 형성되어 있는가? 신뢰하고 존경할 수 있는가? 영업의 출발은 관계이다. 인게이지먼트도 마찬가지이다. 영업 담당자의 인게이지먼트가 올라가기 위해서는 관리자와의 신뢰 관계가 기본이다.

두 번째는 최고경영진에 대한 신뢰인데 이것은 두 가지 측면으로 설명이 가능하다. 하나는 윤리성과 투명성이고 다른 하나는 비전과 방향성이다. 즉 대표이사를 포함해서 우리 회사 경영진은 '윤리적으로 신뢰할 수 있다' 그리고 '회사는 경영진에 의해 올바른 방향으로 운영되고 있다'는 믿음이 중요하다.

마지막으로 조직에 대한 자부심을 들 수 있다. 자사 제품과 브랜드에 대한 자부심, 사회 기여, 수준 높은 조직문화 등을 통한 임직원들의 자긍심 고취, 고객의 긍정적 피드백을 통한 보람 등을 예로 들 수 있다. 그래서 직속 상사와의 관계, 최고경영진에 대한 신뢰, 조직에 대한 자부심 이 세 가지를 '인게이지먼트의 3대 동력'이라고 이름 붙인다.

이 세 가지 동력이 구체적으로 경험될 때 영업 담당자는 인게이지먼트를 촉발하는 감정을 느끼게 된다. 인게이지먼트는 기본적으로 태도로부터 출발하고 그 태도는 많은 부분 감정으로 설명될 수 있다. 인간은 무수히 많은 감정을 느낀다. 일터에만 나오면 짜증나고 불쾌하고, 슬픈 감정을 느끼는 사람이 높은 인게이지먼트로 간다는 것은 불가능하다. 반면, 일할 때 긍정적인 감정을 느끼는 사람은 인게이지먼트로 가는 지름길에 들어선 것이다. 인게이지먼트 감정 요인에는 여러 가지가 있지만 그중 가장 우선순위가 높은 감정은 '가치를 인정받는', '자신감 있는', '권한을 부여받은', '연결된'이라는 네 가지 감정이다.

먼저 '가치를 인정받는'다고 느끼는 것은 가장 중요하고 핵심적인 감정이다. 조직이 나를 단지 하나의 숫자로 여기거나, 성과를 내는 수단으로만 대한다고 생각되면 이 감정을 느낄 수 없다. 회사가 나를 가치 있는 사람으로 여긴다는 느낌, 조직에 꼭 필요한 사람으로 인정받는다는 생각, 상사가 나를 소중한 존재로 여기며 인간적으로 대한다는 느낌이 바로 이 감정이다. 아무리 성과가 중요하다고 하지만 어떤 경우에도 사람이 먼저다. 저성과자를 해고할 수도 있지만 그 가운데서도 인간에 대한 존중을 잃지 않기 위해 최대한의 노력을 기울이는가 하는 것은 중요한 의미를 가진다. 해고를 당하는 당사자가 그 결과를 어떻게 받아들이는가도 중요하지만 다른 팀원들 역시 그 모든 과정을 지켜보고 있다는 것을 기억해야 한다.

해고라는 극단적인 예를 들긴 했지만 다른 경우에도 마찬가지이다. 칸트는 정언명령을 통해 어떠한 경우에도 인간을 수단으로 대하지 말라고 했다. 인간은 목적 그 자체라는 것이다. 비즈니스에서는 이것이 성립하기 어렵다고 말하는 사람도 많다. 그러나 사람들은 알고 있다. 관리자가 나를 인간 그 자체로서 존중하는 마음을 가지고 있는지, 아니면 자신의 성공을 위한 수단으로만 여기는지는 영업 담당자가 직감적으로 알 수밖에 없는 부분이다. 성과 관리를 하지 말라는 말이 아니다. 저성과를 용인해 주라는 것도 아니다. 사람 자체에 대한 존중감이 있는가? 그것을 충분히 표현

카네기 세일즈 리더십

하는가의 문제인 것이다.

쉽지 않은 일이지만 훌륭한 리더들은 지속적으로 이 태도를 유지한다. 〈기생충〉으로 아카데미에서 4관왕을 거머쥔 봉준호 감독은 촬영장에서 엑스트라 한 명에게 지시를 내릴 때도 반드시 그 사람의 이름을 확인하고 한 명 한 명 이름을 불러 주면서 연기 요청을 한다고 한다. 인간에 대한 존중은 인게이지먼트를 높이는 리더십의 가장 기본적인 출발점이다.

두 번째 감정은 '자신감 있는'이다. 바로, 할 수 있다는 느낌이다. 영업 담당자들에게는 적절한 도전이 필요하다. 아무리 높은 목표도 일상의 활동들이 모여 이뤄진다. 작은 성공이 있을 때 그것에 대한 칭찬을 아끼지 않는다면 그것이 모여 큰 자신감을 이루게 된다.

세 번째 감정은 '권한을 부여받은'이다. 이것은 제도적으로 업무 권한을 주는 것과는 또 다른 부분이다. 결재권을 가지고 있어도 윗사람의 뜻대로만 해야 된다고 느끼는 사람이 있는가 하면 자신에게 결재권이 없어도 이 일은 내가 최대한 재량권을 가지고 하는 것이라고 느끼는 사람도 있다. 업무의 경계를 적절히 설정하고 그 안에서 최대한 자율권을 주고 이를 지지하는 소통을 통해 이 감정을 가지게 할 수 있다.

마지막은 '연결된'이라는 감정이다. 영업 담당자와 관리자 간의 관계뿐 아니라 영업 담당자들 간의 관계와 팀워크도 중요하다. 또한 자신이 조직과 떨어져 있는 것이 아니라 연결된 존재라는 생각은 우리에게 소속감을 부여해 준다. 필요한 정보가 투명하게 공유되고 커뮤니케이션이 활발한 팀에서 이러한 감정을 느끼기 쉽다. 영업은 상대적으로 외로운 직업이다. 늘 사무실에 같이 앉아서 일하는 다른 업무와 달리 영업 담당자들은 홀로 고객을 만나러 다니는 일이 많다. 때로는 기대했던 계약이 틀어지고, 고객의 컴플레인에 시달려서 허탈한 마음으로 사무실에 돌아왔을 때 나를 지지해 주고 격려해 주는 동료들이 있다는 것은 큰 위안이 된다. 영업 담당자들은 서로 간에도 경쟁이 심하다. 그럼에도 불구하고 심리적으로 팀에 연결되어 있다는 느낌은 담당자들이 어려움을 이겨 낼 수 있는 큰 버팀목이 된다.

현재 영업팀의 담당자들은 자신이 가치 있는 존재로 여겨진다고 생각하는가? 영업에 자신감이 있는가? 자신의 재량권을 제대로 인식하고 있는가? 서로 연결되어 있다는 느낌이 있는가? 이 네 가지 질문을 해보면서 그 부분들에 대해 영업 담당자들과 지속적으로 소통해보자. 이것이 지속될 때 조직의 인게이지먼트 수준이 조금씩 상승하는 것을 경험할 것이다.

인게이지먼트 3대 동력 중에 첫 번째가 직속 상사와의 관계라고 했다. 인간관계 증진을 위해 데일 카네기는 그 유명한《인간관계론》에서 서른 가지의 원칙을 제시했다. 인간관계 원칙은 크게 세 단계로 이뤄져 있다. 먼저 관계 증진이 기본이다. 인간적인 관계를 바탕으로 협력을 창출할 때 비로소 리더십이 발휘된다. 이 중에서 가장 기초가 되는 것이 우호적인 관계 형성을 위한 아홉

데일 카네기의 아홉 가지 인간관계 원칙과 인게이지먼트

1. 비난이나 비판, 불평을 하지 말라.

2. 솔직하고 진지하게 칭찬과 감사를 하라.

3. 다른 사람들의 열렬한 욕구를 불러일으켜라.

4. 다른 사람에게 순수한 관심을 기울여라.

5. 미소를 지어라.

6. 이름을 잘 기억하라. 당사자들에게는 이름이 그 어떤 것보다 기분 좋고 중요한 말임을 명심하라.

7. 경청하라. 자신에 대해 말하도록 다른 사람들을 고무시켜라.

8. 상대방의 관심사에 대해 이야기하라.

9. 상대방으로 하여금 중요하다는 느낌이 들게 하라. 단, 성실한 태도로 해야 한다.

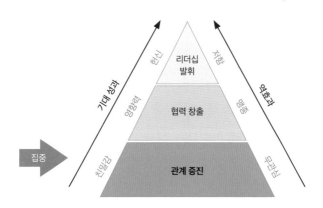

출처: Dale Carneige Course 'Effective Communications and Human Relations'

가지 원칙이다. 영업 관리자가 이 아홉 가지 원칙을 영업 담당자에게 지속적으로 실천한다면 그것이 일상에서 인게이지먼트를 제고하는 가장 중요한 원동력이 될 것이다.

비난이나 비판, 불평을 하지 말라. 비난으로 사람을 바꿀 수 있으면 얼마나 좋겠는가? 비난은 사람을 변명하게 하고 방어적으로 만들 뿐이다. 오히려 솔직하고 진지하게 칭찬과 감사를 해야 한다. 하루에 한 가지씩이라도 영업 담당자들의 활동에 대해 인정하고 칭찬하는 리더들이 존경을 얻게 될 것이다.

다른 사람들의 열렬한 욕구를 불러일으켜라. 영업 담당자의 동기부여 요인은 무엇인가? 인센티브 제도만으로 충분한가? 욕구를 불러일으키는 대화를 해야 한다. 영업 관리자는 목표를 말하는 사람이 아니라 비전을 파는 사람이다. 그러기 위해서는 영업 담당자에게 순수한 관심을 기울여야 한다. 영업 담당자는 직원이기 전에 누군가의 귀한 자식이자 부모이며 남편이자 아내이다. 그들은 매일 고객을 만나면서 스트레스를 받을 것이다. 그들은 실적 때문이 아니라 한 사람으로서 순수한 관심을 받는다고 느낄 때 '가치를 인정받는' 감정을 느끼게 된다.

영업 담당자들은 힘들어도 고객에게 미소를 짓는다. 그렇기 때문에 영업 관리자가 영업 담당자에게 미소를 짓지 않는다는 것은 죄를 짓는 것이다. 앞서 언급한 봉준호 감독의 사례처럼 한 명 한 명의 이름은 그 사람에 대한 개별적 존중을 뜻한다. 자신의 말만 하는 관리자가 아닌 경청하는 관리자, 그리고 영업 담당자의 입장에서 그 사람의 관심사를 함께 이야기할 수 있는 관리자가 될 때 비로소 '가치를 인정받는' 감정. 즉 상대방으로 하여금 중요하다는 느낌이 들게 할 수 있다. 리더십은 말이 아닌 행동이다. 하루에 한 사람에게 한 가지씩 인간관계 원칙을 실천하는 것을 나만의 1일 리더십 실천 프로젝트로 삼아보자.

인게이지먼트 인터뷰 사용법

인게이지먼트 인터뷰란?

인게이지먼트 향상과 관련하여 좀 더 구체적이고 직접적인 방법을 하나 소개하겠다. 그것은 '인게이지먼트 인터뷰'라고 하는 심층 면담 기법이다. 영업 관리자는 담당자들과 많은 종류의 미팅을 한다. 목표 면담, 성과평가 면담, 일일 활동에 대한 피드백 면담, 문제가 생겼을 때의 코칭 면담, 고객과의 문제를 해결하기 위한 아이디어 회의 등 급하고 중요하게 소통해야 할 일들이 참 많다. 필자도 영업 관리자로 있으면서 담당자들과 크고 작은 미팅을 하느라 하루를 다 보낼 때가 자주 있다. 많은 면담이 있지만 정작 영업 담당자들의 인게이지먼트를 주제로 면담을 하는 것은 흔치 않은 일이다. 영업과 같은 성과 지향적인 업무를 수행하는 조직에서 인게이지먼트 인터뷰를 한다는 것은 사실 쉽지 않다. 영업은 현장에서의 긴급성이 강한 일이기 때문에 장기적으로 중요한 부분을 챙기는 것은 우선순위에서 밀리기 쉽다. 그렇기 때문에 인게이지먼트 인터뷰가 역설적으로 더욱 중요하다.

인게이지먼트 인터뷰는 신뢰 구축과 동기부여, 인게이지먼트 향상만을 목적으로 하는 1:1 면담이다. 대개의 면담에서는 개인적인 주제는 아이스브레이킹 정도로만 나눈다. 하지만 인게이지먼트 인터뷰는 담당자의 동기부여 상태, 개인적 관심사, 인게이지먼트 향상 방안 자체가 주제이다. 학부모와 학생에 비유하자면 성적이나 숙제가 아니라 학생으로서의 자세, 공부를 해야 하는 이유, 학교생활의 보람과 같은 본질적인 주제로만 대화를 나눈다는 의미이다. 쉽지 않은 대화이지만 만약 이런 대화가 잘되기만 한다면 매우 뜻깊은 시간이 될 것은 자명하다. 하지만 정말 어려운 기회를 잡아 부모와 자녀가 이런 대화를 잘하고 나서 마지막에 "그래서 너 이번 시험에 몇 점 받을 것 같아?" 한다면 산통을 다 깨는 것처럼 이 인터뷰에서는 성과나 활동에 대해서는 다루지 않는다. 인게이지먼트, 이 하나의 주제로만 면담을 하는 것이다.

우리는 앞서 가치, 실행, 결과라는 목표의 프레임을 살펴보았다. 인게이지먼트 인터뷰의 목적은 가치에 대한 대화에 있다. 핵심 가치, 개인의 성품, 또는 내면적 자질 등이 가치목표에 해당한다. 이 부분이 인게이지먼트 인터뷰의 핵심 주제이다. 이 소통이 제대로 이뤄질 때 '가치를 인정받는' 감정이 형성될 수 있다. 인게이지먼트 인터뷰의 목적은 직속 상사와의 신뢰 형성 그 자체이다. 단기적인 성과 향상은 그 결과로 기대하는 것이지 여기에서의 주제는 아니라는 것을 재차 강조한다.

인게이지먼트 인터뷰에서 다룰 수 있는 가치에는 크게 여섯 가지가 있다. 열정, 도전, 동기부여, 기회, 강점, 그리고 자부심이 그것이다. 하지만 주제에 대해 대화를 나누기 전에 최근의 근황이나 가족 상황, 취미 등 개인 관심사들로 이야기를 여는 것은 필요하다. 어느 정도 대화의 분위기가 형성되었다면 이 여섯 가지 가치에 대한 이야기로 들어갈 수 있다. 구체적으로는 다음과 같은 질문을 활용하면 좋다.

인게이지먼트 질문 샘플

"요즘 열정과 열의를 느끼고 있는 일은 무엇입니까?"

"어떤 일을 할 때, 혹은 어떤 상황에서 열정을 느끼는 것 같나요?"

"영업을 할 때 어려움을 느끼거나 영업에 도전이 되는 부분은 어떤 것입니까?"

"당신을 동기부여하는 요소는 무엇인가요?"

"5년, 10년 후 이루고 싶은 것이 무엇인가요? 왜 그것이 중요한가요?"

"최근 성장의 기회로 삼고 있는 일은 어떤 것인가요?"

"영업 담당자로서 당신의 강점은 무엇이라고 생각합니까?"

"이제까지 말을 들어 보니 여러 가지 성과를 거두었는데, 다시 돌아보았을 때 가장 자랑스러운 일은 무엇입니까?"

이러한 질문들을 참고해 자연스럽게 대화를 나누어보라. 어떤 영역에서 이야기가 길어지면 그 부분을 충분히 이야기 나누고 마쳐도 좋다. 인간적인 대화, 가치라는 본질에 대한 관심을 서로 충분히 공유한다면 인게이지먼트 인터뷰의 목적을 잘 달성한 것이다. 그리고 한 가지, 영업 관리자는 이야기보다는 질문을 주로 하고 영업 담당자가 이야기를 많이 하게 하는 것이 중요하다.

이 면담의 이름이 무엇이었는가? 바로 인게이지먼트 인터뷰이다. 인터뷰는 질문에 대한 답을 듣는 것이다. 인게이지먼트 설교가 아니라는 점을 명심해야 한다. 사람과 상황에 따라 다를 수 있지만 현실적으로 인게이지먼트 인터뷰는 대략 30분에서 1시간가량이 소요된다. 자주 할 수는 없겠지만 적어도 1년에 1~2회 정도는 모든 영업 담당자들과 1:1로 실시해보기를 권한다. 1년을 주기로 볼 때 1분기에는 주로 목표 면담, 2분기에는 인게이지먼트 인터뷰, 3분기에는 중간 평가 및 파이프라인 면담, 4분기에는 다시 인게이지먼트 인터뷰 또는 성과평가 면담 등의 사이클을 가지고 영업 담당자들과 소통하는 것은 일과 사람이라는 두 마리 토끼를 다 잡을 수 있는 좋은 방법이다.

영업 담당자별 인게이지먼트 인터뷰 실행 전략

인게이지먼트 인터뷰에도 전략이 필요하다. 우선 영업 관리자 스스로가 인게이지먼트되어 있는지 돌아봐야 한다. 데일카네기 트레이닝의 리서치(Dale Carnegie & Associate Global Engagement Research

Thought Leadership 2020)에 따르면 인게이지먼트가 되지 않은 관리자 아래에서 영업 담당자들의 인게이지먼트가 떨어질 확률은 3배 이상 높다. 그리고 이것은 엄연히 공식적인 면담이지 잡담이 아니다. 차 한 잔 하면서, 식사를 겸하면서 진행할 수도 있지만 개인적인 차원에서 슬쩍 물어보는 것이 아니라 공식적이고 주기적인 면담 형식을 취하는 것이 훨씬 효과가 크다.

팀원이 여럿 있을 경우 면담 순서는 인게이지먼트가 높다고 예상되는 직원부터 먼저 해야 한다. 현실적으로 1:1 면담을 기간 내에 모든 영업 담당자들과 다 못할 수도 있고, 또 중요한 것은 부정적인 직원을 먼저 면담하면 직원들이 이 면담을 마치 문제 있는 사람을 만나는 것으로 오해할 여지가 있다. 인게이지먼트가 높은 담당자를 먼저 만나면 직원들 사이에서도 이 면담에 대한 긍정적인 인식이 생기게 된다. 낮은 인게이지먼트를 해결하는 데 너무 많은 에너지를 쓸 것이 아니라 높은 인게이지먼트를 보이는 사람을 유지하고, 중간 부분에 있는 사람을 끌어올리는 데 시간을 쓰는 것이 훨씬 더 효과적이다. 관리자의 에너지에도 한계가 있기 때문이다. 그리고 면담을 할 때는 인게이지먼트가 높은 사람에게는 위임과 비전 제시를, 중간 단계에 있는 사람은 동기부여를, 인게이지먼트가 떨어진 사람은 보다 직접적인 관리와 지시를 하는 방향으로 전략을 세우는 것도 방법이다.

끝으로 이 인터뷰의 목적이 신뢰 구축과 인게이지먼트 향상 자체에 있다는 것을 거듭 강조한다. 이것은 급하지 않지만 중요한 일이다. 특히 한국의 관리자들은 가치목표보다는 실행목표나 결과목표를 주제로 소통하는 것에 익숙하다. 그러나 거의 100년 역사를 가진 데일 카네기의 리더십 철학을 한번 신뢰해보고, 1년에 한두 번만이라도 오로지 가치에만 중점을 둔 소통을 해보기 바란다. 면담을 마치고 회의장을 나오면서 영업 담당자들은 이렇게 생각할 것이다.

'오늘 팀장님과의 미팅은 뭔가 평소와는 다른데? 좀 어색하긴 했지만 나쁘지는 않군. 그래 이왕 시작한 일 힘들어도 열심히 해봐야지.'

카네기 세일즈 리더십

8장.

코칭, 그리고 피드백

오래전에 어린이 축구팀의 경기를 재미있게 중계해 주는 TV 예능 프로그램을 본 적 있다. 한국팀과 잉글랜드팀의 경기에서 있었던 일이다. 초등학교도 아직 안 들어간 것 같은 어린아이들이었는데 양 팀 다 꽤 실력이 좋았다. 공을 주고받으며 전반전을 마치고 하프타임이 되었다. 한국팀의 코치가 작전 지시를 한다. "잘했어. 잘했는데, ○○야, 너는 드리블이 너무 많아. 공격수 쪽으로 패스를 하란 말이야." 코치는 작전판을 아이들에게 보여 주며 열심히 설명해 준다. 이제 카메라는 잉글랜드팀의 작전타임 모습을 보여 준다. 잉글랜드팀의 코치가 말한다. "전반전 수고 많았어요. 우리가 잘한 것이 뭐죠?" 아이들이 대답한다. "패스요!" 코치가 다시 묻는다. "맞았어. 패스 아주 좋았어요. 그런데 우리가 공을 가지면 어디로 가야 하지?" 한 아이가 대답한다. "공간이요." "그렇지, 공간." "어디에 공간이 있지?" 다른 아이가 답한다. "왼쪽 윙

에 공간이 많아요." 짧은 순간이지만 이 장면은 보는 이들에게 많은 것을 생각하게 했다. 질문을 통해서 생각하게 하고, 스스로 답을 찾아가게 만드는 것. 그리고 거기에 덧붙여서 꼭 필요한 조언을 제공해 주는 것이 리더의 언어이다. 물론 이러한 대화가 가능하기 위해서는 코치와 선수 모두 평소에 훈련이 잘되어 있어야 한다. 리더의 언어, 바로 질문이다. 질문을 통한 코칭으로 훈련할 때 스스로 문제를 해결하는 역량을 키울 수 있다.

코칭과 피드백의 기본기

코칭과 피드백, 그리고 피드포워드

영업 담당자는 고객의 문제를 해결해 주는 사람이다. 그 문제해결의 주된 도구는 제품과 서비스, 즉 솔루션이다. 솔루션을 통해 문제를 해결해 주고 그 대가로 매출을 얻는다. 영업에서 솔루션이라는 단어를 쓰는 이유가 무엇이겠는가? 바로 영업 담당자가 고객의 문제 해결사이기 때문이다. 그렇다면 영업 관리자는 무엇을 하는 사람인가? 여러 측면이 있겠지만 영업 담당자가 보다 많은 고객의 문제를 보다 탁월한 방법으로 해결할 수 있도록 도움을 제공하는 것이 영업 관리자의 역할이다. 즉 영업 관리자는 영업 담당자의 문제 해결사이다. 그러면 영업 관리자의 솔루션은 무엇인가? 관리자는 어떤 도구를 활용해서 담당자들의 문제해결을 도와 줄 수 있는가? 이 도구가 바로 코칭과 피드백이라는 커뮤니케이션 스킬이다.

먼저 코칭과 피드백의 개념을 구분해보자. 코칭은 담당자 스스로 답을 찾을 수 있도록 도와주는 대화법이다. 그렇기 때문에 질문을 기반으로 이뤄지는 것이 기본이다. "이 제안서에서 좀 더 보완해야 할 부분은 무엇인가요?" "다음번 고객 미팅 때 어떤 부분을 확인해야 할까요?" 등의 질문을 통해서 그 순간 해법을 모색해볼 수 있도록 생각을 돕는 것이다. 코칭은 그래서 실시간으로 이뤄진다. 예를 들어 운동선수가 팔굽혀펴기를 열 개 해야 하는데 하나씩 할 때마다 "자, 지금 오른쪽 어깨가 처졌는데 어떻게 해야 할까요? 허리가 아래쪽으로 처지는데 좀 더 힘을 주세요"와 같은 코멘트를 하면서 자세를 교정해 가는 과정이 코칭이다. 반면 피드백은 일단 팔굽혀펴기 열 개를 다 하는 것을 지켜본 후에 따로 시간을 내어서 "세 번째 푸쉬업부터는 자세가 왼쪽으로 기울어졌습니다"라고 관찰한 부분에 대해 객관적인 조언을 해주는 것이다. 즉 코칭은 실시간 과정 중에, 피드백은 사후에 제공하는 것이라고 간단하게 요약할 수 있다. 하지만 실제로는 이것이 꼭 이렇게 나뉘어 진행되기보다는 적절하게 혼합되어 이뤄진다. 물론 전문적인 비즈니스 코칭의 경우라면 수많은 질문의 프레임을 통해 담당자가 지속적으로 답을 찾아갈 수 있도록 대화를 전개해 간다. 하지만 실제 현업에서 영업 관리자가 담당자와 코칭 미팅을 할 때는 질문 프레임을 전문적으로 적용하기보다는 몇 개의 유의미한 질문 포인트를 가지고 짧은 피드백을 섞어 가면서 이야기를 나누는 것이 더 현실적이다.

피드백을 제공할 때는 가치, 실행, 결과 프레임이 도움이 된다. '가치'는 성품, 내면적 자질, 가치를 의미하고, '실행'은 실천전략, 행동을 말한다. 그리고 '결과'는 이뤄지는 성과이다. 비전을 공유할 때도 이것이 활용되지만 피드백을 제공할 때도 이는 아주 유용한 프레임이다. 특히 피드백에서는 가치, 실행, 결과 중에서 영업 관리자가 관찰한 담당자의 실행과 결과만 언급해 주어도 그 자체로 좋은 피드백이 된다.

"지난번 고객 미팅에 동행해보니 A제품의 특징을 너무 짧게 언급했다."(관찰한 '실행' 언급)
"그래서 고객이 그 부분에 대해 약간의 의구심을 가지는 것처럼 보였다."(관찰한 '결과' 언급)

이는 아주 간단하지만 유용한 방식의 피드백이다. 관찰한 모습과 행동, 그리고 그로 인한 영향이나 결과를 언급하면 자연스럽고 객관적인 피드백이 된다. 담당자가 회의에 지각을 한 경우에도 "오늘 아침 회의에 10분 늦게 도착했습니다. 그래서 다른 팀원들의 시간을 지체시켰어요. 주의 바랍니다." 이렇게 실행과 결과를 언급할 수 있다. 주의할 것은 부정적인 부분을 바로잡는 피드백을 해야 할 때는 가치에 대한 언급을 삼가야 한다는 것이다. "왜 이렇게 성실하지 못해요?" "김 대리는 끈기가 부족한 게 흠이야."
이런 종류의 피드백은 그 사람의 가치를 부정적으로 언급하는 것
이다. 사람은 가치에 대해 지적받으면 방어적이 되고 그 피드백을
받아들이지 않게 된다. 그러나 실행에 대해 객관적으로 이야기하
면서 그로 인한 영향과 결과를 언급하면 그 피드백을 받아들일 여
지가 더 커진다.

피드백(feedback)과 대비되는 개념으로 피드포워드(feedforward)가
있다. 포워드는 '앞으로'라는 뜻이다. 피드백이 과거에 대해 이야
기하는 것이라면 피드포워드는 말 그대로 미래에 대한 조언이다.
피드포워드를 제공할 때는 가치, 실행, 결과 모두를 적용한다. 예
를 들어 "김 과장님은 성실합니다. 그래서 조금만 노력하면 일주
일에 한 건 이상 미팅 회수를 늘릴 수 있을 겁니다. 그렇게 한다면
이번 달 실적 달성에 좀 더 가깝게 갈 수 있을 것입니다." 김 과장
의 성실이라는 가치를 언급하고, 그래서 시도해볼 수 있는 실행을
이야기하면서 그로 인한 결과(실적달성에 가까워진다)를 말해 주는
방식이다.

한 가지 더 예를 들어보자. "이 차장님은 꼼꼼한 편이잖아요. 앞
으로는 제안서 제출 전에 한 번만 더 검토해보세요. 그러면 중요
한 실수를 미연에 방지할 수 있을 겁니다." 이렇게 하면 가치와 실
행 그리고 결과가 골고루 언급된 좋은 피드포워드를 할 수 있다.
이 이야기를 듣는 영업 담당자는 자신의 긍정적인 가치에 대한 이
야기를 들음으로써 자신감과 효능감을 가지게 되고 실행에 대한

실천 의지를 다질 수 있게 된다.

영업 담당자의 성장을 위한 코칭 커뮤니케이션 스킬

실제 코칭 커뮤니케이션을 잘 수행하기 위해 필요한 요소를 구체적으로 알아보자. 제대로 된 코칭을 위해서는 친밀감 형성이 먼저 이뤄져야 한다. 인간은 감정을 가진 존재이다. 아무리 좋은 말도 그것을 나쁜 태도로 받아들이면 약이 될 수 없다. 코칭 커뮤니케이션은 사람을 나무라는 것이 아니라 도움을 주고 방법을 함께 모색하는 것이 목적이다. 가벼운 칭찬이나 감사의 말, 안부를 묻는 관심의 표현 등을 통해서, 이 대화의 목적은 우리가 함께 협력하기 위한 것이라는 느낌을 가지게 하는 것이 친밀감 형성이다. 단순히 습관적으로 주변 이야기로 아이스브레이킹 하고 본론으로 들어가라는 가벼운 지침이 아니라 우리는 공통의 목적을 가진 협력자라는 것을 확인시켜 주는 대화가 바로 친밀감 형성의 핵심이다.

코칭 커뮤니케이션에 있어 영업 관리자의 적극적 경청은 필수 요소이다. 관리자가 일방적으로 이야기하는 것은 좋은 대화법이 아니다. 왜냐하면 상대의 이야기를 잘 경청하지 않는다면 진짜 문제를 찾아낼 수 없기 때문이다. 적극적으로 듣기 위해서는 좋은 질문이 반드시 필요하다. 코칭 대화 전에 영업 관리자는 몇 가지 질문 목록을 생각해보는 것이 좋다. 코칭 미팅의 어젠다에 따라 질문의 종류가 다양해질 수 있겠지만 대개는 어떻게 해서 이런 결과가 나왔는지 원인에 대한 질문, 어떤 것을 이루려고 하는지 목적을 묻는 질문, 무엇을 잘했고 무엇이 부족한지 공과 과를 분석하는 질문, 앞으로 무엇을 어떻게 다르게 할지 대안을 모색하는 질문, 그 대안의 이점이 무엇인지 이익과 효용에 관한 질문 등은 가장 자주 쓰이는 질문의 종류들이니 잘 기억해서 활용하면 좋다. 그리고 대화 중에 공감을 잘 표현해 주는 것도 중요하다. 비즈니스는 민감한 사안을 다루기 때문에 여러 감정이 대화 이면에 숨어 있다. 예를 들어 고객이 우리 제안을 마음에 들어 하지 않는 상황이라면 "이 차장이 많이 힘들겠네" 하는 영업 관리자의 말 한마디가 영업 담당자의 마음에 많은 힘을 실어 준다.

끝으로 직관이다. 영업 관리자는 이미 많은 경험과 통찰을 가지고 있다. 대화를 잘하기 위한 포맷과 스킬이 있지만 그것은 기계적으로 작동되는 것이 아니다. 영업 관리자 스스로가 경험에서 오는 자신의 직관적 통찰을 믿고 필요한 경우 자연스럽게 떠오르는 자신의 생각을 활용하기 바란다. 그 직관을 통해 떠오른 생각을 가치, 실행, 결과의 프레임으로 정리해 표현하면 좋은 피드백과 피드포워드를 제공할 수 있다.

코칭 커뮤니케이션은 기본적으로 대화이다. 커뮤니케이션 스킬을 설명할 때는 여러 요소를 나누어 구분하는 것이 가능하지만 이 모든 것은 기본적으로 대화가 이뤄지는 과정이다. 따라서 담당자와의 미팅 전에는 이런 요소들을 나누어 생각해보고 실제로 대화를 나눌 때는 이것을 적절하게 섞어서 사용하는 것이 현실적인 활용법이다.

협력을 불러일으키는 커뮤니케이션 원칙 4

코칭 커뮤니케이션의 대상과 상황

많은 리더십 과정에서 코칭 스킬을 다룬다. 질문과 대화를 통해 담당자 스스로 답을 찾아가도록 돕는 대화법은 리더십이 발휘되는 가장 대표적인 순간이기 때문에 리더십 과정에서 코칭 스킬은 필수 주제이다. 물론 코칭이 모든 경우에 통하는 만병통치약은 아니다. 사안은 긴급하고 시간도 없는데 언제 하나하나 질문해 가면서 코칭을 하느냐고 반론하는 사람도 있다. 그렇다. 모든 대화가 코칭으로 이뤄질 수는 없다. 어떤 경우는 신속하고 명확한 지시가 요구될 때도 있다. 하지만 그런 부분은 굳이 시간을 할애해서 훈련하거나 연습하지 않아도 리더들이 이미 많이 하고 있다.

리더십은 리더와 멤버가 대화를 나누는 그 순간이 아니라 리더가 회의실을 떠나고 나서야 비로소 확인된다. 리더의 요구사항에 대해서 팀원이 얼마나 실행 의지를 가지고 기꺼이 그것을 위해 헌신하고 결과를 만드는지가 리더십의 진정한 모습이다. 지시를 내린다고 리더의 말에 저절로 생명력이 생기는 것은 아니다. 리더의 말이 끝난 후에 팀원의 마음과 행동에서 그 대화가 살아 남아 힘을 발휘해야 한다.

코칭 커뮤니케이션의 대상과 상황도 중요하다. 어느 영업 조직이든 고성과자와 중간성과자, 그리고 저성과자가 존재한다. 조직마다 다르겠지만 대략 상위 5~10%는 고성과자, 하위 5~10%는 저성과자로 분류된다. 일반적인 경우 저성과자는 명확한 지시나 지도, 교육이 필요하다. 고성과자는 적절한 목표를 제시하고 위임만 제대로 해도 지속적인 성과를 낼 수 있다. 리더의 우선순위는 가운데 존재하는 다수의 중간성과자를 최대한 고성과자가 될 수 있게 끌어올리고 저성과자로 내려가는 것을 방지하는 데 있다. 수많은 리더가 저성과자 때문에 골머리를 앓고 그들을 돌보고 챙기느라 많은 에너지를 허비한다. 그러나 저성과자들에게는 적정한 수준의 관리와 통제, 그리고 프로세스에 따른 교육을 제공하고 여기에서 비축한 시간과 에너지를 중간성과자 이상에게 투입해야 한다.

특히 코칭 커뮤니케이션은 성장을 원하고 수행력을 향상시키려는 의지가 있는 사람에게 더 큰 효과를 발휘한다. 중간성과자들은 잘하려는 의지가 있지만 방법을 모르거나 특정한 문제에 가로막혀 있어서, 그 장애물만 제거해 주면 더 큰 성과를 낼 가능성이 있다. 물론 모든 사람이 변화할 수 있고 지금보다 더 나은 성과를 낼 수 있다는 본질적인 믿음을 포기할 수는 없지만 한정된 시간과 자원을 활용해야 하는 영업 관리자의 입장에서는 아무래도 중간성과자 이상의 사람이 코칭의 우선 대상자가 될 수밖에 없다.

상대와의 신뢰를 훼손하지 않는 수준에서 필요하다면 긴급한 지시와 명령을 내릴 수 있다. 하지만 이것이 반복되면 장기적으로는 팀의 협력과 동기부여 수준이 낮아질 수밖에 없다. 더군다나 담당자가 고객으로부터 어려움을 겪고 있을 때, 영업 파이프라인

데일 카네기의 협력 창출 원칙

기본 태도	10. 논쟁에서 최선의 결과를 얻을 수 있는 유일한 방법은 그것을 피하는 것이다. 11. 상대방의 견해를 존중하라. 결코 상대가 틀렸다고 말하지 말라. 12. 잘못했으면 즉시 분명한 태도로 그것을 인정하라.
친밀감 질문 경청	13. 우호적인 태도로 말을 시작하라. 14. 상대방이 당신의 말에 즉각 "네, 네" 하고 대답하게 하라. 15. 상대방으로 하여금 많은 이야기를 하게 하라. 16. 상대방으로 하여금 그 아이디어가 바로 자신의 것이라고 느끼게 하라.
공감 표시	17. 상대방의 관점에서 사물을 볼 수 있도록 성실히 노력하라. 18. 상대방의 생각이나 욕구에 공감하라.
피드백 피드포워드 직관	19. 보다 고매한 동기에 호소하라. 20. 당신의 생각을 극적으로 표현하라. 21. 도전 의욕을 불러일으켜라.

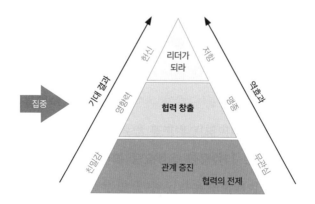

출처: Dale Carneige Course 'Effective Communications and Human Relations'

카네기 세일즈 리더십

이 어떤 장애물에 가로막혀 진전이 없을 때, 잘못이나 실수가 발생했을 때와 같이 관리자의 코칭이 꼭 필요한 상황들이 있다. 그럴 때는 코칭 커뮤니케이션 스킬과 더불어 다음의 '데일 카네기 협력 창출 원칙'을 활용해야 한다.

협력의 전제

영업 관리자와 담당자가 대화를 나눌 때 코칭 커뮤니케이션 스킬을 몇 가지 적용한다고 해서 마법처럼 영업 담당자가 변화되고 결과를 내는 것은 아니다. 그것은 협력과 신뢰라는 전제조건이 충족되어 있을 때 효과를 내는 스킬일 뿐이다. 그 기반이 갖춰지지 않은 상황에서는 무용지물이거나 오히려 부작용만 낼 수 있다. 코칭 커뮤니케이션은 기본적으로 담당자의 맹종이 아니라 관리자의 영향력을 통해 상대의 열렬한 협력을 이끌어 내는 것이라 할 수 있는데 이 협력의 가장 기본적인 전제는 바로 '관계'이다.

생각해보라. 평소에 특별히 관심도 보이지 않고 서로 대화도 부족한데, 문제가 생겼을 때만 관리자가 짧은 친밀감 형성 멘트를 하고 "김 과장이 생각하는 이 사안의 중요한 목적은 무엇인가요?" 등의 질문을 한다면 담당자의 입장에서는 그 대화가 어떻게 받아들여지겠는가? 거의 대부분 거부감이나 냉소가 일어날 것이다. 영향력은 진정성에서 나온다. 그리고 진정성은 순간의 태도라기보다는 지속적인 반복의 결과이다. 까다로운 일을 시키기 위해서 그 순간 칭찬을 하는 것은 진정성이 아니다. 평소의 지속적인 관심을 통해 그 사람에 대한 인정이 밑바탕에 깔려 있어야 진정성이 전달된다. 그 진정성 있는 관계가 전제될 때 비로소 협력을 창출하는 영향력 발휘가 가능해진다. 그래서 카네기 인간관계 모델에서는 관계 증진이 맨 아래 토대를 이루고 그 위에 협력 창출과 리더십 발휘가 더해진다고 말한다.

영향력과 맹종의 차이는 여기에서 발생한다. 관계와 협력을 위한 원칙을 적용하지 않는다면 영향력이 발휘되지 않는다. 물론 리더의 지시니까 직원들이 마지못해 따르기는 할 것이다. 그러나 그것은 맹종에 불과하다. 이런 경우에는 리더가 보는 앞에서는 그 일을 하는 시늉을 할지 모르지만 지속적인 성과로 연결되기는 어렵다. 더군다나 영업은 담당자의 의욕과 자기주도성 없이는 결코 고성과에 이르지 못한다. 또한 영업 조직은 단순한 상하관계로 이뤄져 있지 않다. 요즘에는 일반적인 팀들도 수평적인 문화를 많이 갖추고 있다. 영업 조직은 특별히 상명하복이 아닌 수평적이고 협력적인 관계를 더 요구한다. 영업 담당자는 관리자의 부하직원이 아니다. 그들은 영업 관리자의 성과를 대신 내는 협력자이자 고객이며, 파트너이다.

데일 카네기의 협력 창출 원칙 1: 기본 태도

이제 데일 카네기의 인간관계론에서 두 번째 파트인 열렬한 협력 창출에 대해 구체적으로 알아보겠다. 총 서른 가지의 인간관계 원칙 중 처음 1번부터 9번까지는 관계 증진을 위한 원칙이고 그다

카네기 세일즈 리더십

음 10번부터 21번까지는 지금부터 중점적으로 이야기할 협력 창출 원칙이다.

10번 원칙은 '**논쟁에서 최선의 결과를 얻을 수 있는 유일한 방법은 그것을 피하는 것이다**'이다. 비즈니스에서 민감한 사안을 다루다 보면 당연히 나와 상대의 생각과 의견이 다른 경우가 있다. 코칭 대화의 목적은 내 논리로 상대를 이기고 설득하는 것이 아니다. 사안에 대한 건설적인 토론은 얼마든지 가능하지만 사람에 대한 비방이나 감정적인 언쟁은 금물이다. 피드백을 할 때 상대의 부정적인 가치를 언급하지 말아야 하는 것은 바로 이러한 이유 때문이다. "김 과장, 왜 이렇게 납기를 짧게 잡았어요?" "아, 그게 아니라 고객이 워낙 급하다고 해서." "아무리 급해도 그렇지, 이렇게 마음대로 결정하면 어떻게 해요?" 대화가 이런 식으로 흘러간다고 하면 서로의 마음에 감정적인 긴장이 흐르게 된다. 차분하게 자신을 돌아보고 관찰하면 사안에 대한 이견과 감정적인 논쟁을 구분할 수 있다. 코칭 커뮤니케이션에서는 '논쟁을 피하라'는 원칙이 가장 우선되어야 한다. 대화가 감정적인 언쟁이 되면 그 이후에는 어떠한 솔루션으로도 상대를 납득시킬 수 없다.

11번 원칙은 10번 원칙과 바로 연결되는 것인데, 바로 '**상대방의 견해를 존중하라. 결코 상대가 틀렸다고 말하지 말라**'이다. 우리는 대화중에 무의식적으로 '그게 아니라'라는 말을 자주 사용한다. '그게 아니라'는 '네가 틀렸다'와 같은 말이다. 영업 담당자들은 대개 자존심도 세고 자기주장도 강하다. 이들과 대화할 때 '그게 아니라'를 말하는 것은 상대를 적으로 만드는 가장 빠른 방법이다. 그것보다는 "그럴 수도 있겠군요. 이런 경우도 한번 생각해봅시다" 하면서 상대의 견해를 존중하면서도 내 의견을 펼칠 수 있는 여유를 가지고 부드럽게 자신의 의견을 표현하는 대화의 스킬을 발휘해야 한다.

12번, **'잘못했으면 즉시 분명한 태도로 그것을 인정하라.'** 영업 관리자도 실수를 할 수 있다. 내가 잘못 판단한 경우는 즉시, 분명하게 그것을 인정하는 것이 문제를 해결하는 가장 빠른 길이다. 코칭 대화는 승자와 패자가 있는 게임이 아니다. 내 잘못을 인정한다고 그 대화가 잘못되는 것도 아니다. 그저 더 좋은 답을 서로 찾아보자는 것이다. 자신감이 있는 사람은 자기 잘못을 잘 인정하지만 소심하고 자존감이 낮은 사람은 늘 변명한다. "이 차장. 이 부분은 내가 잘못 생각했네요. 그럼 다른 방법은 없을까요?" 이 말 한 마디가 "그게 아니라… 내 말은" 하는 변명보다 효력이 100배는 더 크다.

감정적인 논쟁을 피하고, 상대의 견해를 존중하며, 내가 잘못한 경우에는 인정하는 자세, 이것이 코칭 커뮤니케이션을 바른 방향으로 이끄는 영업 관리자의 기본 태도이다. 이러한 태도를 바탕으로 실제 대화에 보다 구체적인 스킬들을 적용해보자.

데일 카네기 협력 창출 원칙 2: 친밀감, 질문, 경청

13번 원칙은 **'우호적인 태도로 말을 시작하라'**이다. 대화를 시작할 때 어떻게 하면 편안하고 우호적인 분위기를 형성할 수 있겠는가. 영업 담당자가 평소 잘하고 있는 부분을 가볍게 칭찬하는 것이 먼저이다. 솔루션 제안에 있어 어려움을 겪고 있는 담당자가 있다면 "그래도 지금까지 잘해왔어요. 적극적으로 고객에게 다가가니 이런 제안 단계까지 오게 된 것이라 생각합니다. 조금만 더 고민해서 방법을 찾아봅시다" 하고 말할 수 있다. 안부를 묻는 것도 방법이 된다. "얼마 전에 몸이 좀 안 좋았던 것 같은데 지금은 괜찮나요? 컨디션이 좋지 않은데도 고객을 상대하느라 수고가 많았습니다" 등 우호적인 태도로 말을 시작하라는 원칙을 기억한다면 할 수 있는 말을 찾는 것이 그리 어렵지 않을 것이다.

14번 원칙, **'상대방이 당신의 말에 즉각 '네, 네' 하고 대답하게 하라.'** 이것은 질문과 관련된 원칙이다. 처음부터 이 사안의 원인이 무엇인지, 어떻게 해결할 것인지를 묻는 것은 상대를 곤란하게 하거나 생각을 어렵게 만들 수 있다. 즉각 "네, 네" 하고 대답하게 하라는 것은 답하기 쉬운 질문부터 하라는 말로 해석할 수 있다. 그러기 위해서는 우선은 표면적인 현상에 대한 질문부터 하는 것이 좋다. "그래요, 지금 어떤 상황인가요?" "고객 피드백에 어떤 것이 있었습니까?" 등 사안을 파악하기 위한 질문부터 한다면 영업 담당자도 답변하기 쉽고, 그렇게 이야기를 나누다 보면 중요하고 민감한 질문에 대해서도 깊이 있게 대화를 나눌 수 있다. 필자는 가끔 "김 매니저님이 여기서 함께 일한 지 얼마나 되었죠?"라는 질문으로 대화를 시작한다. 그러면서 "와, 벌써 3년이나 되었네요. 그간 많이 성장한 것 같네요. 지금과 같은 어려운 사안도 영업 담당자로 성장하다 보니 부딪치게 되는 일입니다. 그래, 이번 사안은 이전에 겪은 일과 비교해볼 때 어떤 특징이 있나요?" 등의 이야기로 자연스럽게 연결한다. 그러면 어렵지 않게 우호적인 대화 분위기도 형성할 수 있고 담당자 스스로 자신의 상황을 조금 더 객관적으로 인식하면서 문제에 대해 자세히 언급하게 되는 효과를 얻을 수 있다.

또 이 원칙은 상대가 쉽게 동의할 수 있는 사안부터 질문하거나 이야기하라는 말이기도 하다. 고객의 까다로운 요구 때문에 고민하고 있다면 "우리 가격 제안 가이드라인에는 무엇이라 되어 있나요?" "어쨌든 고객의 의견을 무시할 수는 없지 않나요?" 등의 '예스'라고 답할 수밖에 없는 대전제를 가지고 질문하면 "그건 그렇죠…" 하는 말로 시작하는 답변을 듣게 될 것이다. 그러면 그 작은 합의를 전제로 다음 질문이나 대화를 이어 갈 수 있다.

15번 원칙은 **'상대방으로 하여금 많은 이야기를 하게 하라'**이다. 바로 경청에 대한 것이다. 사람은 이야기를 하면서 생각을 정리하고 답을 찾아내는 경우가 많다. 또한 자신이 이야기한 부분에 있어서는 책임을 지려는 경향도 보인다. 그래서 영업 담당자와 대화를 나눌 때는 7:3 혹은 8:2 정도의 비율로 담당자가 더 많은 말을 할 수 있게 대화를 이끄는 것이 중요하다. 좋은 질문을 준비하고 경청하려는 자세가 있다면 이 원칙을 잘 적용할 수 있다. 그리고 영업 관리자 스스로가 너무 말이 많아진다고 생각되면 그 즉시 이 원칙을 떠올리고 상대가 이야기할 수 있도록 기회를 주어야 한다.

16번 원칙은 **'상대방으로 하여금 그 아이디어가 바로 자신의 것이라고 느끼게 하라'**이다. 이것은 인간의 심리와 관련된 것인데 바로 '자발성'에 대한 것이다. 사람은 자신이 창조한 것에 기여하려는 성향이 있다. 이 말은 리더십의 대전제에 해당되는 명제이다. 인간은 자기중심적 존재이다. 대부분의 사람은 남의 말대로 하는 것보다 자기 생각대로 하는 것을 훨씬 더 선호한다. "내 의견대로 하세요"보다는 "내 의견은 이런데 김 과장 생각에 여기에 좀 더 보완할 부분은 무엇인가요? 그럼 그 부분을 적용해서 김 과장이 한번 추진해보세요"라고 말하면 그 아이디어는 관리자가 아니라 담당자인 김 과장의 것이 된다. 질문과 경청이 중심이 된 대화가 이뤄졌다면 이 원칙은 자연스럽게 적용될 수 있다. 그리고 이후에 그 일이 성공적으로 잘됐을 때도 영업 관리자는 "거 봐, 내 말대로 하니까 잘되지?"와 같이 표현해서는 안 된다. 누구에게나 인정욕구가 있다. 영업 관리자 역시 공을 세우고 싶다. 그러나 유능한 관리자는 그 공을 담당자에게 돌린다. "역시 김 과장이 아이디어를 더해서 추진하니 좋은 결과가 나왔네요"라고 한다면 김 과장의 반응은 어떨까? "아닙니다. 다 팀장님 덕분입니다" 하지 않겠는가? 그러면서도 속으로는 뿌듯함을 느낄 것이다. 소인은 자기를 드러내는 것으로 상대도 잃고 공도 잃어버린다. 그러나 대인은 상대를 세워 줄 때 자신이 더 존경받는다는 것을 알고 있다.

데일 카네기 협력 창출 원칙 3: 공감 표시

17번과 18번 원칙은 '**상대방의 관점에서 사물을 성실히 볼 수 있도록 노력하라**' '**상대방의 생각이나 욕구에 공감하라**'인데 이것은 코칭 커뮤니케이션의 공감 표시에 해당된다. 역지사지의 마음으로 상대의 입장에서 사안을 바라보고 상대의 생각이나 감정에 공감하는 것이다. "그렇게 생각할 수 있죠." "그것 때문에 많이 힘들었겠네요." 이 같은 공감의 표현은 담당자에게 힘을 준다. 이것은 직접적으로 문제를 해결하는 것은 아니지만 상호 신뢰의 수준을 높여 주고 든든한 심리적 기반을 마련해 준다. 사람은 자신의 가치를 알아주는 이를 위해 헌신한다. 때로는 공감만으로 이전에 알지 못했던 답을 찾아가는 것이 바로 인간이라는 존재이다.

데일 카네기 협력 창출 원칙 4: 피드백 & 피드포워드, 그리고 직관

열렬한 협력을 이끌어 내는 코칭 커뮤니케이션 원칙의 마지막 부분은 리더가 자신의 의견을 제시할 때 필요한 원칙들이다. 지금까지의 원칙은 주로 영업 담당자의 말을 끌어내는 데 주안점을 둔 것이었다. 그러나 필요한 경우 리더는 영감과 동기부여를 주는 말로 상대에게 메시지를 전달할 수 있어야 한다. 피드백, 피드포워드 등이 여기에 해당된다. 그렇다고 이것이 리더가 직접 솔루션을 내라는 뜻은 아니다. 솔루션을 함께 찾았다면 그것을 실행하기 위한 동기부여를 하라는 것이다.

19번 원칙은 '**보다 고매한 동기에 호소하라**'이다. 이 책 전체를 통해 지속적으로 강조하는 원칙은 '목표를 말하지 말고, 비전을 팔라'는 것이다. 고매한 동기란 무엇일까? 눈에 보이지는 않지만 존재하는 가치, 돈이나 물질 이상의 것, 누군가에게 기여하고 싶은 마음 같은 것이다. 국가적으로 어려움이나 재난을 겪을 때 자원봉사와 기부의 행렬이 끊이지 않고 이어진다. 또 사람은 때로 조건 없이 자신을 희생하기도 한다. 왜 그럴까? 바로 명분과 가치에 대한 갈망, 지금보다 더 나은 존재가 되고자 하는 욕구가 인간의 내면에 자리 잡고 있기 때문이다. "이번 건을 성사시켜서 인센티브 받아야지"도 좋지만 "이번 건은 이 차장 커리어에 새로운 전환점이 될 수 있는 경험이 될 거예요" "김 과장의 성과라면 후배 직원들이 롤모델로 삼을 만할 거야" 등의 말이 동기부여를 더 크게 해줄 수 있다. 이런 말을 매번 할 수는 없겠지만 꼭 필요한 순간에 이 원칙이 큰 도움이 되는 날이 있을 것이다.

20번은 **'당신의 생각을 극적으로 표현하라'**는 원칙이다. 역시 비전을 파는 언어이다. 결혼 상대에게 프러포즈를 할 때 간단히 '결혼하자'라고 하지 않고 왜 반지와 꽃다발을 준비하겠는가? 사소한 것이라도 좋다. 음료수 한 병이라도 건네면서 "우리 힘냅시다"라는 한 마디. 해외 컨퍼런스 행사의 화려한 사진을 보여 주면서 "우리 연말에는 여기에 가야죠"라는 센스 있는 쇼맨십과 표현이 사람을 자극하고 동기부여를 해줄 수 있다. 그것이 지나치게 과장되거나 진정성이 결여된 게 아니라면 말이다.

마지막 원칙은 **'도전 의욕을 불러일으켜라'**이다. 약간은 도전이 되는 과제나 화두를 던지면서 상대를 동기부여하는 방식이다. 이 원칙은 자주 사용할 수 없다. 데일 카네기 역시 이 원칙은 다른 원칙들을 잘 사용한 후에 꼭 필요한 경우에만 적용하라고 조언한다. 예를 들어 "이 목표는 조금 어려운데, 다른 사람들이라면 포기할 것 같아요", "까다로운 고객을 상대해야 성장할 수 있어요. 어때요, 한번 맡아볼래요?" 등의 표현이 여기에 해당한다. 이것은 마치 게임과 같다. 너무 쉬운 게임은 금방 질려 버린다. 조금은 어려운 게임, 힘들고 포기할 만할 때 그 스테이지를 클리어할 수 있는 게임이 우리에게 즐거움을 준다. 바로 이런 도전과 자극을 줄 때 영업 담당자를 동기부여할 수 있다.

이상의 원칙을 적용하기 위해서는 리더의 직감과 통찰이 필요하다. 이것은 학습이 어려운 부분이란 것을 필자 역시 잘 알고 있다. 하지만 이 원칙들을 기억하고 적용하려고 애쓰고, 영업 담당자의 고충에 진심 어린 관심을 기울인다면 통찰력 있는 리더의 한마디를 제공해 줄 수 있을 것이다.

9장.

코칭 커뮤니케이션 스킬

불행한 사고로 재산을 다 잃은 한 남자가 있었다. 살아갈 희망을 잃게 된 이 남자는 스스로 목숨을 끊기로 결심하고 높은 산에 오르게 된다. 망연자실한 채 산길을 걷던 중 남자는 바위틈에서 무언가 반짝이는 것을 발견한다. 그리고 그것을 살펴보다 남자는 쾌재를 외친다. "이것은 신이 나를 도우신 것이 틀림없다. 이 값비싼 보석을 팔면 나는 새롭게 인생을 시작할 수 있을 것이다." 남자는 마을로 내려와서 보석 세공인에게 그 빛나는 돌을 가져간다. 보석의 가격을 확인하고 팔려고 했던 것이다. 세공인은 보석 감별 기계를 통해 자세히 돌을 살펴보았다. 그런데 사실 그 돌은 귀한 보석이 아니라 그냥 평범한 돌에 불과했다. 이 돌은 약간 투명한 성질이 있어서 가끔 사람들이 보석으로 착각하곤 했다. 그런데 세공인은 이 남자의 남루한 행색과 잔뜩 기대에 부푼 표정을 살피고는 이 돌이 남자의 유일한 삶의 희망이란 것을 직감할 수 있었

기에 차마 그냥 평범한 돌이라고 말할 수가 없었다. 세공인은 대신 이렇게 말했다. "이 돌의 값어치를 제가 직접 말씀드리기가 좀 어렵습니다. 혹시 시간이 있으시면 보석 감별하는 법을 알려 드릴 테니 며칠만 가게 일을 도와주면서 이 보석의 값을 직접 확인해 보시겠습니까?" 남자는 생각했다. '얼마나 값진 보석이기에 이 사람이 이렇게 말할까? 어차피 할 일도 없으니 내 눈으로 직접 보석의 가치를 확인해보자.' 결국 얼마간 가게의 소소한 일들을 도우면서 보석 감별법을 배우게 된 이 남자는 자신이 발견한 보석이 평범한 돌에 불과하다는 사실을 깨닫게 된다. 남자는 그 결과에 실망했지만 며칠 일을 하면서 삶의 활력을 되찾았고, 보석 감별 기술도 익히게 되었다. 만약 돌을 가져온 그 순간 이 보석이 가짜라는 것을 알았더라면 이 남자는 더 큰 실망에 스스로 목숨을 끊었을지도 모른다. 결과적으로 이 남자는 새로운 삶을 시작할 수 있게 되었다. 때로는 답을 직접 알려 주는 것보다 스스로 답을 찾아가도록 돕는 것이 얼마나 중요한지를 알려 주는 이야기다(《선다 싱을 만나다》, IVP, 2002에서 요약 발췌).

좋은 질문을 위한 몇 가지 팁

질문의 부작용

많은 사람이 코칭 커뮤니케이션에서 가장 중요하고도 어려운 부분으로 질문 스킬을 꼽는다. 필자가 만난 영업 관리자 중 다수는 질문이 중요하다는 것은 알겠는데 실제로 사용하기에는 부작용이 많고 어렵다고 호소한다. 관리자가 질문 위주로 대화를 할 때 겪는 어려움에는 다음과 같은 것들이 있다.

무엇보다도, 영업 담당자들이 질문받는 것을 싫어한다. 리더가 질문을 던지면 담당자의 표정이 어두워지면서, 갑자기 '꿀 먹은 벙어리'가 된다. 혹은 질문을 던지는 순간 대화가 막히고 끊기기도 한다. 여기서 좀 더 나가면 '나에게 무슨 대답을 요구하는 거야?', '자기가 하고 싶은 말을 하면 되지 왜 빙빙 둘러서 질문을 하는 거야?', '어차피 자기 생각대로 이야기할 거면서 질문은 왜 하는 거야?' 하는 불만 섞인 메시지가 영업 담당자의 표정과 말투에서 드러나기도 한다. 관리자도 이런 긴장이 결코 유쾌할 리 없다.

둘째, 담당자 스스로도 마음이 조급해지는 것이다. A라고 바로 지시하면 편할 텐데 그 답을 찾기까지 질문을 계속하는 것이 시간 낭비 같고, 원하는 답변이 나오지 않으면 리더는 온몸으로 답답함을 내비친다. 리더도 감정을 가진 인간이다. 상대가 어려워하고 싫어하는 행동을 하고 있다는 생각이 들면 코칭에 회의감이 들 수밖에 없다.

마지막으로 질문을 만드는 것 자체가 어렵다. 영업 관리자가 전문 코치나 기자, 인터뷰어도 아니고 대화할 때마다 질문을 만드는 것이 익숙하지 않다. 최근에는 학교 교육도 토론식으로 많이 바뀌고 있다고는 하지만 여전히 현재의 관리자들 대부분은 주입식 교육에 익숙한 세대들이다. 필자와 함께 일하는 영업 팀장이 재미있는 일화를 하나 들려주었다. 학창 시절 수학 시간에 선생님께 이렇게 질문했다는 것이다. "선생님, 그런데 수학을 왜 공부해야 하나요?" 정말 궁금해서 질문한 것인데 돌아오는 답변은 "너 이리로 나와"였다고 한다. 출석부로 머리를 한 대 맞은 그 팀장은 자리로 돌아와 앉으면서 마음속으로 다시는 질문하지 않겠다고 다짐했다고 한다. 사실 "왜 우리는 수학 공부를 해야 하는가?"는 해외 명문 대학 입시 면접 질문에 나올 정도로 좋은 질문에 속한다. 하지만 우리는 질문이 자유롭게 허용되는 교육 환경을 경험하지 못했고, 질문에 대한 부정적인 인식을 자신도 모르는 사이에 누적해왔다. 이렇게 우리는 질문에 익숙한 세대가 아니다. 그런데 각종 리더십 서적과 강의에서는 지시하지 말고 질문하라고 하니, 이것이 관리자에게는 여간 곤란한 일이 아닐 수 없다.

이렇게 질문 기법에는 부작용이라고 말할 수 있는 어려움이 있다. 대화 시간이 오래 걸리는 것, 리더가 원하는 답변이 나올 때까지 유도심문을 하는 느낌이 들어 서로 신뢰가 깨지는 것, 좋은 질문을 구성하지 못해 오히려 의도하지 않은 방향으로 대화가 흘러가는 것 등, 관리자가 질문과 관련하여 겪는 어려움에 대해서 독자들 역시 공감하리라 생각한다. 여기에는 다양한 원인 분석과 대책이 있겠지만 실제 비즈니스 현장에서 적용하기 위해서는 원칙이 심플하고 명료해야 한다. 필자도 이 부분에 있어서 많은 연구와 고민을 해왔고 다음과 같은 결론을 얻었다.

"퀴즈를 내지 말고 질문을 하자."

이는 코칭 상황에서의 질문과 관련하여 정리한 원칙이다. 질문에는 크게 세 층위가 있다. 첫 번째는 '의문'이다. 말 그대로 몰라서 묻는 질문이다. 이것은 주로 학생이 선생님에게, 후배가 선배에게, 담당자가 관리자에게 하는 질문들이다. 물론 관리자도 팀원에게 의문점을 질문할 수 있다. 모르는 부분이 있으면 물어야 한다. 그러나 중요한 것은 태도이다. 따지기 위해서 묻는 것인지, 아니면 모를 수 있는 부분을 확인하기 위한 것인지가 그 태도의 잣대가 될 것이다. 현재 상황에 대해서, 현상을 파악하기 위해서, 상대의 마음을 확인하기 위해서, 우리는 내가 추측한 것을 전제로 따지듯이 "왜 일을 이렇게 처리했어?"라고 할 것이 아니라, 순수한 궁금증을 가지고 "일이 이렇게 진행된 경위를 설명해 줄 수 있나요?" 하고 물을 수 있다. 코칭 커뮤니케이션에 있어서도 정확한 사실관계 확인, 상황파악이 중요하다. 넘겨짚지 말고, 추궁하려는 마음을 내려놓고, 내가 궁금한 부분, 확인이 필요한 부분은 양해를 구하고 물어야 한다. 의문에 기반한 질문을 높은 수준의 질문이라고 보기는 어렵지만 코칭을 위해 일정 부분 필요한 것은 사실이다.

질문의 두 번째 층위는 바로 '퀴즈'이다. 코칭 질문을 제대로 하기 위해서 가장 중요하게 여겨야 할 것이 바로 퀴즈와 코칭 질문을 구분하는 것이다. 퀴즈에는 정답이 있다. 정답을 맞춰야만 점수를 얻을 수 있는 것이 바로 퀴즈이다. 영업 관리자가 질문을 할 때 '내 마음속 정답을 맞춰보라'는 식으로 한다면 그것은 코칭을 하는 것이 아니라 퀴즈를 내는 것이다. 만약 이 사안에 분명한 해법이 있고, 관리자가 생각하는 대답대로 실행해야 한다는 것이 명확한 결론이라면 이때는 진심 어린 조언을 하거나 제대로 된 피드백을 해주는 것이 어설프게 코칭을 가장한 퀴즈를 내는 것보다 훨씬 낫다.

코칭은 질문으로만 이뤄지는 것이 아니다. 리더로서의 통찰력을 발휘한 조언이나, 마음에 호소하는 설득 혹은 부탁도 코칭의 한 영역이다. 관리자가 코칭을 가장한 '퀴즈'를 내고 있다고 생각해보자. 담당자가 그 질문(즉 퀴즈)에 대한 정답을 제대로 말하지 못하면 아마 관리자는 다시 묻게 될 것이다. "그 방법도 좋지만 다른 것을 생각해보세요", "그것보다는 조금 안전한 방법을…", "그렇지, 바로 그거예요. 그렇게 합시다" 하는 식으로 코칭 대화를 이어 간다면, 이것은 형식만 질문일 뿐 사실은 담당자를 데리고 '퀴즈 맞추기'를 하는 것이다. 그런 경우에 담당자들은 '뭐야, 결국 자기 의견을 강요할 거면서 귀찮게 질문은 왜 하는 거야?' 하는 마음을 갖게 된다. 이런 경험이 반복되면 코칭 대화에 대한 부정적 학습이 누적되고, 이것은 결국 신뢰를 저하시켜 이후에 있을 코칭 대화에도 부정적인 영향을 끼치게 된다.

세 번째 층위인 진정한 코칭 질문은 질문하는 관리자 스스로도 답변이 가능하지만 질문을 받는 담당자의 더 나은 대답, 또 다른 생각이 있을 수 있다는 것을 전제로 묻는 것이다. "어떤 방법이 있을까요?" "그 방법의 리스크는 무엇일까요?" "어떻게 보완이 가능할까요?" 이런 질문에는 정답이 없다. 함께 논의할수록 더 나은 대답을 찾을 가능성이 커진다. 코칭은 함께 논의하는 가운데 더 나은 답을 찾을 수 있고, 그 답을 함께 찾을 때 자발적인 성과 창출을 이룰 수 있다는 상호 신뢰에 기초한다.

다양한 질문의 활용

실제 코칭 질문에는 다양한 기법이 있지만 형식적인 측면으로 나누어보면 개방형 질문, 선택형 질문, 그리고 폐쇄형 질문으로 구분할 수 있다. 개방형 질문은 육하원칙(언제, 어디서, 누가, 무엇을, 어떻게, 왜)을 사용해서 묻는 방식이다. 영어 When, Where, Who, What, Why, How의 앞 글자를 따서 '5W1H 질문'이라고도 한다. 이렇게 육하원칙으로 묻는 질문에는 하나의 답이 있는 것이 아니다. "이 방법이 실용적일까요?"는 개방형 질문이 아니다. "이 방법의 문제점은 무엇일까요?"가 개방형 질문이다. 개방형 질문은 다양한 정황을 포착할 수 있고 생각을 촉진시키기 때문에 주로 코칭 질문의 전반부에 위치하게 된다.

개방형 질문을 통해 몇 가지 아이디어를 도출해 낸 후에는 선택형 질문이 가능하다. "A안과 B안 중에 어떤 것이 더 좋을까요?" 하는 식이다. 마지막으로는 폐쇄형 질문, 또는 닫힌 질문이 있다. 이것은 '예/아니오'로 답변 가능한 질문이다. 많은 코칭 강좌에서 폐쇄형 질문을 하지 말고 개방형 질문을 하라고 가르친다. 하지만 이것은 반은 맞고 반은 틀린 이야기이다. 처음부터 폐쇄형 질문을 한다면 대화의 확장을 가로막게 되지만 사용 목적에 따라서는 폐쇄형 질문도 유효할 때가 있다. "그 고객이 의사결정권자가 맞나요?" 이는 '예/아니오'를 묻는 폐쇄형 질문이지만 정보 파악을 위해서는 꼭 필요한 질문이다. "다음 주까지 이 안의 실행이 가능하겠습니까?" 이렇게 실행과 점검을 위한 질문도 필요하다. 즉 폐쇄형 질문은 무조건 나쁜 것이 아니라, 정보 파악, 사실 확인, 실행 점검 등 목적에 따라서는 필요한 질문법이고, 주로 대화의 마무리 단계에 위치한다. 육하원칙을 활용한 개방형 질문, 열린 질문을 통해서 다양한 상황과 대안을 모색하고, 선택형 질문을 통해 실행 안을 좁힌 후에 폐쇄형의 닫힌 질문을 통해서 최종적으로 합의 사항을 점검하는 것이 코칭에서 질문 활용법의 이상적인 흐름이다.

영업 단계별 주요 코칭 포인트

코칭에는 다양한 질문 모델이 있다. 일반적으로는 'GROW 모델'을 많이 활용한다. GROW 모델은 Goal(목표), Reality(현실), Option(대안), Way forward(실행 점검)를 기본 프레임으로 질문을 구성한다. 이 GROW 모델은 이미 범용적으로 많이 쓰이고 있고 이 것을 다루고 있는 리더십 강좌 또한 많기 때문에 여기서는 설명을 생략하도록 하겠다. 본질적으로는 질문을 너무 원칙적인 틀 안에 가두어 둘 필요는 없다. 질문 모델은 하나의 참고 사항이고 원활한 대화를 돕기 위한 도구일 뿐이지 절대적인 것은 아니다. 현실적으로 영업 관리자는 회사의 영업 부서를 책임지는 리더이지 전문 코치나 인터뷰어가 아니다. 그렇기에 특정한 코칭 모델에 맞춰서 잘 짜인 질문들을 구성하고 그 흐름에 맞게 대화를 이어 간다는 것은 쉬운 일이 아니다. 어찌 보면 그것은 전문 코치의 영역이다. 그래서 이미 정기적으로 진행하고 있는 회의에서나, 혹은 1:1 미팅, 영업 담당자 코칭 상황 등에서 몇 가지의 유의미한 질문을 새롭게 적용해보고 이것을 통해 담당자를 대안 수립에 참여시키고 동기부여할 수 있다면 관리자는 코칭 스킬을 충분히 활용하는 것이다. 따라서 여기서 우리는 영업 관리자가 실제 업무에서 한두 가지의 질문이라도 적용할 수 있게 하는 것을 목표로 코칭 질문의 포인트를 다뤄보겠다.

영업의 단계는 일반적으로 고객 발굴, 관계 형성, 니즈 도출, 솔루션 제안, 협상과 계약, 사후관리의 흐름을 따라간다. 각 단계마다 영업 담당자는 문제를 만난다. 고객 발굴을 게을리하는 담당자는 새로운 고객에 대한 거절의 두려움이 있거나 영업에 대한 동기를 상실한 태도적인 문제가 있을 수 있다. 고객을 많이 만나지만 니즈 도출을 제대로 하지 못해 수많은 미팅을 허사로 만드는 담당자가 있다면 열심은 있지만 질문이나 미팅 스킬이 부족한 것이 문제일 수 있다. 제안 단계에서 어려움을 겪는 직원은 제품에 대한 이해가 부족하거나 그것을 설득력 있게 전달하는 커뮤니케이션 스킬에 어려움이 있다. 협상 단계에서 어려움을 겪는 경우도 많다. 고객의 요구사항에 지나치게 끌려다니거나, 거의 다 된 계약을 클로징하지 못하고 전전긍긍하는 직원은 대체로 자신감이나 회사 솔루션에 대한 확신이 부족한 경우가 많다. 사후관리를 제대로 못하는 직원도 있다. 이들은 업무를 체계적이고 규칙적으로 처리하는 능력이 약하다. 사람마다 상황마다 문제가 다 다르기 때문에 이 모든 상황을 일일이 열거하며 거기에 꼭 맞는 질문을 모두 만들어 둔다는 것은 불가능하다. 하지만 대략 영업 단계마다 어떤 어려움이 있을 수 있는가를 예측하고 성과가 나지 않는 이유가 무엇인지를 분석해서 그 사안에 대한 적절한 코칭을 제공하는 것은 조금만 관심을 기울이면 충분히 지금보다 더 잘할 수 있다.

각 영업 단계에서 만날 수 있는 문제들을 코칭할 때 문제분석과 해결을 위한 다음 네 가지 기본 질문들을 활용하면 도움이 된다. '문제가 무엇인가?' '(그 문제의) 원인이 무엇인가?' '가능한 해결책은 무엇인가?' '최선의 해결책은 무엇인가?' 이 네 가지가 기본 질문이다. "요즘 신규 고객 어프로치에 대한 실적이 많이 떨어지고 있는데 무엇이 문제인가요?", "왜 그런가요? 원인이 무엇인가요?", "그럼 할 수 있는 것에는 무엇이 있겠습니까?", "그중에서 최우선적으로 할 것이 무엇인가요? 그럼 그것을 실시해봅시다." 간단하지만 이것이 대화의 기본 흐름이다. 이때 질문이 퀴즈가 되지 않고 코칭이 되기 위해서는 추측을 배제하는 태도가 필요하다. '이 친구는 불성실해', '이 사람은 허세가 심해' 등과 같이 추측에

카네기 세일즈 리더십

근거한 판단은 진심 어린 질문을 방해한다. 선입견을 내려놓고 이 네 가지 질문을 통해서 문제의 본질에 접근할 수 있도록 주의를 기울여야 한다.

이와 유사하지만 또 다른 프레임은 바람직한 모습, 현재 상황, 도전 사항, 극복 방안에 대해서 질문하고 논의하는 방법이 있다. 이것은 컨설팅의 기본 프레임인데 코칭 질문에 있어서도 유사하게 활용할 수 있다. 이상적인 상황과 원하는 목표가 무엇인지, 현재 상황에서는 무엇이 잘되고 있고 무엇이 그렇지 않은지, 바꿔야 하거나 어려움이 있는 문제는 무엇인지, 그리고 그것을 어떻게 극복할 수 있는지 대안을 모색하는 단계로 구성되어 있다. 이러한 흐름을 기억하고 질문을 구성한다면 아무런 구조 없이 대화를 이끌어 가는 것보다는 훨씬 수월하게 코칭 커뮤니케이션을 진행할 수 있다.

영업의 각 단계에 이 질문의 구조들을 대입해보자. 예를 들어 솔루션 제안에 어려움을 겪는 담당자가 있다면, 먼저 문제가 무엇인지에 대해 질문해야 한다. 물론 열린 질문을 주로 사용해야 한다. "지금 제안 단계에서 무엇이 문제인가요?" 이런 관점에서 질문하고 대화한다면, 고객이 요구하는 비용에 적합한 제품이 무엇인지 잘 모르겠다거나, 적합한 제품을 찾긴 했는데 설득력 있게 프레젠테이션을 하려니 그 구성이 어렵다거나 하는 문제점이 도출될 수 있다. 그중에 가장 문제가 되는 것이 프레젠테이션 구성으로 확인되었다고 가정해보자.

그럼 프레젠테이션 준비가 왜 어려운지 원인이 무엇인지를 규명해야 한다. 그렇다면 자사 솔루션의 특장점을 보다 신뢰감 있게 전달하기 위해서 활용 가능한 증거 데이터가 부족하다거나, 아니면 이것이 정말 고객이 원하는 니즈에 부합하는 것인지 확신이 없다거나 하는 원인이 나올 것이다. 만약 증거 데이터의 부족이 가장 중요한 문제라면 이제 가능한 해결책을 찾아야 한다. 주어진 시간 안에 데이터를 최대한 수집하거나, 데이터는 부족하지만 그중 주요 사례를 강조해서 설명하는 등의 가능한 방법들을 모색할 수 있다. 그리고 마지막으로 신속성과 현실성을 고려할 때 유사 사례를 강조하는 쪽으로 프레젠테이션의 방향을 잡는 것을 최종 대안으로 수립할 수 있다.

영업 담당자가 영업 단계를 성공적으로 수행하고 다음 스텝으로 나아가기 위해서는 일반적으로 점검해야 하는 포인트가 있다. 등잔 밑이 어둡다고 프로젝트를 수행하고 있는 담당자는 잘 보지 못하지만 옆에 있는 관리자가 도와주면 의외로 쉽게 더 나은 대안을 수립하는 경우가 많다. 장기나 바둑에서 정작 선수는 보지 못하는 수가 옆에서 훈수 두는 사람에게는 쉽게 보이는 경우와 마찬가지 이치이다.

고객 발굴 단계에서는 다음 사항을 질문하고 코칭해야 하다. 담당자가 최초 고객 접촉이 니즈 발굴 미팅으로 진행되는 성공 확률을 알고 있는가, 그래서 니즈 발굴 미팅을 위해서는 몇 건의 최초 접촉이 필요한가, 미팅 성사율을 높이기 위해서 개선해야 할 커뮤니케이션 스킬은 무엇인가, 고객 발굴이 어려운 이유는 무엇인가, 영업 담당자가 자신의 성과를 위해 기꺼이 힘들고 번거로운 일을 감당할 만큼 동기부여가 되어 있는가 등이 점검의 포인트이다.

관계 형성 단계에서의 점검 포인트는 이렇다. 고객과의 인간적인 관계를 담당자 스스로는 어떻게 평가하는가? 고객의 개인적인 관심사는 무엇인가? 고객과 보내는 시간이 충분한가?

니즈 도출 단계에서는, 고객이 요구하는 기본 사항은 무엇인가, 고객이 구매 결정을 하게 되는 감정적인 동기는 무엇인가, 고객사의 의사결정 과정이 어떻게 이뤄지는가 등을 확인해야 한다.

솔루션 제안 단계에서는, 프레젠테이션의 구조를 어떻게 구성할 것인가, 제품의 특장점을 강조하기 위해 활용해야 할 증거는 무엇인가, 보다 간결하고 설득력 있게 전달하기 위해 개선해야 할 점은 무엇인가 등이 주안점이다.

협상과 계약 단계에서는, 우리가 수용할 수 있는 부분과 그렇지 않은 부분은 무엇인가, 협상의 최대 목표와 최소 목표는 무엇인가, 이전 영업 단계에서 충분하지 않았던 부분은 무엇인가, 왜 고객이 이러한 요구를 하는가 등을 질문해야 하다.

마지막으로 사후관리 단계에서는, 사후관리 활동을 위해 취할 수 있는 행동에는 무엇이 있는가, 사후관리 활동이 주기적으로 잘 이뤄지고 있는가, 그렇지 않다면 왜 그러한가 등을 질문할 수 있다.

이 외에도 많은 점검 사항이 있지만 대략 이 정도의 관점과 주제를 가지고 질문하고 대화를 이끌어 간다면 보다 효과적인 코칭 성과를 이룰 수 있을 것이다.

협상의 기본 전략

요구와 욕구

영업 관리자가 모든 담당자의 영업 단계를 일일이 다 챙길 수는 없다. 하지만 영업이 협상과 계약 단계에 이르렀다면 관리자의 도움과 코칭이 큰 역할을 할 수 있다. 그래서 영업 관리자에게는 높은 수준의 협상 스킬이 필요하고 이를 바탕으로 코칭을 통해 담당자가 최종 계약 클로징에 이를 수 있도록 도와주는 것이 중요하다.

협상 하나만으로도 방대한 영역이지만 여기에서는 영업에 있어 협상의 가장 기본적인 관점을 확인하고 영업 담당자를 코칭할 수 있는 핵심 스킬을 익히는 데 중점을 두겠다.

협상은 일종의 설득 과정이다. 이것의 핵심은 요구와 욕구를 구별해 내는 것이다. 요구사항의 이면에는 욕구가 숨어 있다. 유능한 협상가는 요구사항 자체가 아닌 그 이면에 있는 욕구에 집중한다. 예를 들어, 매장에서 TV를 판매하는 직원이 있다고 하자. 손님 한 명이 와서 전시품으로 나온 TV를 구매하려 한다. 제품의 가격은 100만 원이다. 이 TV는 전시품으로 사용된 것이니 고객이 20만 원을 할인해 달라고 요구한다. 이때 영업 사원이 흔쾌히 "네, 그럼 80만 원만 주고 가져가시죠" 하고 요구를 들어준다. 80만 원에 이 TV를 사 가는 고객은 집으로 가는 길에 어떤 생각을 할까? 자신의 요구사항을 잘 들어주었으니 만족할까? 아니다. '혹시 이거 70만 원에 살 수 있었던 것 아니야?' 하면서 꺼림칙한 느낌을 가질지 모른다. 영업 사원은 고객의 요구사항은 들어주었지만 그의 욕구는 전혀 충족시키지 못했다.

반대의 경우를 생각해보자. 고객이 100만 원짜리 TV를 80만 원으로 할인해 달라고 요구한다. 이번에는 영업 사원이 "고객님, 20% 할인은 도저히 불가능합니다" 하고 거절하면서 다른 대안을 제시한다. 한참 실랑이를 하다가 지점장까지 나와서 협의한 끝에 10만 원 할인으로 결론이 났다고 하자. 90만 원에 이 TV를 사서 집으로 돌아가는 고객의 마음은 어떨까? 아마 속으로 뿌듯해 할 것이다. 영업 사원이 그의 요구사항을 들어주지 않았는데도 말이다. 바로 욕구가 충족되었기 때문이다. 이 고객의 요구는 20만 원 할인이었지만 그 안에 자리 잡은 욕구는 20만 원이라는 돈 자체가 아니다. 남들보다 싸게 구입했다는 자기효능감, 협상에서 이겼다는 성공 경험(일종의 성취감), 배우자에게 원래 안 깎아 주는 제품을 10만 원이나 싸게 사왔다고 자랑하고 싶은 마음 등이 그 고객의 욕구인 것이다. 이것을 아는 것이 협상의 기본이다. 영업 관리자는 협상 상황에 놓인 담당자에게 이렇게 질문할 수 있다.

"고객의 요구사항은 무엇인가요? 그리고 그것을 요구하는 고객의 욕구는 무엇이라고 생각합니까?"

고객의 네 가지 니즈

고객의 니즈는 크게 네 가지로 이뤄져 있다. 첫째는 주요 관심사이다. 이것은 기대하는 결과, 그 제품과 솔루션을 통해 얻고 싶은 결과와 같은 표면적인 요구사항이다. 스마트폰을 구매하는 고객이라면 저장 공간이 충분한지, 사진이 잘 나오는지 등에 관심이 있을 것이다. 이것은 표면적으로 드러나는 관심 사항이기 때문에 비교적 파악이 용이하다. 그다음으로는 구매 기준이 있다. 이것은 세일즈의 필수 사항으로서 반드시 충족해야 하는 기준이다. 공장에 장비를 도입하기 원하는 구매 담당자라면 만족해야 하는 규격 조건이 있다. 또한 비용이나 예산의 한도가 대표적인 구매 기준의 예시이다. 제안 요청서가 있는 경우는 이것을 꼼꼼히 검토하거나 미팅 시 꼼꼼한 질문을 통해 구매 기준을 정확하게 확인해야 한다. 구매 기준에서 벗어나면 세일즈가 이뤄질 수 없기 때문에 이 부분을 잘 파악해야 한다.

그리고 위험과 보상 조건이 있다. 구매 기준이 절대적인 조건이라면 이것은 바람직한 조건이다. 우리 솔루션을 구매했을 때 얻게 되는 고객의 이익이 보상이고, 우리 솔루션을 채택하지 않았을 때의 손실이 위험이다. 이것은 고객이 직접적으로 설명해 주지 않는다. 사전조사와 질문, 경쟁사 분석 등을 통해 고객의 위험과 보상 목록을 작성해 둔다면 이 부분이 협상과 클로징에 있어 중요한 논점이 된다. 많은 영업 담당자가 이 부분을 굉장히 막연하게 생각한다. 구체적이고 세부적으로 위험과 보상 목록을 만들고 여기에 필요한 증거들을 보완한다면 고객을 설득할 수 있는 주요 포인트를 찾을 수 있다.

마지막으로 구매 동기가 있다. 이것은 의사결정권자의 감정적인 요인이다. 사람은 때로 감정적으로 의사결정을 하고 이성으로 그것을 합리화한다. B2C는 물론이고 B2B라고 해도 다르지 않다. 구매 담당자는 왜 비용을 절감하려 할까? 인사 담당자는 왜 새로운 교육을 도입하려 할까? 공장 관리자가 안전에 신경 쓰는 이유는 무엇일까? 유능한 사람으로 인정받고 싶은 욕구, 공정 시간을 절감해서 여유를 찾고 싶은 마음, 선물 받는 사람의 기쁜 표정을 보고 싶은 마음 등 의사결정을 하는 사람들의 이면에는 감정적인 동기가 있다. 바로 앞서 설명한 욕구 부분이다. 물론 이것이 구매 결정의 절대적인 이유는 아니지만 분명 매우 중요한 이유가 된다. 하지만 이것은 잘 드러나지 않는다. 어쩌면 고객 스스로도 깊이 인식하지 못할지 모른다. 하지만 이 구매 동기, 즉 욕구를 파악하고 우리의 솔루션이 왜 그것을 만족시켜 줄 수 있는지가 전달되면 구매 결정의 가능성이 매우 커진다.

고객의 네 가지 관점

이 네 가지 고객 니즈 가운데는 구매 관점이 자리 잡고 있다. 구매 관점은 구매 의사결정을 하는 사람이 어떤 관점에서 이 세일즈 협상을 바라보는가 하는 기본 입장, 태도이다. 구매 관점은 다시 재무적 관점, 경영자 관점, 사용자 관점, 기술적 관점으로 나뉜다.

창립 기념일을 맞아 직원 선물용 텀블러를 대량으로 구매하기 원하는 고객이 있다고 가정해보자. 재무적 관점의 구매자는 몇 개를 사면 할인이 되는지에 가장 큰 관심을 가질 것이다. 재무적 관점에서 최우선 고려사항은 비용절감이다. 경영자 관점의 구매자는 조금 다르다. '직원에게 텀블러를 선물하면 과연 일을 더 잘할까' 하고 생각하는 것이 경영자이다. 경영자 관점은 비용 대비 성과, 효율과 결과, 명성 등에 가장 큰 관심이 있다. 사용자 관점의 구매자는 어떨까? 과연 보온이 잘되는가, 직원들이 사용하기에 불편하지 않은가, 원하는 색깔별로 제공해 줄 수 있는가 등이 그 관심사이다. 마지막으로 기술적 관점의 구매자는 어떠한가? 텀블러를 회사에 보관할 텐데 회사 탕비실에 비치할 수 있는 사이즈인가, 세척 후 냄새가 나지 않을까, 잘 넘어져서 커피를 쏟게 되면 회사 청소에 문제가 생기지 않을까 등 기술적 관점의 구매자는 기능과 규격, 기술적 조건 충족에 가장 큰 관심을 둔다. B2B 영업의 경우에는 이렇게 각각의 구매 관점을 가진 이해당사자들이 의사결정에 함께 참여하는 경우가 많다. 그들의 포지션과 역할 자체가 구매 관점을 형성하기도 하지만 개인의 성향도 구매 관점에 영향을 미치기 때문에 고객의 관점을 잘 분석하는 것이 필요하다. 물론 B2C의 경우에는 고객 개인의 성향에 따라 이러한 구매 관점을 형성할 수 있다.

우리의 고객들은 네 가지 구매 관점 중 적어도 하나 이상의 관점을 가지고 있고 그 위에 다시 네 가지 니즈를 형성하고 있다. 상대를 알고 나를 알면 백 번을 싸워도 위태롭지 않다고 했다. 고객의 네 가지 구매 관점과 네 가지 니즈를 파악하는 것은《손자병법》의 가르침을 영업의 협상 전략과 코칭에 적용하는 좋은 길잡이가 된다.

10장.

갈등을 기회로 바꾸는 법

 갈등이란 말의 어원을 알고 있는가? 갈등(葛藤)은 한자로 '칡과 등나무'라는 뜻이다. 칡은 물체를 왼쪽으로 감아서 올라가며 자라는 습성이 있다. 반대로 등나무는 물체를 오른쪽으로 감아서 올라가며 자란다. 그래서 칡과 등나무를 한 자리에 심어 놓으면 서로 꼬여서 풀 수 없게 된다. 즉 자기 방향만 고집해서 엉켜 버리는 것이 갈등이다. 영어로 갈등은 'conflict'이다. con과 flict가 합쳐진 것인데, 이는 '서로 때리다'라는 뜻을 가지고 있다. 이렇게 우리가 흔히 접하는 갈등을 어원으로 해석해보면 흥미로운 깨달음을 준다. 왼쪽이나 오른쪽에 옳고 그른 것은 없다. 그저 자신의 방향만이 옳다고 주장할 때 서로 부딪치게 되고 이것이 물리적으로 정서적으로 서로에게 상처를 주는 것이 갈등의 양상이다. 조직에는 사람이 있고 사람이 있는 곳에는 갈등이 있기 마련이다. 그런데 영업 관리자가 갈등을 잘 다루지 못하고 심지어 갈등을 유발하는 존재가 된

카네기 세일즈 리더십

다면 그 조직은 더 이상 발전적인 모습을 기대하기가 어렵다.

갈등의 양상과 리더의 역할

갈등에 대한 관점

인류 발전사는 협력을 통해 생산성을 높여 온 과정이라 할 수 있다. 인간은 인지혁명을 통해 추상화된 가치를 공유할 수 있는 능력을 가지게 되었고, 수천 년에 걸친 찬란한 문명의 발전을 이루어 냄으로써 인간은 공동의 목표를 위해 협력할 수 있는 존재라는 사실을 역사 속에서 증명해왔다. 하지만 다른 한편으로 인류의 역사는 갈등과 전쟁의 과정이기도 하다. 사람이 존재하는 곳에는 언제나 갈등이 있고 그것은 때로 물리적인 폭력과 전쟁으로 이어진다. 인간의 능력이란 그렇게 양면적이다. 인간은 한없이 희망적이면서 동시에 끝없이 절망적이다. 위대한 문명의 정점에서 위험한 전쟁의 위협이 싹트는 법이다. 거창한 역사관으로 이야기를 시작했지만 이러한 인간의 양면적인 본성을 이해하는 것은 오늘날의 조직학에서도 깊이 있게 다뤄야 할 주제이다. 특히 한 조직을 이끄는 리더라면 창조적 인간의 무한한 가능성에 대한 믿음과 파괴적 인간의 무시무시한 위험에 대한 경계를 동시에 이해하고 이를 균형 잡힌 관점으로 다룰 수 있어야 한다.

영업 조직도 마찬가지이다. 목표 의식을 공유하고 소통과 협력을 통해 더 큰 성과를 낼 수 있다는 믿음은 조직을 이루어서 일하기 위한 근본적인 기반이 된다. 하지만 사람이 모여 있으면 언제나 경쟁과 갈등의 위험이 생긴다. 협력과 갈등, 이 둘은 마치 동전의 양면처럼 항상 함께 존재한다. 사람은 협력해야 할 그 이유 때문에 갈등한다. 성과를 달성하기 위해 협력해야 하는데 그 성과 때문에 경쟁하고 갈등한다. 져도 상관없는 연습게임에서 선수들이 서로 비난하고 갈등하는 경우는 별로 없다. 하지만 꼭 이겨야만 하는 게임이라면 작은 실수 하나만으로도 서로를 탓하고 갈등을 일으킬 가능성이 커진다. 그렇기 때문에 중요한 경기일수록 높은 수준의 협력이 필요하고 이것이 잘 이뤄진다면 그 과정과 결과 또한 이에 비례해서 우리에게 감동을 안겨 준다. 비즈니스는 연습게임이 아니다. 높은 목표와 치밀한 계획, 그리고 치열한 헌신이 필요하다. 그래서 갈등 또한 불가피하다. 리더가 갈등을 단지 회피하거나 억누르는 것 외에 그것을 제대로 다루는 방법을 알지 못한다면, 그 조직은 구멍 뚫린 배를 타고 망망대해를 항해하는 것과 다름없다.

갈등은 위험하긴 하지만 동시에 기회이다. 갈등이 존재한다는 것 자체가 이미 사안의 중요성을 반증한다. 그것을 잘 다루기만 한다면 더 큰 결실이 있을 수 있다는 이야기이다. 위스콘신대학교의 심리학과 교수 해리 할로우(Harry Harlow)는 "싸우지 않는 어미 아래서 자란 원숭이는 사랑도 하지 않는다"라고 말했다. 인간은 갈등을 해결하는 과정에서 더 크게 성장한다. 또한 갈등은 반성과 창의력을 촉진시키는 요소가 되기도 한다. 의사결정 도구 중에 '악마의 변호인(Devil's Advocate)'이라는 방법론이 있다. 다수가 하나의 의견으로 지향점을 찾을 때 한 사람을 지정해서 무조건 반대의견을 내도록 역할을 주는 것이다. 이 사람의 반론을 통해서 혹시라도 있을지 모르는 미비한 점을 보완하고 잘못된 의사결정을 하지 않도록 한 번 더 점검하는 절차를 마련하는 것이다. 이는 더 좋은 결론을 내리기 위해 의도적으로 갈등을 만드는 행위이다. 결국 갈등과 긴장은 사람들에게 다양한 관점을 가지게 하고, 높은 요구 수준을 제시함으로써 발전과 혁신을 촉진하는 역할을 하는 것이다. 영업 관리자는 갈등을 대함에 있어 부정적인 위험과 긍정적인 효과를 균형 있게 바라보는 관점을 가져야 한다.

갈등의 양상

비즈니스 상황에서의 갈등은 크게 과업 갈등과 감정적 갈등으로 나눌 수 있다. 과업 갈등은 각종 의사결정 과정에서 구성원 간의 관점이 다르거나 아이디어나 의견이 차이를 보일 때 발생한다. 이것은 악마의 변호인 사례에서 설명한 바와 같이 일종의 좋은 갈등이라고 볼 수 있다. 반대로 감정적 갈등은 대인관계 측면에서 발생하는 긴장이나 짜증, 적대감에서 비롯되는데 이것이 지나치면 소모적인 결과를 초래할 수 있기 때문에 나쁜 갈등이라고 할 수 있다. 물론 이 두 갈등이 항상 명확하게 구분되는 것은 아니다. 과업 갈등이 지나치면 감정적 갈등으로 번지기도 하고, 실제로는 감정적 갈등인데 표면적으로는 과업 갈등의 탈을 쓰고 있는 경우도 있다. 중요한 점은 갈등에는 이 두 가지 측면이 존재하고, 이를 구분해서 접근하면 생산적인 방향으로 갈등을 전환할 수 있다는 것이다. 갈등이 언제나 나쁜 것만은 아니다. 핵심은 이것이다.

영업 조직에서의 갈등은 세 종류의 관계에서 발생한다. 첫 번째는 조직 내부에서의 갈등이다. 협업이 필요한 경우 서로의 성향과 의견 차이에서 갈등이 생긴다. 때로는 영업권 분쟁이 발생한다. 지역별로, 업종별로 회사마다 영업 구획(territory)을 구분하는 방식이 다를 수 있지만 실적이 중요한 영업 조직에서 이 부분은 매우 민감한 문제이다. 한 담당자가 지인을 통해 영업 기회를 얻었는데, 다른 담당자가 이미 영업을 계획하고 접근하고 있던 기업의 고객인 경우 서로 의견 조정이 되지 않고 갈등하게 되는 경우가 흔하게 발생한다. 기계적으로 영업권을 구분하여 절대 서로 침해하지 못하도록 만든다고 해서 문제가 사라지는 것이 아니다. 자신의 영업 구획이 100% 보장되어 타 영업 담당자가 절대 침범하지 못하게 되면 갈등의 소지는 줄어들 수 있다. 하지만 이것이 지나치면 다른 영업자를 통한 더 큰 성과의 기회를 그냥 썩히게 되는 무사안일주의에 빠질 수 있다. 그렇다고 영업 조직 내에서 담당자끼리 무한 경쟁을 하게 만들 수도 없는 노릇이다. 영업권 분쟁으로 인한 갈등은 합리적인 시스템과 의사결정 기준을 사전에 마련해 이를 적절한 긴장과 관리를 통해 운영해야 한다.

또한 영업 조직과 지원 조직 사이에서의 갈등도 빈번하다. 영업 담당자는 고객의 요구에 최대한 빠르게 대응하기를 원한다. 하지만 지원 조직은 절차와 규정을 중요시한다. 영업 조직은 '불필요한 리포트가 많다', '지원 조직이 현장을 모른다'와 같은 볼멘소리를 자주 한다. 반면에 지원 조직은 '영업 담당자가 제멋대로이다', '회사의 프로세스를 제대로 준수하지 않는다'는 인식을 쉽게 가질 수 있다.

두 번째는 영업 담당자와 관리자 사이의 갈등이다. 고성과자는 조직에 기여가 큰 만큼 요구 사항도 많다. 자존심도 물론 세다. 영업 조직은 강력한 인센티브 기반의 보상체계를 가지는 것이 일반적이라 영업 담당자가 관리자보다 연봉이 높은 경우가 흔히 있다. 이들은 자신이 회사에 큰 공을 세우고 있다는 기본 전제가 있기에 관리자에 대한 존경심이 부족할 경우 리더의 통제를 벗어나게 되고, 심한 경우에는 프로세스를 준수하지 않거나 팀워크를 저해하는 언행을 보인다. 영업 관리자로서는 강력하게 통제를 하자니 고성과자의 기를 죽이는 것 같고, 내버려 두자니 조직의 기강이 서지 않는 딜레마에 빠지게 된다. 이 외에도 영업 관리자의 지원이 부족한 것에 대한 서운함, 겉으로 드러내지는 않지만 내재된 불만 등 많은 위험 요소가 도사리고 있다.

마지막으로 고객과의 갈등이다. 고객의 불합리한 요구나 컴플레인, 때로는 영업 담당자의 부주의와 실수 등으로 인해 갈등이 초래되기도 한다. 고객과의 갈등은 겉으로 드러나는 경우도 있지만 대개는 그렇지 않다. 하지만 이 갈등이 표면화되지 않으면 영업은 더 이상 진전되지 않는다. 고객이 불만이 있는데 표현하지 않기로 한다면 영업 담당자의 방문을 완곡하게 거절할 것이고, 조직은 영문도 모른 채 그 고객을 잃게 된다. 반대의 경우도 마찬가지이다. 고객과의 갈등을 담당자가 속으로만 삭이면 지나친 스트레스로 동기부여가 떨어지거나 그 고객을 기피하게 되고 이 역시 성과 저하로 이어진다. 갈등을 건설적으로 다루는 능력은 영업 관리자에게 있어서 정말 필수적인 역량이다.

갈등을 해결하는 리더의 역할

영업 관리자는 이 모든 갈등의 중재자이다. 조직이 강압적이고 권위적일 경우에는 갈등이 밖으로 잘 표출되지 않는다. 하지만 보이지 않는다고 해서 없는 것이 아니다. 억압된 갈등은 언젠가 폭발하기 마련이고 그때는 수습이 불가능하다. 수평적이고 소통하는 문화가 있을 때 갈등이 건설적으로 다뤄질 수 있다. 리더는 갈등을 협력으로 전환하는 중재자이다. 갈등이 생기면 당연히 해야 할 일이 생긴 것이라 생각해야 한다. 그래서 리더는 갈등이 생길 때 그것을 본인에 대한 인격적인 공격이나 자신의 무능함을 탓하는 것으로 받아들여서는 안 된다. 변명하거나 회피하는 방어적 자세를 내려놓고 발생한 문제를 최대한 과업 갈등으로 전환해야 한다. 이를 위해서는 평소 각 영업 담당자에 대한 개별적 지원과 신뢰를 쌓아 두어야 한다. 사람은 옳은 사람의 말을 듣는 것이 아니라 자기가 좋아하는 사람의 말을 듣는 법이다. 이 책에서 계속 다루고 있는 카네기 인간관계 원칙의 꾸준한 실천이 리더가 갈등 중재자 역할을 수행할 수 있게 기초 체력을 만들어 줄 것이다.

갈등 관리 프로세스

갈등 사이클

지금부터 본격적으로 갈등 관리를 위한 리더십 스킬을 살펴보겠다. 갈등을 제대로 다루기 위해서는 갈등의 사이클을 잘 이해해야 한다. 갈등 사이클이란 갈등이 일어날 만한 사건을 대할 때 나타나는 사람들의 반응 양상을 체계적으로 정리한 것이다. 이 사이클을 살펴봄으로써 갈등이 일어나는 지점을 파악할 수 있고 그 해결의 실마리도 도출할 수 있다.

〈건축학 개론〉은 2012년에 개봉해서 많은 사랑을 받은 첫사랑을 소재로 한 영화이다. 남자 주인공 승민은 가난한 환경에서도 열심히 공부하는 건축학과 학생인데 여자 주인공 서연을 만나 좋아하는 마음을 가지게 된다. 어느 날 승민은 좋아하는 마음을 고백하기 위해 서연의 집 앞에서 선물을 들고 기다린다. 그러다가 술에 취한 서연이 웬 남자 선배의 부축을 받으며 집으로 들어가는 장면을 목격한다. 갈등 사이클의 첫 단계인 사건이 발생한 것이다. 여기에서 사건은 여주인공 서연이 술에 취해 남자 선배의 부축을 받으며 집에 들어갔다는 사실이다.

갈등 사이클

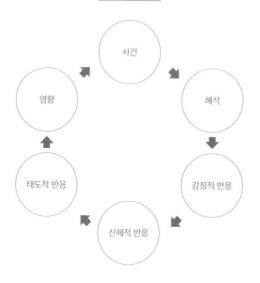

출처: Dale Carnegie Training CBDS Module 'Conflict Management'

문제는 그다음부터 발생한다. 이 장면을 목격한 승민은 서연이 그 선배와 사귄다고 생각하게 된다. 두 번째 단계가 바로 해석인데 이것은 사건에 대한 나의 관점과 생각이다. 사건은 그 자체로 객관적이지만 그 사건을 해석하는 것은 주관적이다. 뒤에 나오는 대사와 장면을 통해 추측해보건대 아마도 승민은 서연이 자신이 가난하기 때문에 부자인 선배를 좋아하는 것이라고 해석한 것 같다. 결국 오해는 이 잘못된 해석에서 발생한 것이다.

다음 장면에서 관객은 남자 주인공의 당황하고 분노한 표정을 볼 수 있다. 화가 나고 분한 감정이 든 것이다. 바로 감정적 반응

카네기 세일즈 리더십

이다. 그러고는 준비한 선물을 쓰레기통에 버리고, 벽을 발로 차기도 한다. 심장은 쿵쾅쿵쾅 뛴다. 신체적 반응이 나타나는 것이다. 다음 날부터 승민은 학교에서 서연을 만나도 아는 척하지 않고 쌀쌀맞게 대하기 시작한다. 즉 다시는 아는 척도 하지 않고 관계를 완전히 끊기로 결심한 것이다. 이것이 태도적 반응이다. 사건에 대한 해석과 그로 인한 감정 때문에 자신의 입장을 결정한 것이다.

그 결과 두 주인공은 10여 년이 넘는 세월 동안 오해를 풀지 못한 채 관계가 멀어지는 결과를 얻게 된다. 바로 갈등 사이클의 마지막 단계인 영향이 발생한 것이다. 그 갈등의 대가는 참으로 컸다. 그리고 그 결과로 인해 세월이 지나 또 다른 사건이 이어지게 된다. 이 안타까운 이야기의 결말이 궁금한 분들은 영화를 찾아보기 바란다.

요약하자면 갈등은 먼저 사건이 일어나고, 이것을 주관적으로 해석함으로써, 감정적 반응과 신체적 반응이 나타나고, 그로 인해 상대를 대하는 태도를 결정하고, 그 결과로 어떠한 영향을 발생시키며 이것이 또 다른 사건으로 연결되는 사이클이라고 정리할 수 있다.

갈등을 다루기 위해서는 우선 갈등 사이클에 비추어 그 갈등의 실체가 무엇인지부터 파악해야 한다. 대부분의 문제는 갈등 사이클의 각 단계가 아무런 조치 없이 다음 단계로 바로 진행되는 데서 발생한다. 사건이 일어나더라도 그것을 주관적으로 해석하기 전에 소통을 하면 잘못된 해석을 방지할 수 있다.

상대가 회의 시간에 다른 의견을 내는 것은 사건이다. 이를 두고 저 사람이 나를 무시해서 이런 말을 한다고 생각하는 것은 나의 해석이다. 감정적이고 신체적인 반응이 나타날 때 이를 조절하기만 해도 갈등을 풀 수 있다. 서로의 서운한 감정을 솔직하게 소통하고 공감하는 것만으로도 갈등이 풀리는 경우를 우리는 무수하게 봐왔다. 화가 날 때 심호흡을 하거나, 그 순간을 참고 나서 이야기만 나눠도 한결 쉽게 문제가 풀리기도 한다. 신체적 반응을 조절함으로써 갈등을 해결하는 것이다. 그리고 설사 좋지 않은 감정과 신체 반응이 생겼다고 해서 이것이 상대에 대한 부정적인 태도로 바로 연결되는 것은 또 다른 문제이다. 이 문제는 갈등 사이클이 어떤 양상으로 전개되어 발생했는가? 그리고 어떤 부분의 고리를 끊어야 하는가? 이것이 중재자로서 관리자가 가져야 할 갈등에 대한 해결 전략이다.

쟁점을 통제하고 대안을 도출하라

갈등 사이클을 통해 갈등의 양상을 파악했다면 이제 더 깊은 대화와 소통을 통해 그 문제를 풀어 나가야 한다. 물론 영업 관리자가 심리 상담가는 아니다. 어떤 갈등은 이미 감정의 골이 깊어져서 영업 관리자가 해결해 줄 수 없는 경우도 있다. 그렇지만 적어도 몇 가지의 지식과 체크리스트를 염두에 두고 갈등 상황을 다룬다면 조직의 관리자로서 보다 필요한 역할을 감당할 수 있다.

갈등을 다룰 때는 먼저 긍정적인 태도와 사전 준비가 필요하다. 갈등에는 긍정적인 측면이 있다는 것을 이미 언급했다. 갈등이 반드시 나쁜 것은 아니다. 이것이 기회가 될 수 있다는 생각이 문제 해결의 첫 시작이 되어야 한다. 사전 준비에서는 갈등 사이클에 비추어서 이 문제의 전개 양상이 어떠한지 점검해봐야 한다. 많은 경우 갈등은 사건에 대한 잘못된 해석에서 비롯된다. 그러한 점을 성찰함으로써 갈등을 다루는 대화를 보다 건설적으로 이끌어 갈 수 있다. 이왕이면 편안한 장소에서 1:1로 대화를 나누는 것이 좋다. 만약 관리자 자신이 갈등의 당사자라면 힘들기는 하겠지만 명확한 자기 인식을 하기 위해 노력해야 한다. 내 감정은 무엇인가? 내가 왜 이런 서운함을 느끼는가? 이런 질문을 통해 자신의 마음을 잘 살펴야 한다. 그리고 문제를 논의할 때 '서로에게 이익이 될 수 있는 방법은 무엇일까?'를 질문해보기 바란다. 이 말을 꺼내기가 쉽지 않겠지만 바로 이 질문이 감정적 갈등에 매몰되지 않고 과업 갈등의 관점으로 사안을 바라보게 하는 전환점이 된다.

가장 핵심이 되는 부분은 사안 중심의 쟁점 통제와 대안 도출이다. 모든 것을 잘하거나 모든 것을 잘못하는 사람은 없다. 많은 일들 가운데 어떤 것이 문제가 되는지 사안을 좁혀가는 것이 핵심이다. 복합적인 것을 한꺼번에 다루기보다는 갈등 사이클을 참고로 하여 작은 단위의 문제로 쪼개어 이야기를 나누는 것이 쟁점 통제이다. 그리고 타협이나 협동의 수준에서 서로가 할 수 있는 일을 합의하고 최종적으로는 긍정적인 대화로 마무리할 수 있어야 한다. 갈등을 다루는 대화는 한 번에 끝나지 않을 수 있다. 하지만 이러한 사안을 염두에 두고 하나씩 적용한다면 이전보다는 빨리 갈등을 협력으로 전환하는 계기를 마련할 수 있을 것이다.

변화를 이끄는 카네기의 '리더가 되라' 원칙

이제 데일 카네기 인간관계 원칙의 마지막 세트 '리더가 되라' 원칙을 알아봐야 할 때가 되었다. 관계 증진을 기반으로 협력을 창출하는 리더의 마지막 단계는 상대방의 태도와 행동을 변화시키는 리더십을 발휘하는 것이다. 이 원칙들은 갈등이나 문제에 봉착한 상황에서 아주 유용하게 활용할 수 있다.

칭찬과 감사의 말로 시작하라. 부정적인 상황에서 억지로 칭찬할 거리를 찾는다는 게 자칫 상대를 기만하거나 형식적인 겉치레에 불과한 것 아닌가 하는 생각이 들 수도 있다. 물론 진심이 담기지 않는다면 충분히 그럴 수 있는 이야기이다. 하지만 이렇게 생각해보자. 단점은 무엇인가 부족한 것으로 생각할 수 있지만 반대로 무엇인가가 너무 지나친 것일 수도 있다. 속도가 너무 빠르면 조심성이 부족해지기 쉽고, 주도성이 너무 강하면 상대를 억압하기 쉽다. 영업 조직에서 갈등은 대개 영업 담당자의 어떤 역량이나 특징이 너무 지나쳐서 생긴다. 예를 들어 영업권 분쟁이 발생

데일 카네기 '리더가 되라' 원칙

22. 칭찬과 감사의 말로 시작하라.

23. 잘못을 간접적으로 알게 하라.

24. 상대방을 비판하기 전에 자신의 잘못을 먼저 인정하라.

25. 직접적으로 명령하지 말고 질문하거나 요청하라.

26. 상대방의 체면을 세워 주어라.

27. 아주 작은 진전에도 칭찬을 아끼지 말라. 또한 진전이 있을 때마다 칭찬을 하라. "동의는 진심으로, 칭찬은 아낌없이" 하라.

28. 상대방이 훌륭한 명성을 얻게 하라.

29. 격려해 주어라. 잘못은 쉽게 고칠 수 있다고 느끼게 하라.

30. 당신이 제안하는 것을 상대방이 기꺼이 하도록 만들어라.

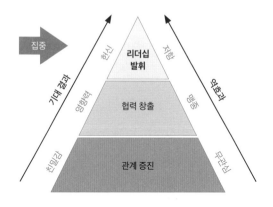

출처: Dale Carneige Course 'Effective Communications and Human Relations'

하여 담당자 간에 언쟁이 일어난 상황을 중재해야 한다고 가정해 보자. 이런 경우 우선 당사자를 따로 만나 이야기를 나누어야 할 것이다. 영업 관리자로서 첫 마디를 이렇게 시작하면 어떨까? "김 과장이 주도적인 사람이란 것은 잘 알고 있습니다. 이것은 영업 프로젝트를 추진할 때 장점이 되지만 그것이 지나치면 상대에게 공격적으로 비춰질 수도 있어요. 이번에 문제가 좀 발생했다고 하던데 어떤 일인가요?" 이렇게 대화를 시작하면 사안을 분명히 함으로써 대화의 초점을 맞추면서도 상대를 질책하거나 나무라는 것이 아니라 갈등을 조정하려 한다는 관리자의 의도를 잘 드러낼 수 있다. 동시에 그 사람을 인정해 주는 메시지를 줌으로써 마음의 문을 여는 효과도 얻게 된다. 형식적이고 의례적인 말을 하라는 것이 아니다. 강조했듯이 갈등이란 긍정적인 면과 부정적인 면 모두를 가지고 있다. 갈등을 촉발한 원인이 그 사람의 문제나 단점 때문이 아니라 어쩌면 서로의 의도나 장점이 지나쳐서 생기는 것일 수 있다는 관점은 문제를 보다 건설적으로 바라보게 하고 진정성 있게 사안의 본질에 접근하는 태도를 길러 준다.

잘못을 간접적으로 알게 하라. 여기서 '간접적'이라는 것은 말을 빙빙 둘러서 알아듣지 못하게 하라는 게 아니다. 이 문장에서 강조점은 '간접적으로'에 있는 것이 아니라 '알게 하라'에 있다. 사안을 지적한다고 해서 상대가 그 문제의 본질을 알게 되겠는가? "이 일의 경위가 어떻게 되는가요? 그 사건을 어떻게 해석했나요? 상대방의 의도도 그렇다는 것은 추측인가요 아니면 객관적으

카네기 세일즈 리더십

로 확인한 사실인가요?" 이러한 질문들을 통해 스스로 생각해보게 하는 것이 이 원칙의 핵심이다. 사건, 해석, 반응, 태도, 영향이라는 갈등 사이클의 키워드별로 질문을 하면서 상대가 사안을 객관적으로 바라보게 하고 무엇이 문제의 핵심인지를 함께 짚어 가야 한다. 그럴 때 상대방은 비로소 잘못을 알게 된다. 지적과 비난은 잘못을 깨닫게 하는 방법이 아니다. 오히려 상대를 방어적으로 만들 뿐이다. 직접적인 지적이 아니라 간접적인 질문과 관찰이 그 잘못을 깨닫게 하는 데 오히려 더 큰 효과가 있다.

상대방을 비판하기 전에 자신의 잘못을 먼저 인정하라. 만약 관리자도 이 같은 갈등과 유사한 경험이 있다면 "나도 그런 적이 있어요. 그때는 내가 옳다고 생각했지만 돌이켜보면 이런 문제들도 있었네요"라면서 자신의 실수나 갈등 경험을 공유하라는 것이 이 원칙의 의미이다. 관리자도 이 상황을 이해하고 있고, 누구나 그럴 수 있다는 메시지는 상대의 마음을 편안하게 만들고, 일단 긴장과 방어막이 풀리고 나면 의외로 쉽게 대화가 전개될 수 있다.

직접적으로 명령하지 말고 질문하거나 요청하라. 갈등의 해결책을 리더가 직접 제시해 줄 수 있지만 당사자 스스로가 대안을 수립하게 하는 것이 더 낫다. 최소한 가능한 해결책을 먼저 생각해보게라도 해야 한다. 리더십 대화에서는 의견을 듣는 것이 우선이고 조언을 하는 것은 그다음이다. "이 차장과 이런 문제가 생겼는데 김 과장 생각에는 어떤 대안들이 있나요? 이 문제를 어떻게 해결하고 싶은가요?" 이런 질문을 통해서 몇 가지 대답이 나오면,

그 후에 관리자는 자신의 생각을 덧붙여서 다시 "이렇게 실행하면 되겠습니까?"라고 상대의 동의를 구할 수 있다.

상대방의 체면을 세워 주어라. 감정적 갈등은 많은 경우에 이성적인 주장의 차이 때문이 아니라 서로의 자존심이 부딪칠 때 발생한다. 때로는 옳고 그름을 판단해야 하는 경우도 있다. 하지만 그런 상황에서도 상대의 체면을 손상시켜서는 안 된다. 사람은 자존심과 체면이 상하면 자신의 주장을 더욱 고수하려는 성향이 있다. 특히 영업 담당자들은 성취 지향적인 경우가 많고 자신의 이미지에 신경을 많이 쓰며 자부심이 강하다. 잘못된 사안은 바로잡되 그 사람 자체를 비난하거나 망신 주는 일이 생기면 다시 협력을 얻기는 어렵다.

아주 작은 진전에도 칭찬을 아끼지 말라. 갈등의 해결은 하나의 이벤트라기보다는 일련의 과정으로 전개된다. 자그마한 진전이라도 발견되면 그때를 놓치지 말고 그 진전을 언급해 줌으로써 긍정적인 행동을 강화할 수 있다. 회의 시간에 완고하게 자기주장을 많이 해서 다른 사람들과 갈등을 일으키는 담당자가 있다면 그 일에 대해 주의를 주고 다음번에 조금이라도 나은 행동을 보이면 반드시 피드백을 주어야 한다. "김 과장, 오늘 회의에서는 표현이 이전보다 조금 더 부드러워진 것 같아요. 훨씬 보기 좋습니다." 이런 방식으로 피드백을 할 때 긍정적인 행동이 강화되고 그것이 장기적으로 갈등을 관리하는 유용한 전략이 된다.

상대방이 훌륭한 명성을 얻게 하라. 사람은 이름과 명성에 걸맞게 행동하려는 경향이 있다. '너는 인내심이 약한 사람이야'라는 꼬리표를 붙이면 그 사람의 행동이 수정되기는커녕 더 나쁜 방향으로 습관이 강화될 뿐이다. 갈등으로 인해 문제를 일으켰지만 그 문제를 해결해 가는 과정에서는 훌륭한 명성을 부여해 주는 것이 필요하다.

격려해 주어라. 잘못은 쉽게 고칠 수 있다고 느끼게 하라. 갈등을 풀고 화해를 요청할 때 누구나 그렇겠지만 이성적으로 대안에 합의하더라도 감정적으로는 여전히 꺼려지게 된다. 그렇기에 '이건 어려운 일이 아니다'라고 느끼게 해야 한다. '당신이라면 충분히 이 문제를 극복할 수 있다'는 용기를 불어넣어 주는 것은 갈등을 극복하고 화해의 손을 내미는 데 있어 중요한 요소가 된다.

당신이 제안하는 것을 상대방이 기꺼이 하도록 만들어라. 이것은 비단 갈등 상황에서뿐만 아니라 데일 카네기 리더십 원칙의 마지막 단계로 모든 원칙의 궁극적인 지향점이고 인간관계 기반의 리더십을 가장 핵심적으로 요약한 문장이다. 보스는 명령하는 존재이고 리더는 부탁하는 사람이다. 리더십 스킬은 한 마디로 '상대방이 기분 좋게 부탁을 들어주게 하는 것'이라고 해도 과언이 아니다. 이 계약을 꼭 성사하도록, 고객에게 한 번 더 전화하도록, 제안서를 한 번 더 수정하도록 사실상 리더는 끊임없이 부탁을 한다. 이 일을 상대방이 기꺼이 하는가? 아니면 마지못해 하는가? 이 질문에 대한 대답이 바로 리더십의 바로미터가 된다. 물론 쉽지 않다. 하루아침에 안 될 수 있다. 하지만 지속적으로 실천한다면 결코 불가능한 것도 아니다.

　지금까지 우리는 세일즈 리더십 모델의 L, 리더십을 다루었다. "Performance through People!" 영업 성과는 언제나 사람을 통해 이뤄진다. 사람을 풀지 않고 일을 풀어낼 수 없다는 것을 기억해야 한다. 더디 가는 것처럼 보이더라도 반드시 성과라는 열매를 맺게 될 것이다.

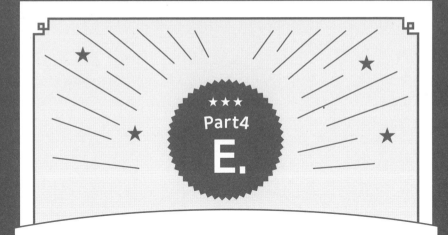

★★★
Part4
E.

이밸류에이트(Evaluate), 측정하고 관리하라

**Dale Carnegie
SALES Leadership**

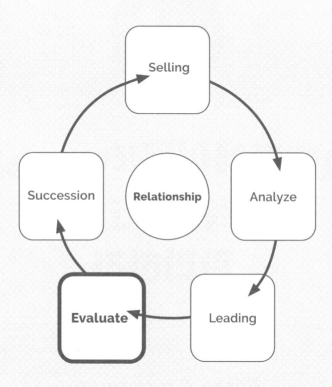

11장.

영업 성과관리의 허와 실

1970년대 후반부터 약 10여 년간 프로 미식축구 선수로 활동한 켄 오브라이언이라는 선수가 있었다. 이 선수는 굉장한 능력을 보여 주었는데 단 하나 흠이 있다면 결정적인 순간에 긴장한 탓인지 패스미스가 잦았다는 것이다. 중요한 순간에 상대 선수에게 패스를 한다거나 엉뚱한 방향으로 공을 넘기는 실수가 자주 있었다. 이에 당시 켄 오브라이언의 소속팀이었던 뉴욕 제츠는 특별한 조치를 취하게 된다. 그의 패스미스 회수를 계산해서 이를 다음해 연봉과 연계시킨 것이다. 즉 패스미스 회수만큼 일정 비율로 연봉을 차감하는 방식을 택한 것이다. 정량적으로 지표를 도출하여 그것을 급여에 반영하는 오늘날의 성과평가 시스템을 취한 것이다. 그 조치의 결과가 어땠을까? 다행히 상대 선수에게 공을 주는 패스미스는 줄어들었다.

그런데 다른 문제가 생겼다. 바로 팀 동료에게도 패스를 안 하게 된 것이다. 결론적으로 그 조치는 패스를 더 잘하게 만든 것이 아니라 패스 자체를 안 하게 하는 결과를 초래했다. 이것은 정량화, 수치화의 부작용에 대한 단적인 예시이다. 해당 업무나 일의 본질을 보지 못하고 단순히 현상만 계량화해서 평가와 보상에 연동시킬 때 이러한 오류가 발생한다. 켄 오브라이언의 경우 패스 회수 전체를 또 계량화해서 성과와 연동시키는 대책을 세울 수도 있다. 그러면 (정해진 패스 회수를 맞추느라) 스스로 돌파하거나 경기장을 질주하는 기존의 장점이 퇴색될 수 있다. 그렇다면 경기 중 주행 거리를 또 지표화해야 할까? 이런 식으로 하다 보면 무수히 많은 평가 기준을 만들어야 한다. 선수가 이 모든 지표들을 생각하면서 경기를 뛴다는 것은 불가능하다.

유능한 감독은 경기 기록과 지표를 참조하여 선수의 문제점을 찾아내지만, 해결책을 마련할 때는 지표에만 의존하지 않고 제대로 된 코칭과 지도를 통해서 그 선수의 경기력을 향상시켜 나간다. 오늘날의 성과 평가도 마찬가지이다. 수치화, 정량화된 지표에만 의존하면 항상 왜곡의 문제가 발생한다. 관리자로서 담당자의 직무와 성과의 본질을 바라보고 정량 평가와 정성 평가, 관리와 코칭의 균형을 이루는 것이 성과관리의 중요한 출발점이다.

성과관리의 중요성, 그리고 주의할 것들

성과관리의 두 날개

세일즈 리더십 모델의 E는 Evaluate, '측정하고 관리하라'이다. 김연아 선수는 우리나라에 피겨 스케이팅 신드롬을 일으킨 독보적인 존재이다. 김연아 선수 덕분에 전 국민이 피겨 스케이팅에 관심을 가지게 되었고 일부 열성 팬들은 피겨 스케이팅의 기술과 용어, 평가 기준 등에 대해 거의 전문가 수준의 지식도 갖추게 되었다. 피겨 스케이팅은 기본적으로 선수가 보여준 퍼포먼스에 대해서 심판진이 평가를 내린 점수를 합산하여 우승자를 가려내는 방식의 스포츠이다. 그래서 달리기나 높이뛰기처럼 명확한 기록 점수로 우승자를 가리는 육상 종목이나, 1:1로 겨뤄서 득점을 비교해 승자를 가리는 축구, 야구 등의 구기종목에 비해서 상대적으로 심판의 판정과 점수에 대한 시비도 많은 것이 사실이다. 그렇기 때문에 피겨 스케이팅은 다른 종목에 비해서 심판의 능력과 권위, 객관성과 공정성이 특히 더 중요한 스포츠이다.

피겨 스케이팅의 평가는 기술 점수와 예술 점수로 구분된다. 기술 점수는 점프의 높이와 회전수, 도약과 착지 시 스케이트 날의 방향 등 채점 기준이 비교적 객관적이다. 그래서 기술 점수의 경우는 심판들의 점수 차도 크게 편차를 보이지 않는다. 하지만 상대적으로 동작의 완성도나 표현, 연기의 예술 점수는 좀 더 주관적이다. 물론 예술 평가에도 일정한 기준은 있겠지만 아무래도 기술 평가에 비해서는 심판의 주관이 더 개입될 여지가 있다. 그렇다고 피겨 스케이팅에서 예술 점수를 제외할 수 있을까? 예술 점수를 빼고 기술 점수만 봤다면 오늘날 우리에게 스포츠를 넘어선 감동까지 선사한 김연아 선수는 존재하지 못했을지 모른다.

비즈니스 조직에서의 성과평가도 마찬가지이다. 영업에서도 명확한 기술 점수가 존재한다. 계약 건수나 매출이 이에 해당한다. 하지만 기술 점수만으로 그 담당자의 성과를 제대로 평가하고 관리할 수는 없다. 예술 점수에 해당되는 정성적 평가, 관리자의 주관적 평가는 비록 그 한계가 있다 하더라도 절대 배제할 수 없는 요소이다. 특히 영업은 정량화가 쉽기 때문에 관리직이나 지원 업무에 비해 성과평가가 용이하다. 하지만 그렇기 때문에 오히려 정량화의 오류를 극복하기 위한 노력이 더욱 필요하다. 담당자에 대한 관리자의 정성적 평가는 그것이 잘못 사용되면 시비를 일으킬 수 있는 위험 요소가 되지만 그렇다고 이것을 완전히 배제하게 되면 영업의 과정과 업의 본질을 놓치는 결과를 낳게 된다. 마치 양날의 검과 같다고 할 수 있다. 영업 관리자는 기술 평가와 예술 평가 사이에서 균형을 잘 잡고 그 양 날개를 펼쳐서 함께 비상할 수 있도록 영업팀을 이끌어야 한다.

성과평가의 오류

조직에서의 성과 관리 및 평가 이슈는 늘 문제를 일으키지만 어떤 면에서는 불가피한 요소이다. 성과 목표가 없는 비즈니스 조직

카네기 세일즈 리더십

은 존재할 수 없고, 그것을 평가하지 않는다면 관리나 개선도 불가능하기 때문이다. 단순히 '매출로 모든 성과를 평가한다'라고 한다면 평가는 쉬워질지 모르지만 그 자체가 효과성과 효율성을 담보한다고는 말할 수 없다. 기술 점수와 예술 점수의 예를 통해 설명한 것처럼 영업 조직이 성공하기 위해서는 다양한 요소가 필요하고, 비록 한계가 있다 하더라도 영업 관리자가 이를 종합적으로 바라보고 평가할 수 있어야만 지속적인 성과관리가 가능하다. 인센티브의 지급 여부는 매출이나 계약 건수 등에 의해 자동적으로 결정될 수 있지만, 영업 팀장으로의 승진이나 직급의 변화, 또는 중요한 프로젝트의 위임 등에 있어서는 정성적 평가를 하지 않을 수 없다. 이런 이유로 본격적인 성과관리 스킬에 들어가기 전에 성과평가자로서 관리자가 가질 수 있는 일반적인 오류를 점검해보는 것은 올바른 성과관리를 위해 꼭 필요한 작업이다. 평가자 오류를 이해하는 것은 관리자의 주관성이 독선으로 흐르는 것을 방지하고 오히려 정량화의 빈 곳을 메꾸어 주는 통찰력으로 작용할 수 있는 좋은 디딤돌이 될 수 있기 때문이다.

먼저 '관대화의 오류'가 있다. 나쁜 사람이 되고 싶은 사람은 없다. '좋은 게 좋은 것'이라는 말도 있다. 평가자도 사람이기에 좋은 평판을 얻고 싶은 것은 당연한 마음이다. 할 수만 있다면 모든 사람에게 후한 점수를 주고 보상도 해주면 부딪치고 갈등할 일도 없을 것이다. 이렇게 가능하면 좋은 점수를 주고 싶은 경향을 관대화의 오류라고 한다. 영업 관리자는 담당자 개개인과 함께 수고

하고 있고, 영업이 얼마나 힘든 것인지 잘 알고 있다. 담당자들은 동의하지 않을 수도 있지만 영업 관리자는 담당자에게 관심과 애정이 있다. 우리 직원 잘되기를 바라는 것이 관리자의 마음일 것이다. 그러나 현실적으로 모든 사람에게 다 후한 점수를 줄 수는 없다. 여기에서 관리자의 내적 갈등이 생기게 된다. 우선은 스스로도 관대화의 오류를 범할 수 있는 사람이란 것을 인식하고 '나는 최대한 객관적으로 평가하려 하는가? 아니면 단지 좋은 사람이 되고 갈등을 피하려는 것은 아닌가?' 하는 질문을 던지는 것이 성과를 평가하고 관리하는 사람으로서의 기본자세이다.

두 번째 오류는 '최근 효과'이다. 혹시 칸 영화제나 아카데미 시상식을 본 적 있는가? 영화제에서 좋은 평가를 얻기 위해 영화사는 출품작을 최대한 시상식 시즌에 가까운 시기에 개봉하는 전략을 펼친다. 1월부터 12월까지 1년 동안 개봉한 영화 중에서 좋은 작품을 평가해서 다음 해 2월에 시상을 하는 영화제가 있다고 한다면 영화제의 1년 전인 1, 2월의 개봉작보다는 가능한 11월이나 12월에 개봉하는 영화가 좀 더 좋은 평가를 받는 데 유리하다. 성과평가도 마찬가지이다. 대개는 1년을 기준으로 승진이나 고과, 인센티브를 결정하게 될 터인데 연초에 훌륭한 성과를 보인 것은 기억이 흐릿해지고, 최근에 괄목할 만한 퍼포먼스를 보이게 되면 그것이 각인되어 좋은 점수를 받을 가능성이 높아진다. 평가자로서 영업 관리자 자신도 최근 효과의 오류를 범할 수 있다는 인식을 가져야 한다.

그다음 오류는 '유사 효과'이다. 사람은 자기중심적이다. 영업 관리자 역시 자신의 성공방식이 가장 좋다는 인식을 은연중에 가지고 있다. 그래서 자신과 유사한 장점이나 성향을 가진 사람을 선호하고 그렇지 않은 사람을 배격하게 되는 인식의 오류를 가질 수 있다. 분석적인 관리자는 분석적인 담당자를 선호하고 주도적인 관리자는 주도적인 담당자를 선호한다. 하지만 성공에는 한 가지 방정식만 있는 것이 아니다. 각자의 장점이 있고 그 장점이 결과에 다양한 방식으로 기여한다. 자신과 다른 성향을 배제하는 것이나 자신과 유사한 성향을 선호하는 것은 유사 효과의 오류이다.

　마지막으로 '후광 효과'와 '뿔 효과'가 있다. "하나를 보면 열을 안다"는 속담은 성과평가에 있어서는 독이 된다. 한 가지 장점이 눈에 띄면 나머지도 잘할 것이라고 생각하게 되는 것이 '후광 효과'이고, 반대로 한 가지가 눈 밖에 나면 나머지 장점들도 잘 보이지 않는 것이 '뿔 효과'이다. 영업에 있어 핵심적인 역량과 성과는 무엇이며 주변적인 성과와 역량이 무엇인가를 사전에 분명히 정의해 두지 않으면 이 후광과 뿔 효과의 오류를 범하게 된다.

　이상의 오류들을 완벽하게 극복할 수는 없겠지만 적어도 이것을 인식하고 내 관점을 한 번 더 검증한다면 좀 더 객관적이고 효과적인 시각을 가질 수 있을 것이다.

직무 정의를 다시 검토하라

직무 정의란?

자, 여기 호텔 화장실을 청소하는 청소 담당자가 있다고 해보자. 우리는 호텔의 관리 책임자이다. 청소 담당자에게 "당신의 직무는 무엇인가요?"라고 묻는다면 그 담당자는 무엇이라 대답할까? 아마도 "네, 화장실을 청소하는 것입니다"라고 답할 것이다. 이것을 직무 정의라고 가정하면 다음 장면이 가능하다. 어느 날 관리 책임자가 화장실을 점검해보니 쓰레기도 떨어져 있고 청결 상태가 좋지 못하다. 그래서 이렇게 묻는다. "오늘 화장실 청소했나요?" 담당자가 대답한다. "네, 오전에 한 번 오후에 한 번 청소했습니다." 관리자가 못마땅해서 한마디한다. "그런데 왜 이렇게 지저분한가요? 오늘부터는 점심시간에도 한 번 더 청소하세요." 다음 날 확인해보니 이번에는 쓰레기는 치워져 있지만 악취가 남아 있어 화장실 상태가 좋지 못하다. 그러면 관리자는 다시 이렇게 물을 것이다. "화장실 청소한 것 맞습니까?" 그러면 담당자는 약간은 볼멘소리로 "네, 하루에 세 번이나 청소하고 있습니다"라고 대답할 것이다.

과장된 비유 같지만 영업 조직에서도 이러한 잘못이 일어나고 있다. 이 경우에 근본적인 문제는 무엇일까? 문제의 본질은 화장실을 하루에 두 번 청소하느냐, 세 번 청소하느냐가 아니다. 제대로 성과관리가 되기 위해서는 청소 담당자의 직무가 무엇이며 그 성과가 무엇인가에 대한 명확한 정의를 내리는 것부터 시작해야 한다. 잘못된 직무 정의, 그것이 문제의 본질이다. 직무 정의를 다음과 같이 합의한다면 어떻게 될까? 즉 '화장실을 청소한다'가 아닌 '화장실을 청결한 상태로 유지하여 고객의 불만을 최소화한다'라고 말이다. 직무 정의가 명확하고 그 정의에 합의가 되어 있다면 청소 담당자의 일하는 태도와 방식은 달라질 수밖에 없다. 더 이상 청소를 하루에 몇 번 하느냐가 아니라, 무엇이 청결한 상태이며, 고객의 불만을 최소화하기 위해서는 어떻게 해야 할 것인가가 중요한 과제가 된다. 만약 이용 고객이 적어 화장실이 매우 청결한 상태라면 꼭 하루에 두 번 청소하지 않아도 무방하다. 혹은 쓰레기는 별로 없지만 냄새가 좋지 않아 고객의 불만을 야기할 수 있다고 판단된다면, 방향제를 바꾸자고 청소 담당자가 관리자에게 먼저 해결책을 제안할 수도 있다.

직무 정의란 이런 것이다. 나의 역할은 무엇을 위해 존재하는가, 어떤 성과를 내야 하는가에 대한 대답이 있어야 한다. 올바른 성과관리는 여기에서부터 출발한다.

이제 이것을 영업 관리에 적용해보자. 영업 관리자로서 성과관리를 위해서는 반드시 '우리는 영업 담당자의 직무를 무엇이라고 정의하고 있으며 이것이 서로 합의되어 있는가?' 하는 질문에 대한 답이 있어야 한다. 우선은 영업 담당자들에게 이 질문을 해보라. "우리 조직의 영업 담당자로서 당신의 직무를 무엇이라고 정의할 수 있겠습니까?" 그냥 단순하게 매출을 많이 올리는 것이라는 답변이 나올 수 있다. 그러면 매출을 올리기 위해서는 회사의 프로세스를 무시하고 부당한 방법을 사용해도 되는 것일까? 그것은 아니지 않는가.

경영자에게는 경영 철학이라는 것이 있다. 철학이 없으면 비전과 방향을 제시할 수 없다. 평범한 경영자는 될 수 있을지 몰라도 결코 위대한 경영인은 될 수 없다. 럭셔리 브랜드 루이비통은 "우리는 함께 가장 특별한 가정을 만든다. 우리의 창조물들은 각 가정을 대표하는 사람들에게 독창적인 예술의 경험을 선사한다"라는 사명을 가지고 있다. 아이폰으로 전 세계를 석권한 애플은 "우리는 세상을 바꾸는 창의적인 존재이므로 기존의 시스템과 구조를 넘어서서 존재한다"라는 비전을 가지고 있다. 글로벌기업의 독창적인 사례들이라 다소 거리감이 있을 수 있지만 사실 영업 담당자의 직무 정의라는 것도 이와 크게 다르지 않다.

영업은 가치 있는 솔루션을 통해 고객의 문제를 해결해 주는 대가로 보상을 받는 직업이다. 그 일의 본질을 담아낼 수 있는 철학과 확신이 직무 정의에 담겨 있어야 한다. 사실 지속적인 고성과를 내는 영업 담당자들은 이러한 신념을 이미 가지고 있다. "나는 우리 제품이 고객에게 꼭 필요한 것이라고 믿는다. 우리 제품을 구입한 고객은 결코 후회하지 않을 것이다." 고성과를 내는 영업 담당자에게는 이러한 확신과 자신감이 있다. '오늘도 이 제품 하나 팔아야 되는데 누구에게 또 싫은 소리를 해야 하지?'라는 생각을 하는 영업 담당자는 결코 그 영업에서 성공하지 못한다.

카네기 세일즈 리더십

당신은 당신이 이끌어야 할 영업 담당자들의 직무를 무엇이라고 정의하고 싶은가? 대리점을 상대로 하는 의료 제품 영업이라면 "사업주들에게 우리 제품의 가치를 일깨워 주어서 그들의 소득이 극대화되도록 돕는다"라고 할 수 있다. B2C를 주로 하는 금융 영업인이라면 "사람들이 필요로 하는 금융 정보와 솔루션을 통해 재무적인 문제를 해결할 수 있도록 돕는 동반자가 된다"라고 정의하면 될 것이다. 개별 지표는 직무 정의를 위해 존재한다. 본질적으로 중요한 것은 직무 정의가 무엇이며 그것이 제대로 이뤄지고 있는가이다.

성과관리의 한계 극복하기

직무 정의가 잘 내려져 있더라도 성과관리 과정에는 몇 가지 추가적인 어려움이 있다. 매출과 활동량 등이 평가 기준이라면 평가 자체는 숫자만 보면 되는 것이니 크게 어렵지 않다. 그러나 그 숫자가 의미하는 것을 제대로 파악하고, 개선을 통해 더 높은 성과를 만들어 내는 것은 또 다른 차원의 문제이다. 성과관리는 단순히 시험 점수를 매기는 것이 아니다. 다음번에 더 높은 점수를 얻게 하는 것이 중요하다. 따라서 객관적인 평가를 전제로 상대가 납득할 수 있도록 소통해야 한다. 특히 승진, 역량 평가, 중요한 프로젝트의 위임 여부 결정 등에 있어서는 더더욱 성과에 대한 종합적인 고려가 필요하다.

성과관리는 이벤트가 아니라 일상의 과정이다. 1년에 한두 번

성과평가 미팅에서만 그 사람의 성과를 평가하고 코칭하는 것은 올바른 방법이 아니다. 작은 진전이 있다면 칭찬을 아끼지 말고, 개선점이 보이면 직무 정의에 의거해서 피드백을 제공해야 한다.

또 하나 성과관리를 위해 기억해야 할 사항은 '기록이 기억에 우선한다'는 것이다. 우리의 기억은 정확하지 않다. 영업 관리자는 담당자의 행동과 성과에 대해 눈에 띄는 것이 있다면 틈틈이 메모와 기록을 해 두어야 한다. 정해진 양식이 없어도 된다. 영업 담당자들이 보여준 좋은 모습과 그렇지 않은 모습들 중 눈에 띄는 것을 간단하게 일기 쓰듯이 형식에 얽매이지 말고 어딘가 한 곳에 기록을 차곡차곡 쌓아보라. 중요한 성과평가 미팅이나 의사결정이 필요한 순간에 매우 유용한 자료가 될 것이다. 이것이 성과관리에 쉽게 나타나는 최근 효과와 후광 및 뿔 효과의 오류를 방지하는 가장 좋은 방법이다.

사실 성과관리에는 마법이 없다. 아무리 관리자가 신경을 써도 보지 못하는 부분이 생기게 마련이다. 하지만 영업 담당자의 성과를 가장 잘 평가하고, 그 사람을 가장 잘 코칭할 수 있는 사람이 이 세상에 누가 더 있을까? 비록 부족하다고 할지라도 그 사람의 성과를 가장 잘 아는 사람은 직속 상사인 바로 영업 관리자들이다. 인간은 제한된 합리성 가운데서 최선의 결정을 해 나가야 한다. 완벽하지 않더라도 조금이라도 더 나은 대안을 선택해 나가는 것이 우리의 삶이고 또한 영업의 자세이다. '난 성과관리만큼은 잘 못하는데', '내 주관이 개입되는 것이 염려되는데' 하는 걱정이

들 수도 있지만, 기억하기 바란다. 조직에서 그 영업 담당자의 성과를 가장 잘 알고, 관리할 수 있는 사람은 그래도, 관리자인 '나'라는 사실을 말이다. 아니면 누가 있겠는가?

성과관리 시스템을 업그레이드하는 법

의도와 결과

스트라이크를 던지고 싶지 않은 투수는 없다. 골을 허용하고 싶은 골키퍼도 없다. 누구나 성과를 잘 내고자 하는 의도가 있다. 흉악한 범죄자가 아닌 이상 인간은 어떤 일을 할 때 그것으로부터 좋은 결과를 내고자 하는 의도를 가지고 있다. 다만 어떤 이유로 그 의도대로 되지 않을 뿐이다. 사회와 조직도 마찬가지이다. 법과 제도는 좋은 의도로 만들어진다. 하지만 문제는 의도와는 정반대의 결과가 나올 때가 있다는 사실이다. 투표를 통해 대표자를 선출해서 국가의 중요한 의사결정을 하자는 것은 민주주의의 가장 중요한 제도이자 작동 원리이며 누구도 그 의도의 선함을 의심하지 않을 것이다. 하지만 선거라는 제도 때문에 때로는 무능하고 부정한 자가 단지 좋은 이미지만으로 권력자가 되는 경우도 있다. 만약 성품과 능력을 고루 갖춘 철인이 있어서 완벽한 정치를 할 수 있다면 선거를 하지 않아도 국가를 잘 통치할 것이고 그러면 선거 제도도 필요가 없고, 그로 인한 부작용도 없을 것이다. 실제로 그리스의 많은 철학자들이 철인 정치를 선호했다. 하지만 우리 모두는 알고 있다. 현실에는 그러한 철인이 없다. 다소 부족하더라도 선거 제도를 통해 국민 다수가 지지하는 대표자를 선출하는 것이 더 낫다는 건 민주주의 사회의 구성원이라면 누구나 동의하는 바이다.

다시 영업 조직 이야기를 해보자. 영업 조직에도 다양한 제도가 있다. 성과평가 시스템과 관리 제도 역시 어떠한 좋은 의도를 가지고 도입되었을 것이다. 비즈니스 조직의 모든 제도와 시스템은 더 큰 성과를 창출하고자 하는 의도를 가지고 있다. 하지만 실제 현실은 어떠한가? 많은 영업 담당자들이 불필요한 리포트 때문에 실제로 고객을 관리할 시간이 부족하다며 볼멘소리를 한다. 성과평가 면담은 더 좋은 성과를 내기 위해서 하는 것이다. 하지만 평가를 받고 고과가 나오면 더 좋은 성과가 날까? 오히려 성과평가만 하고 나면 의욕이 떨어지는 사람을 필자는 무수히 봐왔다. 우리가 가지고 있는 성과관리 시스템은 더 나은 성과를 얻고자 하는 의도 때문에 존재한다. 그러나 그것이 제도로 구체화되는 순간 원하지 않았던 방향으로 작동하는 경우 또한 너무나 많다.

매출 10억 원 달성 시 추가 보너스 지급이라는 제도가 있다고 해보자. 이 제도의 의도가 무엇이겠는가? 8, 9억 원의 매출을 올리는 영업 담당자를 10억 원 이상 하도록 동기부여하기 위한 것 아니겠는가? 하지만 실제 12억 원의 매출을 올릴 수 있는 사람이 이 제도 때문에 해당 기간에 10억 원까지만 매출을 올리고 나머지는 다음해로 이월하거나 목표 달성 이후에는 나태해지는 경향을 보인다면 어떻게 하겠는가? 이것은 의도와 다른 결과가 발생하는 아주 간단한 사례이다. 성과관리에는 이런 사례가 빈번하게 발생한다. 어떠한 의도는 특정한 제도를 통해 구체화되고 그것이 결과와 성과를 가져온다. 영업 관리자는 이 프로세스에서 의도와 결과는 반드시 일치하지는 않는다는 것을 알아야 한다. 이것이 올바른 성과관리를 위해 리더가 가져야 할 중요한 통찰이다.

영업 성과를 평가하고 개선하기 위해서 조직은 다양한 방법과 전략, 그리고 제도를 실행한다. 한 마디로 정의하기는 어렵지만 조직의 모든 제도는 직원이 더 큰 성과를 낼 수 있도록 하기 위해 존재한다고 봐도 무방하다. 하지만 관리자로서 우리는 끊임없이 질문해야 한다. 이 제도는 그 의도를 잘 반영하고 있는가? 어떻게 해야 그 의도를 제대로 공유할 수 있을 것인가? 성과를 이끄는 유능한 관리자는 제도 자체의 실행보다 더 중요한 것은 의도의 전달이라는 사실을 잘 알고 있다. 그리고 가능한 범위 내에서 제도를 수정, 보완해 나간다. 하루에 세 명의 고객을 만나야 한다. 그것을 한 달간 지속하면 어떤 보상이 있다. 전년 대비 10% 매출 성장을 이룰 때 특정한 보상이 주어진다. 영업 과정 중에 A, B, C 항목은 반드시 주간, 일간으로 보고해야 한다…. 다 좋은 제도들이다. 하지만 그 의도가 제대로 공유되고 설득되지 않는다면 이 제도들은 원하는 결과를 가져오지 못한다. 지혜로운 관리자는 제도 이면에 있는 의도, 그 본질을 보는 눈을 기른다. 그래야만 제도가 올바른 방향으로 개선될 수 있다.

영업 성과관리 시스템 바로잡기

조직이 지속적으로 영업 성과를 내기 위해서 각종 제도와 규칙들을 만들거나 정비해야 할 때가 있다. 이때 다음과 같은 지침을 따른다면 더 효과적으로 조직을 관리할 수 있다.

최초의 의도를 기억하라. 이 제도는 도대체 왜 존재하는가? 이 질문에 영업 관리자는 자신만의 답을 내릴 수 있어야 한다. 특정 자격이 있어야만 팔 수 있는 제품이 있다. 외국계 자동차 회사에서는 이미 오래전부터 이 방식을 채택해 본사가 제공하는 시험에 합격해야만 특정 모델의 자동차를 판매할 수 있는 자격을 준다. 이 제도의 의도가 무엇이겠는가? 그 제품을 제대로 설명할 수 있는 지식과 스킬을 갖춰야 고객을 확보할 수 있고, 그렇지 않을 경우 오히려 고객의 신뢰를 잃을 수 있는 위험이 존재한다는 것이다. 그렇다면 과연 이 문제가 단지 자격증 시험에 합격한다고 해서 해결되는 것일까? 결코 아니다. 그 의도가 제대로 실현되려면 시험 이후에도 지속적인 점검과 교육이 필요하고, 만약 그 시험이 제품에 대한 지식과 설명 능력을 제대로 반영하지 못한다고 판단되면 관리자가 자체적으로 추가적인 면접과 테스트를 진행할 수도 있다.

B2B 영업 조직에서는 신규 영업 담당자와 사후관리 담당자가

구분되어 있는 경우가 있다. 왜 이렇게 구분해서 진행할까? 고객에게는 한 명의 담당자가 접점이 되어 모든 서비스를 제공해 주는 것이 편리할 수 있다. 이 경우에도 영업 관리자의 판단하에 최초 영업 담당자가 사후관리 담당자와 갈등을 일으키지 않고 지속적으로 관여하고 협조할 수 있도록 협업을 촉진시키고, 평가에 협업 능력을 일정 부분 반영하려고 노력해야 한다. 왜냐하면 판매자와 사후관리자를 분리하는 제도의 의도는 고객에게 보다 전문적이고 안전한 솔루션을 제공하는 것이 목적이기 때문이다.

이러한 관점에서 필요하다면 제도나 규칙을 수정하거나 극단적인 경우 그것을 폐기할 수도 있다. 물론 대부분의 경우는 성과평가 제도의 폐기까지는 가지 못할 것이다. 하지만 그것을 적용함에 있어 관리자의 재량은 생각보다 크다. 직접적인 제도의 정비가 어렵다면 그것을 보완할 수 있는 교육이나 워크숍, 1:1의 코칭 등, 제도 자체가 가진 한계를 극복하려는 노력이 필요하다.

WW, WNW를 구분해서 관리하라. WW는 'What Works' 즉 잘 작동되는 부분, WNW는 'What is Not Works'로 잘 작동되지 않는 부분을 말한다. 이 둘을 분리해서 바라보면 성과관리의 개선 방향이 보일 것이다. 예를 들어 월간 성과평가 회의가 있다. 많은 직원이 이 회의가 불필요하고 시간만 잡아먹는다고 불평한다는 것을 알게 되었다고 해보자. 그렇다고 평가 회의를 없애 버릴 수는 없다. 먼저 함께 WW를 생각해본다. 회의 각 순서 중에서 적어도 우수사례 공유는 도움이 된다는 것과, 회의에 참여하는 것 자체가 일종의 긴장감을 형성해서 영업 활동에 책임감을 부여한다는 것을 발견했다면 그것은 그대로 유지한다. 하지만 영업 관리자의 발언이 너무 많고 이것 때문에 영업 담당자들이 그 회의를 잔소리로만 이해한다면 그것은 WNW의 부분이라 과감히 줄이거나 폐기해야 한다. 하지만 많은 관리자가 이것을 쉽게 포기하지 않을 것이다. 왜냐하면 그들의 의도가 좋기 때문이다. 한번 잘해보자는 의도에서 길게 이야기를 늘어놓는 것이다. 사람은 의도가 좋을 때 변명한다. 하지만 의도와 결과가 반대로 간다면 과감하게 제도를 수정해야 한다. 이 경우에는 회의 시간에 관리자의 1분 스피치를 공식적으로 제도화한다면 좋은 해결책이 될 수 있다.

성과관리를 위한 방법은 다양하다. 다양한 평가 항목, 그 과정에서 관리자가 해야 하는 각종 과제와 보고, 개선 방안 도출 회의 등 성과관리라는 이름으로 주어진 활동도 많고 기업마다 정책들도 달라서 어떤 것이 정답이라고 말하기는 어렵다. 하지만 다시 한번 강조한다. 더 나은 성과 창출이라는 최초의 의도로 돌아가자. 그러면 답을 얻을 것이다.

12장.

성과평가 미팅의 기술

인간관계론 기반의 동기부여 이론에 전환점을 가져온 유명한 실험이 있다. 바로 하버드대학교의 심리학자 엘튼 메이요(Elton Mayo)와 경영학자 뢰슬리스버거(F. Roethlisberger)에 의해 1924년부터 수년간 수행된 호손 공장 실험이다. 시카고 근교에 위치한 호손 공장은 각종 전기 장치를 생산하는 곳이다. 이 공장의 노동자들을 대상으로 어떠한 조건이 갖춰졌을 때 생산성이 올라가는지 관찰하는 실험을 하였다. 이 실험은 공장의 조명 밝기와 생산성의 상관관계를 밝히는 것으로 시작했다. 공장의 조명이 밝을수록 시간당 생산성이 높아지고 어두울수록 떨어질 것이라는 가설을 바탕으로 조명 밝기를 조정하면서 생산성을 측정한 것이다. 그런데 의외의 결과가 나왔다. 조명을 밝게 하면 생산성이 높아졌는데 이것은 당연한 결과라 여겨졌다. 그런데 조명을 어둡게 했을 때도 여전히 생산성이 증가하는 현상을 보인 것이다. 이후에는 계전기

조립 실험, 배전기 권선 작업 실험 등을 거치면서 작업시간, 휴식시간, 간식시간, 임금조정 등이 생산성에 어떠한 영향을 미치는지를 검증하려는 시도를 계속하였다. 하지만 결론적으로 이 실험은 학문적으로 유의미한 결과를 가져오지 못했다. 왜냐하면 실험을 위해 만들어 낸 환경적인 변수와 생산성 향상의 관계를 명확하게 입증하지 못했고, 무엇보다 중요한 것은 피실험자인 노동자들이 자신이 실험대상이란 것을 이미 인지하고 있었기 때문에 투입되는 조건에 상관없이 평소보다 더 열심히 일하는 경향을 보였기 때문이다.

그런데 역설적으로 이 실험의 실패 때문에 '호손 효과(Hawthorne Effect)'라는 용어가 등장하게 되었다. 이 용어는 실험이 실시된 지 수십 년 후인 1958년에 헨리 랜즈베르거(Henry Landsberger)라는 사회학자가 처음 사용했는데 다름 아니라 호손 공장의 노동자들은 다른 환경적인 요인 때문이 아니라 자신들이 실험 대상으로 사람들에게 관찰과 주목을 받고 있다는 사실 그 자체 때문에 평소보다 더욱 열심히 일하게 되었으며 그것이 생산성의 향상을 가져왔다는 것이다. 이렇게 사람들의 주목과 관심을 받을 때 그 자체가 동기부여가 되어 생산성이 오르는 현상을 '호손 효과'라고 부른다.

이것은 오늘날의 관리자에게도 교훈이 된다. 담당자가 일하는 방식을 주의 깊게 관찰하고 관심을 기울이는 것 자체가 중요한 존재라는 느낌을 가지게 하고 이것이 담당자의 생산성에 영향을 미칠 수 있다. 이것은 오늘날의 동기부여와 인게이지먼트 이론과도 접점이 있다. 성과 평가 및 관리 시스템은 담당자에게 관심과 주목의 효과를 만들어 낼 수 있을 때 제대로 작동할 수 있다. 관심과 주목을 받는다는 느낌이 사람을 움직인다. 우리는 영업 담당자의 모든 활동들을 관심 있게 바라보고 있는가? 아니면 그저 그들이 만들어 내는 결과만 기다리고 있는가?

왜 성과평가 미팅을 하는가

코칭을 하는 이유

영업 관리자는 영업 담당자의 성과를 리뷰하고 이에 대한 코칭을 제공하는 사람이다. 대부분의 조직은 공식적으로 분기 또는 반기 1회 성과평가 미팅을 실시한다. 이외에도 영업 관리자의 판단에 따라 비공식적으로 상시적인 성과평가 미팅을 할 수 있다. 그런데 실제로 성과평가 미팅이 얼마나 잘 작동하고 있을까? 필자가 영업 담당자들과 워크숍을 진행할 때 가끔 묻는 게 있다. "성과평가 미팅을 하면 성과가 올라갑니까? 성과평가 미팅이 실제로 얼마나 도움이 된다고 생각합니까?" 의외로 많은 영업 담당자들이 성과평가 미팅이 실제 성과 창출에는 도움이 되지 않는다고 답했다. 실제로 글로벌기업인 딜로이트의 설문 조사(Deloitte Human Capital Trends 2014 Report)에 의하면 성과평가 미팅이 평가 등급을 조율하는 데 너무 많은 시간을 낭비하고 있고, 직원들의 58%는 이러한 성과평가가 실제 성과에는 도움이 되지 않는다고 응답했다. 심지어 성과평가 미팅 때문에 동기부여가 떨어진다고 답변한 직원도 상당수 있다. 성과가 높은 직원은 자신이 충분히 인정받고 있지 못하다고 느끼고, 성과가 부족한 직원은 자신을 항변하느라 그 시간을 낭비하게 된다. 성과를 평가하고 그것에 대해 미팅을 하는 목적은 당연히 성과를 더 높여보자는 것인데 실제로는 그 반대의 결과들이 나타난다. 도대체 무엇이 문제인가?

우선은 성과평가 미팅의 본질로 돌아가서 이 문제를 다뤄야 한다. 부인할 수 없는 사실은 영업 조직에서는 성과가 존재하고 이 성과에 대하여 영업 관리자는 담당자에게 코칭과 피드백을 제공해야 한다는 점이다. 비록 현실적인 어려움이 있더라도 성과 평가 미팅을 하지 않을 수는 없다.

성과 변화 사이클

성과평가 미팅을 통한 코칭을 제대로 하기 위해서는 우선적으로 실제 사람들이 성과를 증진하기 위해서는 어떠한 과정을 거치게 되는가를 이해해야 한다.

1단계는 태도이다. 태도는 '어떠한 성과를 높이는 것이 과연 나에게 필요한가?', '내가 그 결과를 원하는가?', '그것을 할 수 있다는 자신감이 있는가?' 하는 세 가지 마음가짐으로 이뤄진다. 예를 들어 '지금보다 더 많은 미팅 활동이 필요하다'라는 영업 관리자의 요구에 과연 모든 사람이 동의할지 100% 확신할 수 있을까?

성과 변화 사이클

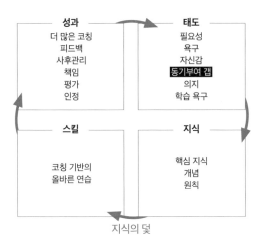

성과	태도
더 많은 코칭 피드백 사후관리 책임 평가 인정	필요성 욕구 자신감 **동기부여 갭** 의지 학습 욕구
스킬	**지식**
코칭 기반의 올바른 연습	핵심 지식 개념 원칙

지식의 덫

출처: Dale Carnegie Training 'Leadership Advantage program'

영업 관리자가 당연히 필요하다고 생각하는 활동도 담당자에게는 그렇지 않을 수 있다. 필요성은 이유가 분명할 때 갖춰진다. 그리고 '그 결과를 원하는가'는 욕구에 관한 것으로 이것은 설사 필요성에 동의하더라도 그것을 얻기 위해서 치러야 할 대가보다 그 성취로 인한 이익이 더 크다고 느낄 때 형성된다. 필요성과 욕구가 충족되더라도 그것을 할 수 있다는 가능성이 현저히 낮다고 판단되면 역시 태도가 갖춰지지 않는다. 바로 자신감의 문제이다. 그리고 결정적으로 '하겠다'라는 의지를 통해 실천에 옮겨지지 않는다면 이 역시 무용지물이다. 마음가짐과 실천 의지 사이의 간극을 우리는 '동기부여 갭'이라고 부른다. 이 동기부여 갭을 극복하기 위해서는 용기가 필요하다. 즉 태도를 형성하기 위해서는 필요성에 대한 이유, 욕구를 위한 이익, 할 수 있다는 자신감, 그리고 하겠다는 의지를 불어넣어야 한다. 올바른 코칭이 이뤄지기 위해서는 이 태도의 구성 요소를 잘 들여다보고 영업 담당자가 특정 성과의 필요성에 대해 동의하지 못하는 것인지, 그 성과의 이익을 제대로 보지 못하는 것인지, 할 수 있다는 자신감이 없는 것인지, 아니면 실천 의지가 부족한 것은 아닌지에 대해 진지한 대화를 통해 그의 태도를 확인해야 한다.

태도가 갖춰져 있다고 해서 성과가 나는 것은 아니다. 2단계는 지식이다. 열의가 있어도 방법을 모르면 성과가 나지 않는다. 핵심 지식과 원칙, 그리고 올바른 개념과 전략을 알려 주는 것이 필요하다.

태도와 지식이 있어도 이것이 바로 성과로 연결되지는 않는다. 3단계인 연습을 통해 그것이 스킬로 발휘될 수 있어야 한다. 예를 들어 콜드콜에 대해서 필요성과 의지를 다지고, 콜드콜 스크립트를 읽어 보았다고 해서 바로 미팅이 잡히는 것은 아니다. 충분한 시행착오와 연습, 그리고 그 과정에서의 원포인트 코칭이 뒤따를 때 비로소 다음 단계인 성과로 나아갈 수 있다.

이 스킬이 4단계인 지속적인 성과로 연결되기 위해서는 추가적인 코칭과 피드백, 정기적인 점검을 통한 사후관리, 책임성 부여, 적절한 평가, 그리고 진전에 대한 인정 등이 뒤따라야 한다. 그로 인한 성과가 확인되면 이것은 더 나은 태도를 형성하는 데 영향을 미침으로써 성과 변화 사이클의 선순환이 이뤄진다. 이상의 성과 변화 사이클을 잘 이해한다면 영업 담당자가 이 사이클의 어디에서 문제가 생겨 멈춰 있는 것인지 진단할 수 있게 되고 그에 맞게 적절한 코칭을 제공하기 위한 아이디어를 얻을 수 있다.

RAVE 미팅 진행법

실제로 성과평가 면담시 어떻게 대화를 풀어 나가야 할지 이야기해보자. 성과평가 미팅의 프레임은 크게 네 부분으로 이뤄져 있다. 먼저 리뷰(Review)이다. 말 그대로 목표를 다시 바라보는 단계이다. 정식 성과평가 미팅은 영업 마감 기한에 따라서 그 회수가 달라지기는 하는데, 일반적으로는 최소 연 1회를 기본으로 하고 분기나 반기 1회씩 중간점검 차원에서 추가로 실시한다. 영업 사이클이 짧은 조직은 월 1회 실시할 수도 있다. 리뷰 단계는 해당 기간의 목표가 무엇이었는지를 영업 관리자와 담당자가 함께 점검해보는 것이다. 그런데 보통은 성과를 리뷰할 때 목표에 대한 재언급은 아주 간단하게 하고 넘어가 버리고 결과만 놓고 이야기하는 경우가 많다. 하지만 결과만 놓고 이야기하면 단지 결과론적인 대화에 그칠 수 있기 때문에 이 리뷰 단계를 꼭 거쳐야 한다. 특히 리뷰 단계에서는 직무성과 기술서를 함께 보면서 대화하

RAVE 모델

1. 이번 기간 설정했던 목표가 무엇인가?

2. 왜 그것이 중요하다고 생각하는가?

3. 목표에 동기부여되었는가? (왜 그런가? 왜 그렇지 않은가?)

4. 현재까지 잘 진행되고 있는 부분은 무엇인가?

5. 그 부분이 잘 진행된 이유는 무엇이라고 보는가?

6. 개선을 위해 노력해야 할 점은 무엇인가?

7. 다음 평가 기간까지 이뤄야 할 것은 무엇이라 생각하는가?

8. 그것을 달성하는 것은 당신에게 어떤 영향을 끼치는가?

9. 그 목표를 위해 우선적으로 시작해야 하는 것은?

10. 당신의 장점은 OOO이다. 그렇기 때문에 OOO 할 것이다.

출처: Dale Carnegie Training Program 'Leadership Training for Managers'

는 것을 추천한다. 직무성과 기술서에 적혀 있는 핵심성과 영역과 성과표준을 다시 보면서 이 목표가 무엇이었는지, 왜 이러한 목표를 세웠는지 다시 돌아보고 이야기를 나누는 것이다. 그러면 그 목표의 중요성을 다시 상기할 수 있고, 그 목표를 달성하기 위해서 해당 기간에 어떠한 노력을 기울여왔는지에 대해 자연스럽게 반성하고 성찰하는 계기를 마련할 수 있다.

리뷰를 충분히 했다면 다음 단계는 분석(Analyze)이다. 목표를

카네기 세일즈 리더십

달성하기 위해서 진행해온 과정을 돌아보는 것이다. 무엇을 잘했는지, 무엇이 부족한지를 짚어보는 시간이다. 현재의 성적은 목표 대비 어떠한 수준인지, 그 과정에서 내가 수행한 프로젝트는 어떠한 것이 있었으며 그중 잘한 것은 무엇이고, 잘못한 것은 무엇인지 분석한다. 단순히 결과만 좋다고 다 잘한 것이 아니며, 결과가 나쁘다고 다 잘못한 것도 아니다. 그 과정에서 어떠한 기여가 있었는지 공과 과를 잘 따질 때 제대로 된 평가가 가능하고 개선책도 마련할 수 있다. 영업 성과관리의 오류와 한계를 극복하기 위해서 기록이 기억보다 우선한다고 강조했던 것을 기억하는가? 성과 달성 과정에 대한 기록들을 함께 보면서 대화를 나눌 때 보다 실제적이고 체계적인 대안을 마련할 수 있다.

그다음은 비전(Vision)이다. 다음 단계의 목표를 제시하는 것이다. 성과평가 면담은 단지 과거를 돌아보기 위한 작업이 아니라 더 나은 미래를 준비하기 위한 작업이다. 다음 기간의 목표를 어떻게 세분화해서 잡을 것인지, 이번 기간에 부족했던 점을 어떻게 보완할 것인지 이야기를 나누어야 한다. 이때 중요한 것은 단지 성과에 대한 수치적인 목표가 아니라 그 목표가 개인에게 어떤 의미가 있는지를 잘 소통해야 한다는 점이다. 우리가 성과 변화 사이클에서 살펴보았던 필요성, 욕구, 자신감 등의 태도 부분이 이 비전 단계의 대화에서 잘 점검되어야 한다.

마지막 단계는 격려(Encourage)이다. 성과평가 면담을 하는 궁극적인 목표는 지금보다 더 나은 성과를 만들기 위한 것이다. "그래

수고했어요. 앞으로 더 잘합시다. 수고!" 이런 형식적인 말이 아니라, 정말 담당자가 이룬 결과와 그 과정에 대해 충분히 대화했다면 제대로 된 격려를 해줄 수 있다. 그의 장점과 자질을 언급하고 그것이 어떤 행동을 가능하게 할 것이며 그로 인해 어떤 좋은 결과를 얻을 수 있을지 구체적으로 언급해 준다면 더할 나위 없이 좋은 격려가 될 것이다.

요약하자면 목표에 대한 재검토(Review), 공과 과에 대한 분석(Analyze), 다음 단계의 비전 제시(Vision), 마지막으로 격려하기(Encourage), 이 네 단계를 기억하고 성과평가 면담을 이끌어 간다면 보다 생산적인 미팅을 진행할 수 있다.

RAVE 대화법 예시

모든 코칭 대화가 그렇듯이 성과평가 미팅에서도 질문이 중요하다. 적절한 질문을 통해 대화를 리드하지 못하면 그것은 코칭 대화가 아닌 지루한 잔소리일 뿐이다. 그 누구도 관리자의 일방적인 설교나 잔소리를 통해 각성이 일어나거나 동기부여가 되지는 않는다. 다음의 질문 예시를 참고해서 성과평가 미팅을 위한 질문 목록을 만들어보라. 더 생산적인 미팅이 가능할 것이다.

목표에 대한 재검토(Review)를 위한 질문
 - 이번 기간 설정했던 목표가 무엇인가?
 - 왜 그것이 중요하다고 생각하는가?

카네기 세일즈 리더십

- 목표에 동기부여되었는가?(왜 그런가? 또는 왜 그렇지 않은가?)
- 핵심성과 영역 중에서 어떤 부분이 특히 중요한 목표였다고 생각하는가?

분석(Analyze)을 위한 질문

- 현재까지 잘 진행되고 있는 부분은 무엇인가?
- 그 부분이 잘 진행된 이유는 무엇이라고 보는가?
- 개선을 위해 노력해야 할 점은 무엇인가?

비전(Vision) 제시를 위한 질문

- 다음 평가 기간까지 이뤄야 할 것은 무엇이라고 생각하는가?
- 그것을 달성하는 것은 당신에게 어떤 영향을 끼치는가?
- 그 목표를 위해 우선적으로 시작해야 하는 것은 무엇인가?

격려(Encourage)의 말

- 당신의 장점은 A이다. 그래서 B라는 행동을 잘할 수 있을 것이고 이것이 C라는 결과를 가져올 것이다.

지나치게 기계적으로 대화를 나눌 필요는 없다. 다만 이 질문들을 예시로 삼아 적절한 질문 몇 가지를 준비하는 것은 필수이다. 그렇게 한다면 더 원활한 성과평가 면담을 진행할 수 있을 것이다.

Review, Analyze, Vision, Encourage의 앞 글자를 따면 RAVE라

는 단어가 된다. 그래서 이 대화를 'RAVE미팅 진행법'이라고 부른다. 영어 RAVE에는 '흥이 나서 날뛴다'라는 뜻이 있다. 클럽 같은 곳에서 음악에 맞춰 흥겹게 뛰면서 소리치는 것을 RAVE라고 한다. 제대로 된 성과평가 미팅은 영업 담당자들에게 신바람을 불어넣을 수 있다. 기를 살리고, 흥을 불어넣는 영업 관리자가 우리가 목표로 하는 이상적인 리더상이 아니겠는가.

성과의 평가와 관리는 한 번의 이벤트가 아닌 지속적인 일련의 과정이다. 성과평가 미팅을 제대로 잘하는 것도 중요하지만 실질적인 성과관리는 매일매일의 비즈니스 현장에서 이뤄져야 한다. 아무리 RAVE 미팅을 잘한다고 해도 1년에 한두 번 하는 이벤트보다는 영업 담당자에게 지속적으로 관심을 가지고 일상적인 대화를 통해 신뢰를 쌓아가는 것이 더 중요하다는 것은 아무리 강조해도 지나치지 않다. (이를 위한 지속적인 성과 개선 프로세스는 '부록 #3' 참고 바람.)

영업은 개척자 정신을 필요로 한다. 주어진 것에 안주하고 싶은 인간의 본성을 거스르는 일이다. 중력이 모든 것을 끌어당기듯 인간의 나태한 습성은 영업 활동을 정체시킨다. 행동이 멈추는 순간 영업 성과는 그 자리에서 정지한다. 데일 카네기는 말한다. "습관은 지식보다 강하다. 행동은 말보다 소리가 크다." 끊임없이 행동하게 하려면 끊임없이 관리하고 지원해야 한다. 그래서 성과를 평가하고, 관리하고, 개선하는 것은 한순간의 이벤트가 아니라 매일매일 끊임없이 실천해야 하는 과정이다.

13장.

조직을 동기부여하는 법

맹자가 양나라의 혜왕을 만나서 대화를 나눈 일화는 유명한 고사이다. 혜왕은 춘추시대의 강국이라 할 수 있는 진나라에서 갈라져 나온 양나라의 왕이다. 당시 맹자와 같은 제자백가들은 국가를 방문할 때 혼자서 움직이지 않았다. 많은 제자가 함께 뒤를 따랐다. 사마천의 《사기(史記)》에도 많은 수레가 맹자의 뒤를 따랐다고 묘사된 것을 보면 적어도 일단의 행렬이 맹자의 뒤를 따라 혜왕의 궁을 방문하는 장면을 상상해볼 수 있다. 혜왕은 후한 예물을 갖추고 공식적으로 맹자를 초빙하였고 맹자가 이에 응하여 두 사람의 만남이 성사되었다. 유명한 현자가 자국의 왕을 무리를 이끌고 방문하게 되면 백성들도 그 소식을 들을 것이고, 무리를 지어 저잣거리로 구경하러 나왔을 것이다. 오늘날 대통령이 교황을 청와대로 초청하여 대담을 나누는 장면을 상상하면 이와 비슷하지 않을까? 언론도 주목하고 국민도 삼삼오오 모여 교황이 대통

령을 만나서 나눈 메시지에 대해서 이런저런 말들을 나눌 것이다. 그런 만남 이후 나오는 왕의 말은 매우 중요하다. 그저 우연히 만나서 차 한 잔 하면서 나누는 담소가 아닌 것이다.

맹자를 만난 양혜왕의 첫마디는 "우리나라를 이롭게[利] 할 방안은 무엇입니까?"였다. 이 질문에 대한 맹자의 대답이 아주 유명한다. "왕은 하필 이(利)를 말씀하십니까? 제가 이야기할 것은 오로지 인의(仁義)가 있을 뿐입니다." 왕은 '이'를 물었고 맹자는 '인'이라 답한다. '이'는 이익, 결과, 실리이다. '인'은 가치와 내면적 자질에 해당한다. 그 중대한 미팅에서 맹자가 혜왕의 심기를 거스르면서까지 그토록 '인'을 강조한 것에는 매우 중요한 의미가 있다. 맹자 역시 '일정한 생업이 있어야 일관된 마음을 가질 수 있다'고 강조할 만큼 단순한 이상주의자나 도덕주의자는 아니었다. 그보다는 현실적인 정치경제학자의 면모를 가지고 있었다. 그런데도 '이'보다 '인'을 우선한 것이다.

오늘날의 동기부여 이론을 논할 때도 이것은 시사하는 바가 큰 가르침이다. 영업에 적용해서 해석해보자면 '이'는 매출이나 성과에, '인'은 성품과 가치에 해당한다. '이'는 물질적 보상, '인'은 비물질적 보상이다. 많은 리더가 이익을 가져온 결과에 대해서는 칭찬하고 보상한다. 하지만 그것을 이룰 수 있었던 그 사람의 성품과 내면적 자질을 발견해서 언급하는 리더는 많지 않다. 한 사람의 본질적인 강점은 성품에 관한 것이며 그것을 일깨워 주는 것은 진정한 인정의 힘을 경험하게 한다. 이것은 동기부여에 있어서 빠질 수 없는 요소이며 영업 관리자가 우선적으로 가져야 할 관점이다. 현실적으로 직접적인 성과 측정과 물질적 보상은 빠질 수 없는 부분이다. 하지만 그와 더불어, 아니 그보다 앞서 내면적 자질과 존재 가치, 물질로는 대체할 수 없는 인간의 본성에 집중해 보라. 진정한 동기부여의 힘을 느끼게 될 것이다.

사람에게 동기를 부여하는 것들

동기부여의 필요성

"칭찬은 고래도 춤추게 한다." 이 문장은 베스트셀러 책의 제목인데 이 책을 읽어 보지 않은 사람도 제목만큼은 많이 들어봤을 것이다. 사실 이것은 한국어로 출간될 때 붙여진 제목인데 나름 마케팅적으로 훌륭한 문장이다. 나는 개인적으로 이 책이 베스트셀러가 된 데는 귀에 쏙 들어오는 이 제목이 한몫했다고 생각한다. 그러면서 이런 생각을 해보았다. '정말 고래를 춤추게 하고 싶은 사람들이 많구나', '고래를 춤추게 해야 하는 상황이 정말 많은가 보구나'라고 말이다. 사실 고래가 춤을 추는 것은 고래 자신을 위한 것이 아니다. 그것을 보는 사람을 위한 것이다. 다만 어떤 보상이 주어지기 때문에 고래는 사람이 원하는 몸짓을 보여 주도록 훈련받고 그것을 해내는 것이다. 책 내용과 상관없이 이 책의 제목만 놓고 따져 본다면 우리에게 약간의 오해를 줄 수 있다. '내가 원하는 모습을 보이게 하기 위해 칭찬을 하자. 그러면 그 사람이 춤을 출 것이다'라고 말이다. 그러나 진정한 동기부여란 그렇게 단순한 것이 아니다. 또한 단지 칭찬을 많이 한다고 해서 사람이 춤을 추는 것도 아니다.

한 개인이 성과가 나지 않는 이유는 크게 다섯 가지의 결핍 때문이다. (1)무엇을 해야 할지 모르는 것, (2)어떻게 해야 할지 모르는 것, (3)할 수 없을 것 같은 것, (4)왜 하는지 모르는 것, (5)하고 싶지 않은 것 등이 그 결핍이다. 무엇을 해야 할지 모르는 것은 교육의 부족이고, 어떻게 해야 할지 모르는 것은 훈련의 부족이다. 할 수 없을 것 같다고 생각하는 것은 자신감의 부족이며 왜 하는지 모르겠다고 생각하는 것은 결과에 대한 동의가 없는 상태이다. 마지막으로 '하고 싶지 않다'는 태도는 동기부여의 결핍이다.

이 다섯 가지 결핍은 서로 연결되어 있다. 교육을 통해 무엇인가를 깨달을 때 동기부여가 되기도 한다. 훈련과 코칭을 통해 방법을 익히고 자신감을 얻으면 하고자 하는 욕구가 생긴다. 비전을 제대로 인식하면 역시 동기부여의 요소가 된다. 동기라는 것은 근본적으로 인간의 욕구에서 출발해야 하는데 이것은 사람마다 상황마다 다르다. 영업 담당자들은 저마다 다른 욕구를 가지고 있기에 관리자는 이것을 복합적으로 다룰 수 있어야 한다.

동기부여의 조건

'하고 싶지 않다.' 이 마음은 어디에서 비롯되는 것일까? 이 마음을 해결해 주어야 비로소 동기부여가 가능한데 이것이 참으로 어려운 일이다. '하고 싶지 않다'는 말은 결국 '그 일은 나에게 별 의미가 없다', 혹은 '그 일을 할 자신이 없다'라는 의미일 가능성이 매우 크다.

동기부여는 기본적으로 '가치'와 '가능성'에 대한 인식이 복합적으로 작용할 때 그 수준이 결정된다. 먼저 '가치'에 대해서 이야기해보자. 내가 하고자 하는 일의 가치가 크다고 느낄수록 동기부여가 커진다. 그 일의 즐거움, 만족도, 또는 그로 인한 보상 등이 이 가치를 결정한다. 여기서 가치는 최소한 치러야 할 대가보다 크다고 인식되어야 한다. 예를 들어 콜드콜 업무는 동기부여가 떨어지는 일 중 하나인데, 이는 거절에 대한 두려움과 시간을 내야 하는 번거로움 등 치러야 할 대가에 비해 콜드콜로 인한 성과나 만족도가 대부분의 경우 낮기 때문이다.

두 번째 요소인 '가능성'의 경우, 이것은 어떤 일이 이뤄질 것이라는 믿음인데 이 가능성이 너무 낮다면 아무리 그 일의 가치가 커도 동기부여가 잘 일어나지 않는다. 예를 들어 매출 200% 성장은 매우 가치가 큰 일이다. 또한 보상도 크다. 하지만 단기간에 이뤄질 것이라고 믿음을 가지기에는 가능성이 너무 낮다고 판단된다. 그러면 동기부여는 감소한다. 반대로 실현 가능성이 매우 높은 일이라고 해도 그것의 가치가 현저히 떨어진다면 역시 동기부여가 일어나지 않는다. 신입 직원들이 단순 업무만 하다가 '이 직장은 나와 맞지 않아' 하면서 회사를 떠나게 되는 경우가 종종 있다. 이는 실현 가능성은 높지만 가치가 낮은 일이라는 인식 때문에 동기가 저하되는 대표적인 사례이다. 가치는 그 일로 인한 심리적·물질적 보상이고 가능성은 그 일을 할 수 있다는 자신감의 정도이다.

영업 관리자는 이러한 요소를 잘 파악해야 한다. 어떤 결과에 대한 칭찬은 자신감을 자극하는 일에 해당한다. 하지만 "정말 잘한다"는 단순한 칭찬은 자신감은 줄 수 있지만 그 일의 가치를 일깨우기에는 부족하다. 또는 "이 일은 정말 중요한 일이야. 꼭 달성해야 해요. 보상도 크게 걸려 있어요" 하고 관리자가 강조하는데도 담당자가 움직이지 않는 경우가 있다. 그럴 때는 담당자의 마음속에 '그 일이 중요하다는 것은 알겠어요. 그런데 그건 나와는 상관없는 딴 나라의 이야기예요' 하는 식으로 자신은 할 수 없다는 생각이 자리 잡고 있을 가능성이 높다.

또 하나 주지해야 할 사실은 '가치'와 '가능성'이 더하기의 관계가 아니라 곱하기의 관계에 있다는 것이다. 즉 두 요소 중 하나가 100이라 하더라도 나머지 하나가 0이면 동기부여 역시 0이 된다. 성과 목표에 따른 보상이 아무리 크더라도 그것을 이룰 수 있다는 자신감이 0인 사람은 결코 움직이지 않는다. 그래서 영업 관리자는 담당자를 잘 관찰해야 한다. 큰 목표에 대한 자신감이 0인 경우에는 그 목표를 과정별로 잘게 나누어서 적어도 한 단계는 달성할 수 있다는 자신감을 심어줘야 한다. 데일 카네기는 말했다.

"작은 진전에도 칭찬을 아끼지 말라."

공식적, 비공식적, 일상적으로 동기부여

동기부여를 할 때 주의할 사항

동기부여의 실천을 위해서는 먼저 동기부여와 기만의 차이를 생각해야 한다. 우리는 흔히 어떤 일을 요구하고 그에 대해 보상하는 것을 동기부여의 기본 공식이라고 생각한다. 물론 틀린 말은 아니다. 하지만 그것이 자칫하면 상대방을 기만하는 행위가 될 수 있다는 것을 유념해야 한다.

동기부여와 기만의 차이는 무엇일까? 기만은 나 자신을 위해 상대방을 이용하는 것이다. 즉 그 일의 목적 자체가 상대의 이익에 대해서는 전혀 고려하지 않은 채 나의 목적 달성만을 위해 상대를 대상화하고 도구화한다면 그것은 '기만'이 되기 쉽다. 상대역시 결국은 나의 기만적인 의도를 알게 될 것이다. 평상시에는 나에게 전혀 관심이 없던 상사가 어느 날 갑자기 나에게 다가와 "○○씨, 요즘 정말 수고가 많아요. 이러이러한 부분을 참 잘하는 것 같아요" 하고 느닷없이 칭찬을 한다면 나는 어떤 생각이 들까? '또 무슨 일을 시키려고 이런 말을 하는 거지?' 하는 거부감이 들지 않을까? 그런 순간의 칭찬은 공허하다. 이것이 바로 기만이다. 영업 담당자는 회사의 목표 달성을 위한 수단이 아니라 자기 자신의 목표를 달성하고 성장해 가는 인격적인 존재이다. 조직의 목표는 그 영업 담당자의 성장의 결과로써 함께 달성되는 것이다. 이말은 순진한 이상론이 아니다. 관리자가 영업 담당자 각자의 목표와 개인적 삶에 진정 어린 관심을 가지고 있다면 충분히 기만이 아닌 동기부여를 위한 원원의 관계를 형성할 수 있다.

또 하나 생각해야 하는 부분은 물질적 보상과 비물질적 보상이 동기부여에 미치는 영향이다. 물질적 보상은 급여나 복리후생, 인센티브, 승진 등 구체적이고 금전적인 보상을 말한다. 비물질적 보상은 인정과 칭찬, 목표 의식, 가치의 공유 등 정신적인 요소이다. 혹시 물질적 보상의 크기가 동기부여의 수준을 결정한다고 생각하는가? 좋은 선수를 팀에 데려오기 위해서 프로 구단들은 높은 이적료를 제시한다. 즉 물질적 보상이 맞지 않는다면 그 선수는 해당 팀에서 뛰지 않을 것이다. 그렇다면 그 선수가 지금 경기를 뛰고 있는 상황을 한번 상상해보자. 숨이 차게 달리고 패스를 주고받고, 골을 넣는 그 순간순간에 과연 그 선수가 다음해의 연봉계약과 이적료를 계산하면서 플레이를 하는 것일까? 아니다. 관중이 불어넣어 주는 경기장의 열기, 혼신의 힘을 다하는 감독의 코칭, 팀 동료들의 넘치는 파이팅이 그 선수가 한 발이라도 더 뛰게 만드는 원동력이다. 연봉을 받지 않고 일하는 프로 선수는 없다. 하지만 그 선수가 일단 경기장에 들어온 이상 열심히 그라운드를 누비는 것은 더 이상 연봉과 이적료 때문이 아니다.

물질적 보상은 어떠한 일을 '할지, 말지'를 결정하게 한다. 이 회사에서 일을 할지 말지, 이 프로젝트를 수행할지 말지에 대한 결정에는 물질적 보상이 결정적 영향을 줄 수 있다. 하지만 일단 그 일이 시작된 이후에, 이것을 '얼마나 열정적으로 할 것인가' 하

카네기 세일즈 리더십

는 것은 더 이상 물질적 보상의 영역이 아니다. 영업 관리자와의 관계, 팀 동료와의 유대감, 고객의 피드백, 영업의 매 순간에서 오는 짜릿한 성취감, 그리고 노력과 성과를 인정하고 축하해 주는 사람들이 있을 때 열정의 크기가 커진다. 우리가 말하는 동기부여는 바로 이 부분이다. 단순히 이 일을 '할지, 말지'를 결정하게 하는 것이 아니라 거기에 어떻게 열정을 불어넣을 것인가 하는 것이 동기부여이다.

보상 시스템 구축

제대로 된 동기부여를 위해서는 물질적 보상과 비물질적 보상이 균형을 이뤄야 한다. 따라서 우리 영업 조직의 보상은 이러한 균형을 잘 갖추고 있는가에 대해 질문할 필요가 있다. 공식적, 비공식적, 일상적 보상을 두루 활용해야 하고 여기에는 물질적, 비물질적 보상이 모두 들어가 있어야 한다. 이것이 동기부여를 위한 보상 시스템이다. 다음 내용들을 보면서 잘되고 있는 부분은 더욱 강화하고 부족한 부분은 보완해 영업 조직의 동기부여 수준을 더 높일 수 있기를 바란다.

먼저 공식적 보상이다. 공식적 보상이란 영업 담당자의 성과를 적절히 인정해 주기 위해 필요한 목표와 조건을 기술해 놓은 계획된 시스템을 말한다. 연봉과 인센티브는 말할 것도 없고, 영업 성과에 따른 각종 시상, 명예를 드높여 주는 배지나 상패 등이 여기에 해당된다. 필자가 몸담았던 조직은 매월 우수자를 선정하여 특별 주차 공간을 제공해 주기도 했다. 많은 영업 조직들이 고성과자에게 여행을 포상으로 제공한다. 이러한 공식적인 보상은 대체로 영업 관리자 개인이 결정하기보다는 회사 전체 차원에서 이뤄진다. 하지만 영업 관리자는 이 공식적 보상이 실제로 영업 담당자를 제대로 동기부여하는지 피드백을 받아볼 수 있다. 그래서 동기부여 효과가 큰 것이 더욱 강화되도록 회사에 영향력을 행사할 수 있다. 이 공식적 보상의 설계에서 꼭 고려해야 하는 것이 앞서 언급한 가치와 가능성의 조화이다. 단순히 포상을 제공한다고 동기부여가 되는 것이 아니란 사실을 명심해야 한다. 그 일이 이러한 포상이 제공될 만큼 얼마나 값진 것인지, 그리고 왜 우리가 이것을 달성할 수 있는지에 대한 소통이야말로 공식적 보상이 실제적인 동기부여 효과를 불러일으키는 힘이다.

두 번째, 비공식적 보상은 미리 정해진 것이 아닌 즉흥적인 포상을 의미한다. 공식적 보상은 대개 기간이 길거나 예측 가능한 수준으로 반복되기 때문에 어떤 면에서는 신선함이 없고 당연히 있는 것으로 여기게 된다. 그래서 비공식적 보상을 활용함으로써 영업 현장에 또 다른 활력을 불어넣을 수 있다. 부서원에게 점심을 제공하거나, 수고한 직원에게 뜻하지 않았던 포상과 휴가, 영화나 스포츠 관람권 등을 제공하는 것은 어쩌면 소소할 수 있지만 이러한 크고 작은 이벤트가 영업 조직에 활력을 불어넣을 수 있다. 지나치게 큰 보상을 즉흥적으로 제공하면 오히려 공정성에 시비를 불러올 수 있기 때문에 작은 보상이 비공식적 보상으로는 더 큰 역할을 할 수 있다. 필자 역시 영업 담당자 시절 관리자가 오늘은 특별히 더 수고가 많았다면서 회사 기념품을 하나 따로 챙겨줬는데 그게 쉽게 구할 수 있는 것임에도 불구하고 매우 감사했던 기억이 있다.

마지막으로, 일상적인 보상이다. 감사의 말을 표현하는 것, 그 사람이 잘한 부분을 적어서 메모를 건네주거나 메일이나 텍스트 메시지를 남겨 주는 것, 특별한 성과가 있다면 회의 시간에 팀원들과 공유하면서 모두의 박수를 보내 주거나 하는 활동들이 모두 일상적인 보상에 해당된다. 이것은 대부분 비물질적 보상의 영역이다. 하지만 이러한 보상이 작고 사소해 보일지라도 결코 무시해서는 안 된다. 대부분의 동기부여는 이 일상적 보상에서 이뤄진다고 해도 과언이 아니기 때문이다. 실제로 영업 담당자에게 동기부여가 되었던 순간을 물어보면 의외로 이 일상적 장면들이 가장 많이 등장한다. 영업 관리자의 진심 어린 말 한 마디가 가진 영향력을 우리는 가볍게 여겨서는 안 된다.

중요한 것은 공식적, 비공식적, 일상적 보상의 영역에서 영업 관리자로서 내가 할 수 있는 것을 나열해보고 기존 방식에서 조금씩 개선과 변화를 만들어보는 것이다. 관리자의 성향에 따라 이 보상 시스템이 어느 한쪽으로 치우쳐 있을 수 있다. 이 보상 시스템이 서로 균형을 이룰수록 영업 조직의 동기부여 수준은 조금씩 더 올라갈 것이다.

강점 기반의 피드백 공식, TAPE

칭찬과 인정의 말은 가장 대표적인 일상적 보상이다. 영업을 하는 사람들은 그나마 다른 직종의 사람들에 비해 칭찬에 인색하지 않다. 고객을 많이 만나는 일이기 때문에 상대의 장점을 찾아서 칭찬하는 것은 많은 부분 훈련되어 있다. 하지만 오히려 그래서 제대로 된 칭찬을 하기 어렵고 그저 피상적으로 예의상 하는 말처럼 여겨지기 쉽다. 강점 기반의 피드백 공식을 살펴보고 이를 적절히 적용하게 되면 담당자에게 잊을 수 없는 동기부여의 순간을 만들어 줄 수 있다.

강점 피드백은 'TAPE 공식'이라고 부른다. 그중 T는 Things(씽스)이다. 그 사람의 소유물이나 겉으로 드러난 것에 대한 언급을 말하는데 가장 쉽고 사소한 것이다. 새롭게 맞춘 옷이나 액세서리를 언급하는 것, 바뀐 헤어스타일을 말해 주는 것 등 아주 사소한 것이지만 센스 있게 그것을 눈치채고 이야기해 준다면 일상에서의 단조로움을 탈피하고 부드러운 분위기를 만들 수 있다. 물론 이것을 동기부여라 하기는 어렵다. 하지만 이 씽스를 관찰하는 것에서부터 칭찬의 습관은 시작한다. 작은 것이라고 가벼이 여기지 말고 지금 사무실을 한번 둘러보고 사람들을 관찰해보라. 영업 담당자들의 일상에 어떤 변화가 있는지 살펴보고 그것을 언급하는 행위는 서로의 관심을 표현하게 하고 팀 내의 관계를 보다 단단하게 만들어 준다. 하루에 한 가지씩이라도 그 사람의 씽스에 대해서 언급하는 습관은 조직의 분위기를 보다 밝게 만드는 데 도움을 준다.

A는 Achievement, 즉 성취에 대해서 이야기하는 것이다. 이것이 가장 대표적인 칭찬의 형태이다. 계약을 성사시킨 것은 말할 것도 없고 미팅이나 제안을 마치고 온 직원에게 진심으로 수고했다고 말해 주는 것은 영업 관리자의 당연한 책무이다. 사실 영업은 하루하루가 성취의 연속이다. 영업은 굉장히 목적 지향적인 업무이기 때문에 전화 한 통, 미팅 한 건이 다 소중하다. 그것은 결과로 이어지는 활동들이다. 그 성취의 순간을 놓치지 않고 칭찬하는 마음을 가진다면 영업 관리자가 할 수 있는 피드백은 굉장히 많아진다. 비록 그것이 당연히 해야 하는 일이라고 할지라도 잘했다고 수고했다고 우리는 말할 수 있다.

P는 Personal Trait로 개인적인 성품과 자질을 말한다. 사실 영업 관리자가 더 큰 관심을 기울이고 연습해야 할 가장 중요한 요소이다. '성실한', '열정적인', '창의적인', '세심한', '인간적인', '겸손한' 등 성품과 자질을 표현하는 말은 많이 있다. 하지만 이것을 실제로 표현하는 리더는 의외로 많지 않다. 직장에서 들었던 칭찬의 말을 언급해보라고 하면 대개 '수고했다' '잘했다' '역시 김 과장이야' 같은 단편적이고 피상적인 말에서 크게 벗어나지 않는다. 물론 이 말들도 의미 있지만 동기부여를 일으키기에는 무언가 부족해 보인다.

2002년 월드컵 당시 히딩크 감독이 박지성 선수에게 건넨 칭찬한 마디는 아주 유명하다. "박지성 선수는 정신력이 훌륭하다. 그러한 정신력이면 장차 훌륭한 선수가 될 것이다." 훗날 박지성 선수는 감독님에게서 그런 칭찬은 들은 건 그때가 처음이었고, 그 말 한 마디는 어머니가 끓여 주신 미역국만큼이나 따뜻하고 소중한 것이었다고 회고했다. 이 일화를 처음 들었을 때 개인적으로 조금 놀라웠다. 박지성 선수는 국가대표에 뽑힐 정도로 열심히 선수생활을 해왔는데, '정신력'이라는 내면적 자질을 알아보고 구체적으로 표현해 준 지도자가 그때까지 없었다는 것이 의아했던 것이다. 하지만 다시 생각해보니 한 사람이 가지고 있는 내면적 자질을 발견해서 그것을 정확하게 표현하는 것은 결코 쉽지 않은 리더의 언어라는 것을 알게 되었다. 우리는 각 영업 담당자들의 성품과 자질을 한 단어로 표현해 낼 수 있을까? 이를 위해서는 '잘했다' '수고했다'라고 말할 때와는 다른 깊이 있는 인식이 필요하다. 그 사람의 본질적인 장점을 파악하고 언급하는 것은 상대의 가치를 재발견하는 행위이며 이것이야말로 진정한 리더의 모습이다.

　T(소유물이나 외적인 것)를 언급하든, A(성취)를 축하하든, P(개인의 성품과 자질)를 표현하든 중요한 것은 마지막에 나오는 E, Evidence(증거)이다. 증거란 그 사람의 강점을 내가 인식하게 된 이유를 구체적으로 말하는 것이다. "김 과장은 세심한 사람이에요. 이 제안서에서 사소한 부분도 놓치지 않고 잘 요약해서 표현했기 때문에 좋은 결과를 기대할 수 있을 것 같습니다." 이렇게 그

사람의 장점을 세심함으로 인식했다면 그렇게 생각한 근거를 구체적으로 제시해야 한다. 이 증거를 표현할 수 있는지 여부가 칭찬과 기만을 결정한다고 해도 과언이 아니다. 구체적 증거가 담긴 칭찬은 진정성을 담보한다. "이 차장은 참 열정적입니다. 첫 미팅에서 고객에게 좋지 않은 피드백을 받았는데도 다시 그 고객에게 접촉해서 제안 기회를 이끌어 내는 것을 보니 정말 대단해요." 이런 피드백을 받는 담당자의 기분은 어떨까? 자신의 장점을 인식함과 동시에 구체적인 증거 때문에 더욱 그 장점을 강화하려는 마음을 가질 것이다. 또한 영업 관리자의 말을 진심으로 받아들일 가능성이 높아진다. 증거의 제시는 성품이나 자질을 칭찬할 때는 물론이고 성취를 언급할 때도 마찬가지로 중요하다. "이번 계약을 성사시킨 것 진심으로 축하해요. 1년이 넘도록 한 달에도 몇 번씩 그 고객을 찾아가더니 결국 해냈네요." 관리자가 이렇게 말해 준다면, 담당자는 '팀장님이 나를 지켜보고 있구나, 나를 중요한 존재로 대하고 있구나' 하고 느끼지 않겠는가? 사람은 자신의 가치를 알아주는 존재를 위해 헌신하는 법이다. 증거를 가지고 진심을 다해 칭찬하는 것은 동기부여를 일상의 영역으로 가져오는 리더의 언어이다.

다시 "칭찬은 고래를 춤추게 한다"는 말을 떠올려보자. 이 말을 조금만 바꾸어서 "구체적인 증거를 가진 강점 피드백은 고래를 더 크게 성장시킨다"라고 재해석해보면 어떨까? 기만이 아닌 진정성이 담긴 말, 가치와 가능성을 동시에 높이는 말, 물질적인 요소를 더욱 빛나게 만드는 정신적인 의미가 부여된 말, 바로 리더의 언어인 칭찬의 말이다. 진정한 리더는 영업 담당자를 춤추게만하지 않는다. 오히려 저 태평양을 헤엄치는 고래처럼 더 크게 직원들을 성장시키는 탁월한 동기부여가라 하겠다.

Part5

★★★

S.

석세션(Succession), 강팀의 전통을 이어 가게 하라

**Dale Carnegie
SALES Leadership**

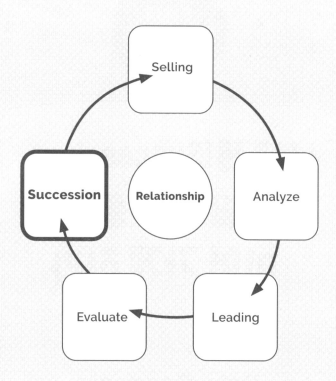

14장.

유능한 영업 인재 영입하기

"연봉이 지금보다 20% 상승한다면 당신은 지금의 조직을 떠나 새로운 일을 할 수 있는가?"

이 질문에 대한 당신의 대답은 무엇인가? 20%의 연봉 상승은 적은 금액이 아니다. 직업을 가지는 가장 큰 이유가 돈이라면 이 질문 앞에서 주저할 필요가 없다. 당연히 직장을 옮기는 것이 현명한 답일 것이다. 하지만 과연 모든 사람이 직장을 옮기겠다고 할까?

데일카네기 트레이닝에서는 2018년에 전 세계적으로 직무 몰입에 관한 설문조사를 실시했고 이 질문 역시 조사 문항 중 하나였다. 결과는 어땠을까? 50대 이상의 베이비부머 세대와 3~40대 X세대, 2~30대 밀레니얼 세대의 응답 결과가 조금씩 달랐다. 5% 급여 상승만으로도 직장을 옮기겠다는 사람은 전 세대별로 약 18% 수준이었다. 10% 급여 상승이라면 33% 내외의 사람이 직장을 옮기겠다고 했다. 20%의 급여 상승 조건에서는 베이비부머 세

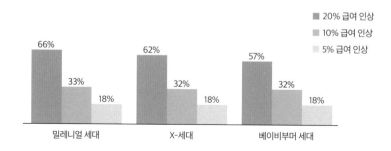

연봉이 20% 상승한다면?

현재의 조직을 떠나겠다는 응답자 비율

■ 20% 급여 인상
■ 10% 급여 인상
□ 5% 급여 인상

밀레니얼 세대: 66%, 33%, 18%
X-세대: 62%, 32%, 18%
베이비부머 세대: 57%, 32%, 18%

대는 57%, X세대는 62%, 그리고 밀레니얼 세대는 66%가 직장을 옮기겠다고 답했다. 당연한 결과이겠지만 급여 상승폭이 높을수록 직장을 옮기겠다고 답변한 응답자의 비율이 전 세대에 걸쳐 상승했다.

그러나 주목할 만한 사실은 20% 급여 상승에도 불구하고 직장을 옮기지 않겠다고 답변한 사람 역시 최소 34%에서 최대 43%에 이른다는 것이다. 열 명 중 서너 명은 20%의 급여 상승에도 불구하고 직장을 바꾸지 않겠다고 응답한다는 것이다. 확실히 돈이 직업의 전부가 아닌 것만은 분명해 보인다.

이 결과를 다른 각도에서 해석하면 새로운 일을 시작한다는 것은 그만큼 지불해야 할 비용도 높다는 것을 의미한다. 새로운 환경과 바뀐 업무에 적응하는 것, 인간관계를 다시 시작하는 것 등 새로운 도전에는 늘 대가가 따른다. 유능한 인재를 영입한다는 것은 그래서 어렵고도 중요한 일이다. 즉 유능한 인재를 스카우트해서 그 사람이 조직에 적응해 나가도록 하는 과정은 연봉의 20% 이상에 해당하는 가치를 창출해야 한다. 채용 관련 활동과 온보딩(On-Boarding, 신규 입사자가 조직에 순조롭게 적응하고 정착할 수 있도록 지원하는 과정)에는 시간과 비용이 요구된다. 조직에 맞지 않는 사람을 채용하거나, 혹은 적합한 인재를 채용했지만 온보딩 과정에 실패한다면 이 비용은 고스란히 날아가게 된다. 영업 관리자가 유능한 인재를 영입하는 데 필요한 지식과 스킬은 물론이고, 신규 인원이 성공적으로 조직에 정착하는 데 필요한 역량과 프로세스까지 갖춰야 하는 이유가 여기에 있다. 또한 새로운 인재가 지속적으로 유입되지 않는다면 그 조직은 정체되고 언젠가는 영업 성과도 마르게 된다. 어떻게 하면 20%의 추가 비용을 인재에 대한 효과적인 투자로 전환시킬 수 있을까? 영업 관리자의 채용 및 온보딩 능력이 그 결과를 결정한다.

성공 DNA를 이어 가기 위한 인재 선발

올바른 인재 영입을 위한 사전 점검

지금부터는 세일즈 리더십 모델의 마지막 단계인 Succession에 대해 알아보자. Succession은 우리말로 승계이다. 그런데 영어 단어 Succession에는 Success, 즉 성공이라는 단어가 들어 있다. 승계는 성공을 이어 가는 과정이다. 지금까지의 성공을 계속 이어 가기 위해서 영업 관리자는 유능한 인재를 영입하고, 학습과 훈련을 통해 영업 담당자의 역량을 증진하고, 다음 세대를 이어 갈 리더를 양성해야 하다.

먼저 인재 영입에 대해 생각해보자. 영업 조직에서 한 명의 영업 담당자는 곧 하나의 시장을 의미한다. 그 영업 담당자를 통해서 고객이 창출되고, 관리가 이뤄지고, 지속적인 매출의 기회가 발생한다. 한 명의 영업 담당자는 특정 지역이나 산업군, 또는 고객 계층이라는 일종의 시장을 가지고 있다. 영업 담당자를 영입하는 것은 하나의 시장을 창출하는 작업이다. 그렇기에 특히 영업 조직에 있어서 인재의 영입은 결코 회사 인사 부서만의 일이라고 할 수 없는 것이다. 인사 부서가 채용과 관련한 행정적인 지원을 하겠지만 적합한 후보자를 물색하고 효율적인 프로세스를 통해 후보자의 역량을 파악하는 모든 과정에는 영업 관리자가 매우 깊은 수준으로 관여해야 하다. 물론 조직 상황에 따라서 영업 관리자가 모든 채용 과정을 직접 주관하기도 한다.

올바른 인재를 영입하기 위해서는 사전 점검 작업이 필요하다. 이는 영업의 전략적 측면과 영업 조직의 맨파워를 두루 고려해야 한다. 영업 전략적 측면에서 관리자는 먼저 영업 프로세스를 점검해서 어떤 부분이 취약한가를 파악해야 한다. 최초 고객 접촉에서부터 계약이 이뤄지기까지, 영업 관리자는 자기 조직의 평균 영업 사이클이 어느 정도인지 파악해야 한다. 또한 고객의 만족도나 선호도, 성향을 분석하고 회사의 마케팅 수준과 영업팀과의 협업 정도도 고려해야 하다. 이러한 것들이 전략적으로 조직에 어떤 사람이 필요한지를 결정한다. 단지 사람 좋고 영업 잘하는 사람을 뽑는 것이 아니다. 해당 조직이 상대하는 고객에게 적합한, 조직 상황에 있어 꼭 필요한, 전략적 공백을 메꿀 수 있는 사람을 선발하는 것이 관건이다.

맨파워 측면에서는 팀의 적정한 규모, 직무에 필요한 요건, 인당 생산성, 그 외 팀 차원의 기대사항 등을 잘 정리해 두어야 한다. 이런 작업을 통해 신규 담당자의 역할과 목표를 설정할 수 있다. 우리가 집을 고칠 공구를 구매한다고 할 때 그냥 좋은 공구를 사는 것이 아니다. 못을 박아야 할 때는 망치를 사고 볼트를 조이기 위해서는 스패너를 사야 한다. 정말 좋은 톱을 사왔는데 자를 나무가 없다면 어떻겠는가? 조직적 차원의 니즈를 고려하지 않고 그저 후보자의 인성이나 이전의 영업 능력만 보고 사람을 채용해서 실패하는 경우가 많다. 호날두와 메시를 무조건 데려와야 하는 것이 아니다. 우리가 강팀이 되기 위해서는 공격수가 필요한지, 수비수가 필요한지에 대해 정확하게 분석해야 한다. 이렇게 조직의 필요를 파악하지 않는다면 아무리 유능한 사람을 데려와도 제대로 된 용병술을 펼치기가 어렵다.

영업 담당자 인재상의 정립

혹시 몸담고 있는 조직에 조직이 원하는 최고의 영업 인재상이 문서로 잘 정리되어 있는가? 열정, 성실, 창의성 같은 그저 좋은 말로 이뤄진, 회사 홈페이지에만 존재하는 그런 인재상이 아니라, 실제로 어떠한 특징을 가진 사람이 우리 조직에 필요한 영업 인재인지가 체계적으로 정리가 되어 있느냐 하는 것이다.

조직에 적합한 인재상을 정리하기 위해서는 우선 영업 역량과 관련된 모든 조건을 나열해봐야 한다. 준비성, 적응력, 거절 극복, 클로징 능력, 니즈 분석력, 회복탄력성 등 영업에 필요한 역량은 매우 많다. 현재 영업 담당자 중에서 가장 성과가 뛰어난 사람을 세 명 정도 떠올려보자. 그리고 각 담당자의 특징이나 장점을 표현할 수 있는 단어를 다섯 개 정도 찾아본다. 그렇게 하면 고성과자 세 명의 공통적인 장점들을 뽑아낼 수 있다. 이것이 영업 담당자의 핵심역량을 정의하는 기본 작업이다. 많은 영업 관리자가 "우리쪽 영업을 잘하려면 성실하고 사람과 잘 어울려야 돼" 같은 소위 막연한 감으로 사람을 판단한다. 권하건대, 이렇게 역량 정의를 놓고 선별해보고 적어 가면서 분석하는 작업을 꼭 해보기 바란다. 해당 조직에 필요한 성공 DNA가 무엇인지를 알아보면 면접 때 꼭 던져야 할 질문 같은 매우 중요한 통찰을 얻을 수 있다.

인재 영입을 위한 채널 확보

영업 전략상 그리고 조직 맨파워 차원에서의 각 니즈를 분석하고, 어떠한 역량을 갖춘 사람이 필요한지 인재상을 정립했다면 이제 그러한 조건을 갖춘 사람들을 찾아 나서야 한다. 혹시 인사팀에서 그런 인재를 뽑아 주기만을 기다리고 있는가? 아니면 영업 관리자가 면접관으로서 영향력을 행사하는 것으로 만족하고 있지는 않은가? 인사팀에서 채용 절차를 진행하더라도 영업 관리자는 보다 적극적으로 유능한 인재 영입을 위해 전방위적으로 활동할 수 있다.

먼저 직원 추천의 활용이다. 특히 유능한 고성과자의 추천을 받는 것이 좋다. 고성과자들은 어떤 사람이 우리 조직에서 성과를 낼 수 있는지 잘 알고 있다. 또한 직원들은 우리 조직의 장단점을 이미 경험했기 때문에 적합한 사람을 가려내는 눈을 가지고 있다. 이력서에 적힌 스펙이 좋다고 실제로 성과를 잘 내는 것이 아님을 이미 우리는 경험을 통해 알고 있다. 특히 영업에 집중된 조직일수록 내부 직원의 추천에 의한 영입이 가장 실패할 확률이 적다는 것은 정통한 사실이다.

영업 관리자의 인맥을 활용하거나 타 부서 직원의 영업직 전환을 고려하는 것도 좋은 후보자 물색의 방법이 된다. 실제로 관찰해보고 겪어본 사람도 다 알 수 없는데 이력서와 한 시간의 면접으로 그 사람을 파악한다는 것은 결코 쉬운 일이 아니다. 그래서 공개채용은 주변의 네트워크를 활용하고 난 다음의 순서이다. 그리고 공개채용을 할 때도 영업 관리자는 몇 가지 역할을 추가로 할 수 있다. 우선 영업 조직원들에게 현재 이뤄지고 있는 채용에 대한 정보를 공유하여 후보자 추천을 독려할 수 있다. 그리고 회사의 공식적인 공개채용 공고 채널 외에 영업 관리자 자신의 개인 SNS나 네트워크에도 채용 관련 정보를 적극 공유하는 것이 좋다. 조직에 대한 만족도가 높고 업무에 몰입된 사람만이 '우리 회사에서 함께 일하자'라는 말을 할 수 있다. 따라서 채용 게시판이 아닌 개인의 SNS나 사적인 자리에서 후보자 추천을 요청한다는 것은 그만큼 조직에 대해 자부심을 가지고 있다는 메시지가 될 수 있다. 이는 잠재 후보자들에게 하나의 매력 포인트가 된다.

영업 관리자의 적극적인 채용 활동은 인간관계에 있어서 신뢰 수준과 건강도를 돌아보게 만든다. 우리는 '저 사람이라면 믿을 수 있어', '저 사람과 함께 일한다는 것만으로 좋은 기회가 될 수 있어'라는 생각을 주변 사람들에게 심어 왔을까? 평소 주변 사람들의 신뢰를 쌓아왔다면 분명 당신의 채용 공고 소식에 함께 일해 보겠다고 나서는 사람이 있을 것이다.

인재 영입을 위한 인터뷰 기술

사전 스크리닝

사람은 겪어봐야 안다고 한다. 열 길 물속은 알아도 한 길 사람속은 모른다지 않는가. 어쨌거나 사람을 파악한다는 것은 어렵다. 그러나 영업 관리자에게는 최대한 빠른 시간 안에 그 사람이 적합한지 아닌지를 판단해야 하는 과제가 있다.

경력직 영업 담당자를 채용할 때는 헤드헌터를 활용하거나 특별히 후보군을 좁혀서 접촉하기도 하지만, 신입 영업 담당자를 채용할 때는 많은 지원자가 대거 몰려드는 경우가 많다. 만약 주어진 시간에 비해서 입사 지원자가 많다면 정식 인터뷰에 들어가기 전에 일종의 스크리닝 작업이 필요하다. 우선은 서류 심사를 통해서 회사가 정한 기준에 맞게 일정 규모로 후보군을 좁힌 후에는 인터뷰에 들어가야 한다. 그때 정식 대면 인터뷰를 진행하기 전에 간단한 전화 면접을 통해서 사전 스크리닝을 하는 것도 도움이 된다.

사전 스크리닝에서는 적합한 인재에 초점을 두기보다는 최소한의 조건을 갖추지 못한 사람을 가려내는 데 목적을 두어야 한다. 보상과 관련해 지나치게 많은 것을 요구하는 사람, 이력서나 SNS의 이력에 과장이나 허위가 있는 사람, 대화 중에 지나치게 낮은 에너지 레벨을 보이는 사람, 그리고 직무에 대한 이해도가 낮은 사람은 주의해야 한다. 이것을 파악하기 위해서는 지원한 직무를 어떤 업무로 이해하고 있는지, 회사에 기대하는 바가 무엇인지 등을 후보자에게 물어봐야 한다. 또한 다소 허위나 과장이 있어 보이는 이력에 대해서는 정식 인터뷰 때 관련 증빙 자료를 가져올 수 있는지를 사전에 요청하는 것도 방법이 된다. 또한 지금 어떤 일을 할 사람을 뽑고자 하는지를 과장 없이 정확하게 알려주는 것도 아주 중요하다. 이때 서로 기대차가 크다는 것을 확인한다면 굳이 인터뷰를 진행하지 않아도 된다. 필자 역시 개인적으로 굉장히 의욕적이고 화려한 지원서를 받아서 면접 전에 전화를 해보니 필자가 속한 조직의 영업 프로세스를 전혀 이해하지 못하고 있는 사람이었다. 그래서 조심스럽게 인터뷰를 진행하지 말자고 제안을 했고 상대도 동의했던 경험이 있다. 이렇듯 사전 스크리닝은 회사와 지원자 모두를 위해서 필요한 작업이다.

역량 진단 인터뷰 개요

인터뷰를 하는 기본적인 목적은 지원자 중에서 우리 조직이 원하는 역량을 갖추고 있는 인재가 누구인지를 가려내는 데 있다. 그런데 여기에는 또 하나의 목적이 있다. 그것은 유능한 인재가 우리 조직에 호감을 가지고 우리를 선택할 수 있게 하는 것이다. 채용은 어느 한쪽이 일방적으로 상대를 선택하는 것이 아니다. 마치 배우자를 결정하는 것처럼 쌍방이 서로를 선택하는 것이다. 채용 후보자 역시 우리의 잠재적 고객이자 우리 영업 조직의 평판에 영향을 미칠 수 있는 사람이다. 면접 과정 중에 후보자를 불쾌하게 하거나 프로페셔널하지 못한 인상을 준다면 그 사람이 SNS 등을 통해 우리 조직에 대한 부정적인 경험담을 전파할 수 있다. 따라서 다음과 같은 진행 개요를 기억하면서 최대한 상대에게 좋은 인상을 남길 수 있도록, 그리고 우리를 프로페셔널한 조직으로 인식할 수 있도록 해야 한다.

먼저, 당연히 후보자를 환대하고 면접관인 자신을 소개한다. 명함을 건네는 것도 좋다. 그리고 인터뷰가 어떻게 이뤄질지, 예상 소요 시간은 어떻게 되고 어떤 영역의 질문들을 주고받을지 개요를 설명하고, 기록을 해도 괜찮겠냐는 양해도 구한다. 채용 인터뷰도 하나의 미팅이기 때문에 미팅의 개요와 어젠다를 설명하고 본격적으로 대화에 들어가는 것이라고 생각하면 되겠다. 그리고 순서에 따라 이력서에 대한 리뷰를 하고 궁금한 부분은 질문을 통해 확인한다. 그리고 미리 준비한 영역별 질문으로 본격적인 역량 진단을 한다. 이 부분에 가장 많은 시간이 소요된다. 역량 진단 질문이 끝난 이후에는 후보자의 질문을 받아봐야 한다. 후보자의 질문은 그의 관심사, 가치 기준, 그리고 커뮤니케이션 스킬까지 확인할 수 있는 부분이기 때문에 이 순서는 반드시 필요하다. 특히 영업 담당자에게 있어 질문 능력이란 매우 중요한 스킬이기 때문에 후보자의 질문이 관리자에게 영감을 줄 수 있다면 그 질문 자체가 좋은 점수를 줄 수 있는 요소가 된다. 그래서 "혹시 질문 있으세요?" 하고 형식적으로 묻는 것보다는 "이제 후보자인 ○○씨가 질문할 순서입니다. 몇 가지 질문을 해보시기 바랍니다" 하면서 이 시간을 공식적으로 가져가야 한다.

역량 진단 인터뷰에서의 질문 영역

영업 담당자로서의 역량을 진단하기 위한 질문 구성은 인터뷰의 가장 핵심적인 부분이다. 역량 진단 인터뷰는 다음 네 가지 영역으로 이뤄진다.

먼저 영업 스킬에 대한 질문이다. 본인이 생각하는 효과적인 클로징 스킬은 무엇인가? 신규 고객을 어디에서 찾을 수 있는가? SNS를 영업에 활용할 수 있는 방안은 무엇인가? 이런 질문들을 통해 영업에 필요한 지식과 스킬을 갖추고 있는지를 확인해야 한다. 이때 영업과 관련한 성취 경험에 대해 질문함으로써 그 스킬을 실제로 가지고 있는지도 점검해봐야 한다. 단지 결과만 확인하는 것이 아니라 그 과정에서 본인이 어떤 노력을 했는지, 그것을 이룰 수 있었던 원인이 무엇인지, 본인이 기여한 부분은 구체적으로 무엇인지 등 최대한 사건 중심으로 자세하게 답변할 수 있도록 질문해야 한다. 만약 후보자가 경력이 아닌 신입 영업 지원자라면 본인이 영업을 잘할 수 있다는 것을 증명할 수 있는 사건이나 경험을 자세히 말해 달라고 요청하는 것이 좋다.

두 번째는 영업 시나리오에 대한 질문이다. 이것은 구체적인 영업 상황을 제시하고 본인이라면 그 상황에서 말과 행동을 어떻게 할 것인지를 묻는 것이다. 영업 조직에는 크고 작은 성공과 고객의 까다로운 요구에 대한 경험들이 축적되어 있다. 예를 들어 "우수 고객이 규정 이상의 할인을 요구하면 무엇이라 답변하겠는가?"와 같은 상황에 대해 질문할 수 있다. 혹은 "출근한다면 첫 한 달간은 어떤 활동을 할 것인가?" 같은 가상의 상황을 제시하고 이에 대한 답변을 요구하는 것도 좋다.

다음은 동기부여와 가치 기반에 대한 질문이다. 당신을 동기부여시키는 것은 무엇인가? 당신은 왜 영업이 좋은가? 경력을 통해 궁극적으로 이루고자 하는 것은 무엇인가? 이와 같은 질문으로 그 사람의 태도와 가치관을 확인할 수 있다. 필자는 개인적으로 "당신이 할 수 없는 것은 무엇인가?"라는 질문을 꼭 한다. 이를 통해 그 사람의 솔직함과 윤리 기준, 그리고 가치관을 확인해볼 수 있어 개인적으로 아끼는 질문이다.

마지막으로 행동 기반에 대한 질문이다. 이것은 영업 스킬과는 직접 관련은 없지만, 업무상 발생할 수 있는 다양한 상황에 대해 어떻게 대처했는지를 묻는 질문이다. 일을 하면서 불쾌한 상황은 무엇인가? 일하면서 실수한 것은 무엇인가? 그때 어떻게 대처했는가? 이런 질문들을 통해서 그 사람의 태도와 문제 대처 능력을 파악할 수 있다.

아무리 인터뷰 준비를 잘해도 그 사람의 진면목을 다 확인하지 못할 수 있다. 면접 때는 뭐든지 다 할 수 있을 것 같았는데 실제 일을 해보니 부족한 면이 너무 많은 경우도 있다. 하지만 그렇다고 해서 결코 사람을 함부로 뽑을 수는 없다. 완벽하지는 않지만 최대한 합리적으로, 인재를 가려낼 수 있는 인터뷰를 준비해야 한다.

온보딩 프로세스 체크리스트

온보딩 프로세스의 필요성

"4%의 직원은 출근 첫날의 부정적인 경험으로 인해 입사 즉시 퇴사한다. 또한 상당수의 영업 담당자는 입사 후 6개월 이내에 퇴사한다. 스물다섯 명 중 한 명의 직원은 온보딩 프로세스의 부족으로 인해 퇴사한다." 이상의 내용은 데일카네기 트레이닝의 글로벌 조사 기록이다.

첫인상은 매우 중요하다. 흔히 사람에 대한 첫인상은 불과 몇 초 만에 결정된다고 한다. 반면에 부정적으로 형성된 첫인상을 긍정적으로 바꾸기 위해서는 상당히 오랜 시간이 필요하다. 조직도 마찬가지이다. 새롭게 채용한 영업 담당자가 팀에 합류하고 나서 그 첫 며칠은 그 당사자는 물론이고 기존 영업 담당자들과 관리자에게도 매우 중요한 시기이다. 의심의 여지 없이 오리엔테이션과 온보딩 프로세스는 신규 담당자의 정착에 있어 매우 중요한 요소이다.

온보딩 프로세스란?

온보딩 프로세스란 말은 다들 들어봤을 것이다. 그러나 이것을 제대로 정의하고 있는 사람은 많지 않다. 그리고 온보딩 프로세스를 체계화된 문서로 가지고 있는 사람은 더욱 적다. 그것을 실천하고 적용하여 신규 영업 담당자를 체계적으로 지원하는 영업 관리자는 극소수일 것이다.

온보딩 프로세스를 무엇이라고 정의하는가에 따라 그에 대한 실천 전략도 달라진다. 우선 온보딩 프로세스를 업무에 필요한 정보를 제공하는 것 정도로 이해할 수 있다. 이런 경우에는 업무 관련자가 사내 인트라넷 사용법이나 헬프 데스크를 안내해 주고 필요하면 도움을 요청하라고 하는 짧은 오리엔테이션으로 온보딩 프로세스가 대체된다. 또 다른 경우 온보딩을 신규 직원을 위한 교육 과정으로 이해할 수도 있다. 그렇다면 회사에서 제공하는 신입사원 교육 또는 경력 사원을 위한 워크숍, 그리고 부서 임원과의 1:1 면담을 가장한 정신교육이 온보딩 프로세스를 대체한다.

하지만 영업 관리자에게 있어 온보딩 프로세스에 대한 올바른 정의는 '**신규 영업 담당자가 조직과 직무에 통합될 수 있도록 돕는 실행전략과 프로세스**'이다. 이 정의 속에서 관리자가 해야 할 일을 찾아야 한다. 온보딩 프로세스는 조직을 이해하는 과정이다. 구성원과 친밀한 관계를 형성하는 것을 포함해서 회사의 제도와 정책을 이해하고 여기에 적응하는 과정이다. 또한 직무를 파악하고 관련 능력을 습득하는 과정이다. 그리고 이 정의에는 '통합'이라는 말이 들어간다. 단순히 표면적 이해가 아니라 화학적 조화를 이룰 수 있도록, 조직과 직무에 녹아들 수 있도록 적극적으로 돕는 구체적인 전략, 그리고 일련의 과정이 바로 올바른 온보딩 프로세스이다.

90일 성공 온보딩 체크포인트

온보딩 프로세스는 언제부터 시작되는 것일까? 신규 영업 담당자가 출근하는 첫날 바로 시작되는 것일까? 아니다. 온보딩 프로세스는 채용이 확정된 영업 담당자가 출근하기 전 적어도 10일 전부터는 시작되어야 한다. 그리고 조직마다 다를 수는 있지만 일반적인 경우 온보딩 프로세스는 최소 입사일로부터 90일까지는 가동되어야 하다.

먼저 입사 10일 전부터 입사 당일까지의 프로세스 체크포인트를 살펴보자. 새로운 회사의 출근 첫날을 혹시 기억하는가? 그때 마음은 어떠했는가? 기대되기도 하고 설레기도 하고 다소 불안하기도 했던 기억이 있을 것이다. 신규 입사자가 출근하는 첫날에는 그가 일할 자리와 필요한 최소한의 도구, 그리고 환영하는 사람들이 있어야 한다. 먼저 기본적으로 시스템 셋업이다. 첫 출근 이전에 신규 영업 담당자에게 연락해 이메일 주소로 사용할 이름과 명함에 기록할 연락처 등을 확인한다. 그래서 출근 첫날에는 영업 담당자의 명함이 이미 준비되어 있어야 한다. 사내 인트라넷 아이디가 이미 개통되어 있어야 하고 책상이나 문구류 같은 기본적인 물품이 깔끔하게 갖춰져 있다면 더욱 좋다. 그리고 환영과 축하이다. 거창한 이벤트까지 준비할 필요는 없겠지만 직원들에게 미리 공지하여 따뜻하게 환영해 줄 것을 당부해 두는 것이 좋다. 지원팀에 미리 오리엔테이션을 요청해서 업무에 필요한 안내를 받는 과정이 매끄럽게 진행되어야 한다. 그럴 일은 없겠지만 신규 담당자가 출근하는 첫날에는 특히 지각하는 직원이 생기지 않도록 사전에 단단히 일러두어야 한다. 첫인상은 오래간다. 이 조직은 체계적으로 준비되어 있는 곳이라는 인상을 준다면 그 직원이 업무를 대하는 태도도 달라진다. 첫날부터 어수선한 모습을 보게 된다면 신규 직원의 근무 기강이 해이해지는 것은 시간문제이다.

다음은 입사 후 30일까지이다. 영업 담당자에게 가장 중요한 것은 아무래도 제품에 대한 지식과 경험을 쌓는 일이다. 30일 이내에 자사의 제품군을 모두 경험할 수 있도록 하는 교육 및 체험 스케줄

　　　　　　　　　　　　　　카네기 세일즈 리더십

이 작동되어야 한다. 생산 공장이나 창고가 있는 경우 30일 이내에 방문을 다 마칠 수 있도록 하고, 제품을 직접 사용해볼 기회를 충분히 가지게 하거나, 이론적인 제품 교육도 이뤄져야 한다. 회사의 공식적인 스케줄이 별도로 있더라도 영업 관리자는 특별히 이 부분을 신경 써서 챙겨야 한다. 영업은 자사 제품에 대한 내적 확신에서 시작된다는 것을 꼭 염두에 두기 바란다. 30일 이내에 핵심 성과 영역과 성과표준이 명시된 직무성과 기술서를 작성하도록 한다. 그리고 온보딩 기간에 달성할 수 있는 몇 가지 목표를 기술하도록 한다. 영업 사이클에 따라 매출, 혹은 잠재 고객 발굴량을 목표로 정할 수 있다. 최초 90일 이내에 달성할 수 있는 적절한 주간, 월간, 그리고 90일간의 활동 목표가 수립되어야 한다.

마지막으로 입사 후 60일 또는 90일까지의 과정이다. 이 기간은 모니터링과 점검의 시간이다. 해당 기간의 목표가 달성되었는지, 시니어와의 영업 동행이 일정 회수 이상 이뤄졌는지, 그리고 그에 대한 피드백을 확인한다. 영업 관리자와의 1:1 코칭 미팅이 90일 동안 몇 회나 이뤄졌는지도 점검해보라. 90일째에는 필요한 영업 스킬과 지식을 습득했는지 미팅을 통해 간단한 테스트를 해보는 것도 좋다. 이때 사내 정책과 업무상 필요한 보고 체계나 자원 활용법을 이해했는지도 점검하고 추가적으로 필요한 도움이 있는지를 확인한다.

중요한 건 이 모든 과정, 즉 입사일 이전부터 당일, 최초 30일, 그리고 최대 90일까지의 필수 실천사항이 문서화된 체크리스트로 정리되어 있는가 하는 것이다. 간단하게라도 이 부분을 꼭 따로 정리해서 문서로 작성해 두고 온보딩 프로세스 전반을 빠짐없이 관리하는 꼼꼼하고 친절한 관리자가 되어 보지 않겠는가?

언젠가 광고 문구에서 이런 글귀를 본 적 있다. "한 사람이 오는 건 그 사람의 삶 전체가 오는 것." 참 멋진 말이다. 사람을 채용한다는 것은 그 사람의 능력만 채용한다는 뜻이 아니다. 그의 생활, 인간관계, 가족의 생계, 그리고 미래의 꿈이 팀이라는 공동체에 함께 들어오는 것이다. 그런 관점으로 사람을 바라보고 받아들인다면 함께 멋진 조직을 만들어 갈 유능한 인재를 알아보는 안목을 키울 수 있다. 또한 그 사람 역시 당신이 최고의 리더라는 사실을 알아보게 될 것이다.

15장.

조직을 키우고 노하우를 공유하는 법

의학 드라마를 보면 빠지지 않고 등장하는 장면이 있다. 바로 주인공 의사가 동료 의사들 앞에서 사진 슬라이드를 넘기면서 환자의 특이 사항과 수술 과정을 프레젠테이션하는 장면이다. 의학 용어를 섞어 가면서 유창하게 환자의 케이스를 설명하는 장면을 통해 주인공 의사가 얼마나 뛰어난 전문성을 가지고 있는지를 보는 이에게 잘 전달해 준다. 실제로 의학계에서는 환자의 케이스 스터디가 매우 중요하게 다뤄진다. 이렇게 환자의 특이 사항과 수술 과정을 세세하게 구두나 서면으로 보고하는 행위를 '외과적 사례 보고(Surgical Case Report)'라고 한다. 이 보고서에는 환자의 상태, 해당 사례의 중요성, 환자의 인구학적 통계상 특징, 과거 병력과 증상, 진단과 치료법, 시술이나 수술 과정, 발생할 수 있는 합병증과 문제점, 수술 결과, 그리고 제안사항 등이 빠짐없이 세세하게 공유된다. 세상에는 수많은 사고나 질병이 있기 때문에 이러

한 사례 공유를 통해 의사들은 특이한 상황에서도 잘 대처해 나갈 수 있는 것이다. 이러한 케이스 스터디는 자세히 공유되고 종류별로 보관되어 실제 치료에 소중한 참고자료가 된다.

비즈니스에서도 이와 같은 작업이 필요하다. 고객의 상황, 고객사의 특징, 니즈, 접근 과정, 제안한 솔루션, 협상 과정, 사후관리에서 발견된 문제점 등 외과적 사례 보고처럼 각각의 성공과 실패 사례가 낱낱이 정리되어 있다면 매우 귀중한 자료가 될 것이다. 하지만 실제로 이러한 보고 활동을 성실하고 꾸준하게 수행하는 영업 조직은 많지 않다. 물론 영업 교육에서는 우수사례 공유를 많이 한다. 하지만 해당 사례를 체계적으로 정리하여 일종의 표준화된 지침을 도출하기보다는 영업에 성공한 사람이 자신이 어떻게 성공했는지 들려주는 수준에 그치는 경우가 대부분이다. 영업에서의 우수사례 공유는 실제로 유사한 문제를 해결하기 위한 매뉴얼 정립을 목표로 하기보다는 영업 우수자들의 성공 스토리를 통해 영업 담당자들의 동기를 부여하는 데 그 목표를 두는 경우가 많다. 의학계의 수준까지는 아니더라도 우리가 영업 활동을 통해서 습득하는 지식과 스킬을 체계적으로 전수하는 작업이 일종의 학습 시스템으로 만들어져 간다면 영업 담당자의 문제해결 능력은 날로 성장할 것이다. 영업이란 본질적으로 타인의 문제를 해결함으로써 대가를 받는 행위이다. 우리의 학습 시스템을 점검하고 보완함으로써 영업 담당자의 문제해결 능력을 지속적으로 업그레이드하는 것은 영업 성과를 향상시키는 데 반드시 필요하다.

영업 조직과 학습 시스템

티티마우스와 레드로빈

아리 드 호이스(Arie de Geus)는 세계적인 석유회사 그룹 로열더치쉘(Royal Dutch Shell) 출신의 유명한 경영 구루이다. 아리 드 호이스는 그의 저서 《살아있는 기업 100년의 기업》에서 티티마우스와 우유병 이야기를 통해 지식의 개방과 공유의 중요성을 역설했다. 그 이야기는 이러하다. 1900년대 초 영국에서는 집집마다 우유를 배달하는 서비스가 제공되기 시작했는데 당시에는 마개가 없는 우유병을 사용했다. 영국의 벌새 중에는 티티마우스와 레드로빈이라는 종이 있는데 이 두 종류의 벌새는 마개 없는 우유병에 접근해서 맛있게 우유를 먹을 수 있었다. 그러나 2차 세계대전이 발발한 후 기술이 발달하면서 우유병을 봉할 수 있는 알루미늄 마개가 개발되었고 이제 티티마우스와 레드로빈은 우유를 쉽게 먹을 수 없게 되었다. 먹이 공급이 단절될 위기에 처한 새들은 개별적으로 마개를 뚫는 방법을 터득하기 시작했다. 그런데 일정 시간이 흐른 후 티티마우스는 더욱 왕성하게 번식을 한 반면 레드로빈은 개체수가 현저히 감소했다. 과학자들의 분석 결과 티티마우스는 무리를 지어 서로 소통하는 방식을 취해서 마개를 뚫는 방법을 동족에게 전파할 수 있었지만 레드로빈은 자신의 영역을 중시하며 의사소통에 폐쇄적인 습성을 보였다. 개별 개체로는 레드로빈이 더 우수한 종이다. 하지만 티티마우스는 지식과 노하우를 적극적으로 공유함으로써 더욱 종족을 늘릴 수 있었고, 레드로빈은 그 반대의 길을 걷게 된 것이다.

"21세기의 가장 성공적인 조직은 학습하는 조직이다. 당신의 경쟁사보다 더 빨리 학습하는 능력이야말로 오래도록 지속될 수 있는 경쟁 우위를 차지하는 유일한 길이다." 이 이야기를 통해 아리 드 호이스가 강조하는 메시지이다. 그렇다면 우리의 영업 조직은 학습과 성장이 제대로 이뤄지고 있는가? 조직이 가지고 있는 성공과 실패의 경험, 그리고 거기에서 터득한 지식과 스킬은 어떤 시스템을 통해 체계적으로 공유되고 있는가? 뛰어난 인재를 보유하는 것만으로는 부족하다. 세상은 빠르게 변하고 있고 그 변화에 대응할 수 있는 유일한 길은 지속적으로 학습하고 성장하는 것뿐이다.

학습 시스템 구축의 필요성

학습 시스템이란 무엇인가? 혹시 영업 담당자를 채용하고 나서 제품 교육을 시키고 매월 명사를 초청해서 강연을 듣는 활동을 학습 시스템으로 생각하고 있지는 않은가? 물론 이러한 활동도 상당히 도움이 된다. 하지만 그것은 경쟁자들도 다 하는 것이다. 무엇보다도 시스템은 이벤트가 아니다. 시스템이란 부분적인 개체들이 규칙과 질서에 의해서 연결되어 작동하는 것을 말한다. 시스템은 예측 가능하고 지속적이다. 신입 담당자 교육이나 명사 초청 특강은 교육의 한 요소일 수는 있지만 학습 시스템은 아니다. 영업 조직에 있어 학습 시스템이란 영업 담당자의 역량을 증진할 수 있는 일련의 활동 및 자원의 집합 체계이다. 여기에는 교육 훈련, 강좌, 사례 공유, 자료 축적, 멘토링 등 많은 요소가 존재한다. 많은 활동이 있지만 우리 조직에 꼭 필요한 몇 가지를 선택하여 체계적으로 조합해 자기만의 학습 시스템을 구축한다면 예측 가능하고 지속적인 영업력의 향상을 기대할 수 있다.

혹시 영업은 누구나 쉽게 시작할 수 있는 일이라고 생각하는가? 관리직이나 사무직으로 경력을 쌓아 가다가 실직하게 되면 영업사원으로 일을 시작하는 사람도 많다. 실제로 인맥과 가격 할인만으로 영업이 이뤄지는 분야도 많기 때문에 영업직이라고 하면 아직도 비즈니스 전문가이기보다는 단순 판매직으로 인식되기도 한다. 하지만 절대 그렇지 않다. 영업이야말로 공부가 많이 필요한 분야이다. 제품에 대한 지식은 기본이고 산업 전반에 대한 지식, 영업 스킬의 습득, 비즈니스에 대한 안목, 그리고 인간에 대한 이해까지 필요하다. 그래서 영업인은 지식의 폭을 철학과 역사 등 인문학의 영역까지 넓혀야 할 필요가 있다.

데일카네기 트레이닝에서는 영업 전문가를 그 전문성에 따라 다섯 단계로 나눈다. 가장 기초적인 1단계 영업인은 '제품 강요자(Product Pusher)'이다. 지인에게 이 제품 하나만 사 달라고 조르거나 강요하는 사람이다. 당연히 전문가라고 할 수 없다. 이런 영업인들 때문에 사람들이 영업직에 대한 부정적인 인식을 가지게 된다. 2단계는 '할인 선호자(Price Talker)'이다. 가격으로만 흥정하는 사람이다. 이들은 남들보다 싸게 파는 것에만 집중한다. 일정 수준의 성과는 낼 수 있겠으나 여전히 전문가라고 할 수는 없다. 3단계는 '주문 대기자(Order Taker)'이다. 고객이 요청하면 잘 설명하고 물건을 판매할 수는 있으나 적극적인 비즈니스 개척 정신과 문제 해결력은 여전히 부족한 상태이다. 4단계는 '컨설턴트(Consultant)'이다. 이 4단계에 이르러서야 비로소 영업 전문가라는 이름을 붙일 수 있다. 컨설턴트는 말 그대로 컨설팅을 제공한다. 고객의 문제를 분석하고 대안을 제시하는 것이다. 5단계는 '신뢰받는 조언자(Trusted Advisor)'이다. 그 분야에 있어서는 이 사람이 가장 전문가이기 때문에 사람들은 그를 통해서 해결책을 얻기 원한다. 5단계의 영업 담당자는 고객과 깊이 있는 신뢰관계를 형성할 수 있고 진정한 파트너십을 경험한다. 때로는 고객으로부터 진심 어린 존경과 감사를 받는다. 그 분야의 전문가임을 인정받기 때문이다. 영업 담당자는 최소한 4단계 컨설턴트 이상이 되어야 한다. 그래서 영업 담당자는 그 어떤 직업인보다 공부를 많이 해야 한다. 또한 어떤 집단보다 학습과 성장이 중요한 곳이 바로 영업 조직이다.

문제는 영업 담당자는 늘 바쁘다는 것이다. 영업 관리자 역시 바쁘다. 아이러니하게도 영업 조직이야말로 학습이 정말 필요한데 의외로 가장 교육이 부족하다. 영업 담당자는 실적 마감하기도 바쁜데 언제 공부를 하느냐면서 볼멘소리를 한다.

R&D가 부실한 기업이 지속적으로 성공을 이어 갈 수 있을까? 아무리 혁신적인 제품이라 하더라도 시간이 지나면 경쟁자에게

추월당한다. 그래서 수많은 혁신 기업이 끊임없이 새로운 버전으로 제품과 서비스를 업그레이드하는 것이다. 영업은 그 혁신 경쟁의 최접점에 있다. 영업 담당자가 고객과 나누는 말과 행동에는 새로움과 품위, 그리고 전문성이 묻어나야 한다. 제품에 대한 공부, 영업 커뮤니케이션 스킬에 대한 연습, 그리고 나아가 인문 사회 전반에 걸친 폭넓은 지식 습득을 게을리하지 않는 조직만이 영업자를 신뢰받는 조언자로 성장시킬 수 있다.

성장하는 조직을 위한 학습 시스템 구축하기

70:20:10의 법칙

인재 개발을 의미하는 Human Resource Development, 줄여서 HRD 분야에는 '70:20:10의 법칙'이라는 교육 이론이 있다. 인재 개발을 위한 교육 훈련이 어떻게 이뤄져야 하는지를 설명하는 이론인데 간단하게 요약하자면, 비즈니스 역량을 습득하는 과정은 실제 현업에서 업무 수행을 통한 학습이 70%, 상호 피드백과 공유를 통한 것이 20%, 그리고 강좌나 공식적인 교육 프로그램을 통한 것이 10% 차지한다는 내용이다. 우리는 보통 교육과 학습이라고 하면 강의장에 모여서 강사를 통해 지식을 배우는 것을 떠올리기 마련이다. 하지만 실제 업무능력은 그것만으로 향상될 수 없다. 그렇다고 강의장에서 이뤄지는 10%의 학습이 소용없다는 것은 절대 아니다. 강사를 통해서 지식과 영감을 얻되 참가자들의 상호 피드백과 노하우 공유, 실무에서의 적용과 코칭, 그리고 배운 것을 바탕으로 한 실제 현업에서의 업무 수행이 유기적으로 이뤄질 때 역량이 효과적으로 개발된다.

영업 조직의 학습 시스템 구축은 이 70:20:10의 법칙에 기초해야 한다. 현업을 통한 성장, 상호 공유와 피드백을 통한 학습, 그리고 꼭 필요한 교육 세션을 조화롭게 설계해서 실행해야 한다. 그리고 이러한 학습 시스템의 구축과 운영이 교육 전문가나 인사 부서의 역할이라고 생각할 수 있다. 하지만 다음의 구체적인 사례를 살펴보면 영업 조직의 학습과 성장을 위해서 관리자의 역할이 상당히 중요하다는 것을 알 수 있다.

업무를 통한 학습

먼저 업무를 통한 학습이 있다. 학습은 업무 외의 추가적인 활동이라고 생각하기 쉬운데, 사실 이 부분에서 인식의 전환이 필요하다. 현업에서의 모든 일은 성과를 내야 하는 직무인 동시에 그 자체가 학습과 성장의 과정이다. 우선 영업 관리자 스스로가 '일이 곧 우리의 책임이자 학습의 과정'이라는 인식을 가져야 한다. 이러한 인식이 없으면 실수나 실패를 용납하지 못한다. 하지만 일이 곧 학습이라고 생각하는 관리자는 그 모든 과정을 통해 성장의 시사점을 도출한다. 또한 그 경험을 잘 정리하여 다음 도전에서는 더 나은 결과를 도모하고자 한다. 이것은 결국 영업 조직의 성장으로 이어진다.

실제 업무를 통한 학습은 일상적인 활동으로 이뤄져 있다. 그렇기에 새로운 업무를 부과함으로써 경험을 시도하게 해야 한다. "A 고객사에 연락해보고 미팅 약속을 잡아보세요"와 같은 과제 하나하나가 다 경험을 쌓는 것이다. 고객과 어떻게 소통해야 할지 관리자와 담당자가 사전에 논의하는 것 역시 학습의 과정이다. 직무성과 기술서를 점검하면서 성과표준을 논의하는 것, 업무상 발생하는 문제에 대해 코칭과 피드백을 제공하는 것 등이 모두 업무를 통한 학습에 해당된다. 이렇듯 업무 수행 과정이 학습 시스템의 일부가 될 수 있는지 여부는 영업 관리자의 인식에 달려 있다. 담당자의 업무 수행을 일종의 경험을 통한 학습으로 생각하고 제대로 된 코칭과 피드백을 제공할 수 있느냐가 관건이다. 영업 담당자에게 업무상 과제를 부여할 때 다음 두 가지를 함께 고려해보라. "이 일을 통해 성과를 낼 수 있는가? 이 일을 통해 배울 수 있는가?"

상호 공유와 피드백을 통한 학습

다음은 상호 공유와 피드백을 통한 학습이다. 한 사람이 한 가지 정보만 알려 주어도 열 명이 모이면 열 개의 새로운 지식이 쌓이게 된다. 이렇듯 영업 담당자 간에 서로의 성장을 촉진하는 방안을 마련해서 서로 배우게 하는 것이다. 대표적인 것이 멘토-멘티 제도이다. 주니어 영업 담당자와 시니어 담당자를 1:1로 조를 편성해 업무에 도움을 주도록 한다. 주니어는 시니어를 통해 배울 수 있고 시니어도 주니어를 가르치면서 리더십을 훈련할 수 있다. KMS(Knowledge Management System)는 업무상 노하우를 축적하고 공유하는 플랫폼을 활용한 지식의 전파를 뜻한다. 사내 인트라넷에 담당자가 작성한 제안서를 모아 두거나, 프로젝트가 끝난 후에 잘된 점과 부족한 점을 요약해서 게시하거나 보고하는 작업을 통해 지식을 공유하고 전파할 수 있다. COP(Community of Practice)는 일종의 학습 동아리이다. 독서모임 같은 것이 대표적인 예이다.

필자는 개인적으로 영업 관리자가 주도할 수 있는 상호 공유와 피드백 방법으로 컬로퀴엄(colloquium)을 추천한다. 컬로퀴엄이란 한 명의 발제자가 주제를 정해서 발표하고 이에 대해 질의응답을 나누는 방식이다. 영업 관련한 우수사례나 노하우, 고객과의 문제 해결 사례, 새로운 제품의 판매 포인트 등 영업에 도움이 되는 주제는 무수히 많다. 한 달에 한 번 정도 영업 담당자가 돌아가면서 주제에 대해서 공부하고 30분에서 1시간 정도 발표한 후에 토론과 질의응답을 나눈다. 준비하는 사람과 참여하는 사람 모두에게 도움이 되고 현업과의 연관성도 높기 때문에 시도해볼 가치가 있는 활동이다.

교육과 훈련을 통한 학습

마지막으로 교육과 훈련을 통한 학습이다. 이것은 회사의 교육 프로그램을 활용하거나 외부에 위탁 교육을 보내는 것이다. 물론 영업 관리자가 강사가 되어서 교육 세션을 진행할 수도 있다. 외부 세미나와 콘퍼런스에 영업 담당자들이 참여하도록 적극 권장하는 것도 좋다. 최근에는 무료로 진행하는 오픈 세미나가 많다. 또한 코로나19 이후에는 실시간 온라인 세미나도 많이 생겼다. 이러한 행사는 새로운 사람도 만나고 관련 지식과 소양을 쌓을 수 있는 좋은 기회가 된다. 당장 성과에 도움이 되지 않는 활동이라고 뒤로 미루지 말고 적어도 1년에 몇 번은 심지어 업무와 무관한 행사라고 할지라도 참여해보기를 권한다. 의외로 자신의 분야에 적용할 새로운 아이디어를 얻을 수 있는 자극과 기회가 된다.

영업은 사실 무수한 학습 경험들로 채워져 있다. 우리는 고객을 만나면서도 배운다. 또한 성공과 실패의 모든 과정을 통해 성장한다. 제안 프레젠테이션에서 탈락하더라도, 고객과의 미팅 중에 보기 좋게 거절당하거나 컴플레인을 받더라도 유능한 영업 관리자라면 이 질문을 놓치지 않는다. **"그래서 우리는 이것을 통해 무엇을 배웠는가?" "다음에 다른 결과를 내기 위해서 어떤 것을 다르게 할 것인가?"** 물론 성공 경험을 했을 때도 마찬가지이다. **"이 프로젝트에 성공할 수 있었던 요인은 무엇인가?" "어떻게 이것을 유지하고 더 발전시킬 것인가?"** 이러한 질문에 대한 대답들이 공유되는 과정을 만드는 것! 이것이 바로 학습 시스템의 본질이다.

영업 관리자의 자기계발

사춘기 자녀를 키워본 부모라면 다 알 것이다. "공부해라"만큼 공허한 말이 없다는 것을. 공부하라는 말에 아이가 정말 공부를 열심히 하게 된다면 같은 말을 백 번이고 천 번이고 할 것이다. 그런데 부모가 TV와 스마트폰을 끄고 집에서 책을 보고 있다면 어떨까? 조금은 분위기가 달라지지 않겠는가? 이와 마찬가지로 영업 담당자를 전문가로 발전시키기 위해서 선행되어야 하는 것은 관리자 스스로가 모범을 보이는 일이다. 영업 관리자는 학습과 자기계발에 있어 가장 선봉에 서야 한다. 영업 관리자는 새로운 전략을 도출해야 하고, 문제를 앞장서서 해결해야 하며, 직원의 고충을 들어 주어야 한다. 영업이 잘 이뤄지지 않는 직원의 문제를 파악해서 해결책을 제시하고, 중요한 제안 프레젠테이션에서는 담당자가 미처 알아채지 못한 결정적인 판매 포인트를 찾아내야 한다. 이러한 작업이 어찌 새로운 지식과 통찰 없이 가능하겠는가? 관리자 스스로 자기계발을 하지 않으면서 영업 조직을 성장시킨다는 것은 공부하라는 부모의 잔소리만큼 부질없는 일이다.

문제는 시간이다. 관리자는 바쁘다. 급한 일을 처리하느라 바빠서 자기계발은 사치처럼 느껴지기도 한다. 미국 로드아일랜드에 있는 배링턴칼리지의 총장을 역임했던 찰스 험멜(Charles E. Hummel)은 이와 관련해서 '긴급성의 횡포'라는 모델을 제시했다. 우리가 사용하는 시간은 크게 4분면으로 이뤄져 있는데 이것은 긴급성과 중요성이라는 기준을 가지고 있다. 즉 업무 마감, 회의, 보고 등의 긴급하고 중요한 일, 운동이나 독서, 관계 형성 등의 긴급하지는 않지만 중요한 일, 불필요한 방문객 응대, 정크 메일 확인

등의 긴급하지만 중요하지 않은 일, 그리고 쓸데없이 보내는 긴급하지도 중요하지도 않은 일로 우리가 하는 일들을 구분한 것이다.

많은 사람이 이것을 시간관리 프레임이라고 생각한다. 하지만 이것은 시간관리 스킬의 의미를 넘어서 리더십의 차원에서 이해해야 한다. 즉 리더는 시간이라는 중요한 자원을 우선순위에 따라 잘 배분해야 하는데 많은 리더가 긴급한 종류의 일에 쫓겨서 중요한 일에 할애해야 할 시간을 자꾸만 뒤로 미룬다는 것이다. 사실 결과는 시간이라는 자원이 투입되는 곳에서 나온다. 인간관계에 시간을 많이 쏟으면 직원과 신뢰관계를 형성할 수 있고, 영업 담당자를 코칭하는 데 시간을 쓰면 직원을 성장시킬 수 있다. 이렇게 팀의 비전 점검, 직원 교육과 코칭, 운동이나 독서와 같은 자기계발 영역은 지금 당장 해야 하는 긴급한 일은 아니지만 매우 중요한 일이다. 이런 일들을 우선순위에서 자꾸 뒤로 미루다 보면 긴급한 일은 더 많이 생기게 되고 결국 중요한 부분을 못하게 되는 악순환이 반복된다. 영업 관리자는 어떻게 해서라도 이 긴급하지는 않지만 중요한 일을 할 수 있는 시간을 규칙적으로 확보해서 꾸준히 자기계발을 해야 한다.

흐르는 물과 고인 물

자기계발 시간을 확보하기 위해서는 블록타임(blocktime)을 만드는 게 핵심이다. 블록타임은 미리 설정된 자기만의 시간이다. 이 시간은 일종의 자기 자신과의 약속이다. 일주일에 한 번, 한 달에 한 번이라도 자신만의 시간을 미리 '블록화'해서 확보해야 한다. 매달 공부 시간을 자동 이체시키자는 것이다. 월급에서 필요한 돈을 먼저 쓰고 남는 돈으로 저축을 하는 사람은 없다. 저금할 돈은 미리 자동이체로 빼 두고 남는 돈으로 생활하는 것이 상식이다. 시간도 마찬가지이다. 한 달 스케줄을 짤 때 이 블록타임을 가장 먼저 스케줄에 넣어야 한다. 그리고 혹시 이 시간에 일정이 생기려 하면 중요한 약속이 있다고 거절하라. 자기 자신과 약속한 것이기 때문에 이것은 거짓말이 아니다. 그런데 정말 중요한 업무나 고객과의 약속이 생기면 어떻게 해야 할까? 여기서 핵심은 이것이 우선순위의 문제라는 것이다. 중요한 약속이 생겨 불가피하게 변경해야 한다면 그 일정을 취소하는 것이 아니라 다른 날로 옮겨 잡아야 한다. 이와 같은 인식을 통해 나만의 블록타임을 다른 중요한 일정들과 동등한 우선순위에 놓고 조율한다면 분명 시간을 확보할 수 있다. 사람은 아무리 바빠도 자신에게 중요한 일은 할 수 있다.

흐르는 물과 고인 물이 있다. 흐르는 물은 지속적으로 깨끗하고 새로운 양분을 제공해 준다. 하지만 고인 물은 어떤가? 자꾸 퍼내다 보면 바닥이 드러난다. 바닥이 드러날수록 그 물은 더럽고 지저분해지기 마련이다. 직원을 가르치면서 10년 전, 20년 전 이야기를 반복하는 리더를 본 적 있는가? 우리는 말할 자격이 있는 자신의 경험을 통해 타인에게 영감을 줄 수 있어야 한다. 하지만 그 경험은 새로운 것이어야 한다. 꼰대는 예전 경험을 우려먹고 리더는 새로운 경험으로 영감을 준다. 바쁜 영업 관리자가 그 새로움을 어디에서 얻을 수 있겠는가? 힘들더라도 영업 관리자는 지속적으로 자신을 새롭게 하는 시간을 갖고 자기계발을 게을리하지 않아야 한다. 본사에서 주어지는 자료는 제일 먼저 학습하고, 출퇴근 길에 책을 손에서 놓지 말아야 한다.

흐르는 물이 되어야 한다. 고인 물은 썩기 마련이다. 상류에서 물을 공급받아야 한다. 영업 관리자는 배움의 물길을 스스로 내는 사람이다. 영업 담당자는 새로운 성장이 없을 때 관리자를 탓할 수 있다. 하지만 관리자는 탓할 사람이 없다. 조금만 관심을 가지면 우리에게 상류의 샘물이 되어 줄 자원을 찾는 것은 그리 어렵지 않다.

"성공 없는 성장은 공허하고 성장 없는 성공은 위험하다"는 말이 있다. 성장, 즉 공부는 열심히 하는데 성공이라는 결과가 따라오지 않는다면 공허하다. 하지만 더 큰 문제는 성장 없이 찾아온 성공이다. 영업을 하다 보면 운이 따를 수도 있고, 또는 집요한 정성과 노력으로 큰 계약을 따내는 경우도 있다. 하지만 성장 없이 찾아온 성공은 언젠가 반드시 그 대가를 치르게 만든다. 성공의 경험들이 또 다른 성장을 만들어 내고 있는가? 영업 관리자는 이 부분을 반드시 점검해야 한다. 영업 담당자의 전문성이 지속적으로 성장할 수 있도록 학습 시스템을 보완해야 한다. 성공한다고 자동적으로 성장하는 것은 아니다. 하지만 성장을 하다 보면 언젠가 성공이 따라온다.

16장.

리더의 마지막 미션, 차세대 리더 키우기

"장미꽃을 건넨 사람의 손에는 장미 향이 남는다."

중국 속담이다. 베풀고 나누면 자신의 가치가 더욱 커진다. 리더십은 궁극적으로 주변 사람에게 영향력을 미치는 것이다. 그러나 거기서 그치는 것이 아니다. 손에서 손으로 장미 향이 이어지듯이 한 사람이 또 다른 사람에게 더 큰 영향을 줄 수 있는 존재로 성장하는 데까지 나아가야 한다. 리더십도 이렇게 전수되어야 한다. 리더의 마지막 과업은 또 다른 리더를 세우는 것이다.

지금 내가 속한 곳을 멋지게 만드는 것은 리더의 1차 과제이다. 그러나 내가 그곳을 떠난 이후에도 지속적으로 아름다움을 유지할 수 있게 하려면 무엇보다 사람을 남겨야 한다. 그 사람을 통해 공동체를 이롭게 하는 가치가 전파되고 현재의 성과가 미래의 성공으로 지속적으로 이어질 수 있게 해야 한다. 훌륭한 리더는 그가 왕성하게 활동할 때도 좋은 평가를 받지만 정말 중요한 평가는 그가 떠난 후에 이뤄진다. 자신을 대신할 수 있는 리더를 양성해서 조직이라는 배의 키를 안정적으로 넘겨줬는지 여부가 리더십의 마지막 평가 단계이다. 내가 떠나고 나서도 안정적으로 조직이 여정을 계속한다면 나는 좋은 리더로 평가받을 수 있다. 그렇지 않고 리더가 자리를 비우면 흔들리고 혼란에 빠지는 조직이 된다면 그는 리더라기보다는 한 명의 스타플레이어에 지나지 않는다. 영업 관리자의 최종 목적은 주목받는 스타플레이어가 되는 것이 아니다. 관리자의 뒤를 따르는 다음 세대가 장미 향을 더 넓게 퍼트리고, 지속적으로 스타플레이어가 양성될 수 있게 환경을 만들고 떠나는 것이다. 그렇기에 다음 세대를 위한 리더의 양성이야말로 리더십 여정의 최종장을 장식할 주제이다.

리더십 전수를 위한 준비

사람들은 리더십을 어떻게 배우는가? 물론 관리자를 양성하기 위해 체계적인 리더십 교육을 제공하는 기업도 많이 있지만, 하루 이틀의 집합교육으로 리더십을 배운다는 것은 현실적으로 불가능하다. 단기간 리더십 교육은 리더십 자체를 배우는 것이 아니라 리더십의 특정 스킬이나 개념을 학습하는 정도에 그친다. 사실상 조직에서 리더십은 대개 비공식적으로 습득된다. 어깨너머로 배우는 것이다. 이전 상사들이 해왔던 방식대로 하거나 조직문화 속에 자연스럽게 녹아 있는 어떤 암묵적 합의에 의해 자신도 모르게 이런저런 형태로 리더 역할을 수행하는 것이 현실이다. 또는 자신의 타고난 성향에 의지해서 주어지는 과제를 그때그때 해결해 나가면서 리더의 역할을 수행하기도 한다. 한마디로 주먹구구식 리더십이다. 사실 해당 영업 조직에 필요한 리더십을 제대로 정의할 수 없다면 어떻게 다음 리더로 적합한 사람을 양성할 수 있겠는가?

먼저 자신의 리더십 스타일에 대해서 분석해봐야 한다. 복잡한 이론에 의지하지 않더라도 영업 관리자로서 자신이 어떤 장단점을 가지고 있는가를 생각해볼 수 있다. 스스로 중점을 두고 추진한 것이 성과가 있었다면 그것에 대한 자신의 신념이나 능력이 그 조직의 리더에게 필요한 역량 중 하나이다. 또한 자신의 부족한 점이 보완된다면 훨씬 더 팀을 잘 이끌 수 있을 것 같다면 그 부분 역시 중요한 리더십 역량 중 하나이다.

자신에 대해서 생각해봤다면 거기에서 멈추지 말고 이전의 관리자 선배들을 떠올려보라. 마찬가지 방식으로 그 사람의 장점은 무엇인지, 팀에 부정적으로 작용했던 단점은 무엇인지 생각해본다. 이런 방식으로 생각을 정리해서 우리 조직의 리더에게 꼭 필요한 자질을 약 다섯 가지 정도로 요약한다. 반드시 인사·조직학적으로 정의된 역량 모델이 아니어도 좋다. 예를 들어, 영업 담당자들과 좋은 관계를 유지할 수 있는 사람, 산업과 제품에 대해 풍부한 정보와 지식을 가지고 있는 사람, 프레젠테이션이나 커뮤니케이션 능력이 탁월한 사람, 인내심이 강한 사람, 의사결정이 빠른 사람 등등으로 조직에 필요한 리더상을 표현할 수 있다. 이런 특징들이 실제 자기 자신과 이전 관리자들의 모습에서 뽑아낸 것이라면 이는 사실상 경영서에 나오는 리더십 역량보다 더 가치 있는 리더상이라 할 수 있다.

리더상을 생각해본 후에는 영업 담당자들을 관찰해야 한다. 관리자의 개인적 선호나 현재의 영업 실적만으로 사람을 판단하지 말고 위와 같이 정한 기준들에 부합하는지를 편견을 버리고 관찰해야 한다.

다음 세대 리더를 준비하는 것은 지금 당장 필요한 일이 아니기 때문에 대부분의 영업 관리자는 리더십 파이프라인에 대해 깊게 생각하지 않으며 미리 준비하지도 않는다. 또한 사람에게는 기본적으로 자신과 유사한 사람을 선호하고, 자신과 다른 사람은 쉽게 배격하는 성향이 있다. 그래서 리더를 세울 때 그저 영업 관리자와 유사한 사람이거나 혹은 영업 성과가 좋은 사람이 리더로 추천되는 것이다. 현명한 영업 관리자라면 이러한 점을 잘 알고 차세대 리더 양성의 관점에서 객관적인 시각을 가지고 미리미리 준비하는 노력을 해야 한다.

예비 리더를 선발하고 키우는 법

누가 리더가 되어야 하는가?

리더로서 어떤 사람이 적합한지를 판단하는 문제는 정말 어렵다. 이것은 가지 않은 길을 가는 것과 같다. 하지만 우리의 과거는 앞으로의 미래에 힌트를 제공한다. 과거의 행동 패턴을 주의 깊게 관찰하면 그 사람 고유의 특성을 알 수 있고 이 특성을 통해 미래를 조금이나마 예상할 수 있다.

이때 기억해야 할 것은 훌륭한 선수와 훌륭한 코치는 다르다는 점이다. 1990년대 NBA 최강의 팀이었던 시카고 불스를 이끌었던 필 잭슨이나, 우리가 잘 아는 히딩크 감독은 선수 시절 슈퍼스타가 아니었다. 영업 담당자의 역량과 영업 관리자의 역량은 엄연히 다르다.

하지만 최소한 말할 자격을 갖춘 사람이 리더가 되어야 하다. 고성과자가 반드시 좋은 관리자가 되는 것은 아니지만 저성과자가 좋은 관리자가 되는 것은 더더욱 어렵다. 기본적으로 영업 담당자로서 최소한의 성공 경험도 없는 사람이 유능한 관리자가 되는 것은 쉽지 않다. 이때의 기준은 '말할 자격이 있는가'이다. 완벽하지 않더라도 적어도 부족한 부분을 보완하고자 끊임없이 노력했는가? 그리고 본인의 경험을 통해 영업이라는 일의 본질을 잘 이해하고 있는가 하는 것은 여전히 중요한 기준이 된다. 그래서 일반적으로는 리더 후보를 중간성과자 이상에서 찾는 것이 기본이다.

영업 담당자 중에 리더의 자질을 보이는 사람이 있다면 그의 리더십을 확인할 수 있는 일종의 경험이 필요하다. 이를 위해서는 리더십 과제를 부여해보는 것이 중요하다. 영업 관리자가 해야 하는 일의 일부를 위임해서 실제로 리더로서 역할을 수행해볼 수 있도록 하는 것이다. 영업 회의를 직원들이 돌아가며 주관하게 하는 것도 방법이다. 우수사례를 공유하는 학습 모임을 주관하게 하거나, 주니어 영업 담당자에 대한 멘토링을 맡겨보는 것도 좋다.

리더 적임자를 판단할 때 100% 마음에 드는 사람을 찾기는 아마 쉽지 않을 것이다. 하나가 마음에 들면 다른 하나가 아쉬울 것이다. 이럴 때는 의사결정 기준을 활용해야 한다. 의사결정 기준은 기본적으로 두 가지다. 하나는 절대적 기준이고 다른 하나는 바람직한 기준이다. 절대적 기준에는 점수가 없다. '예/아니오'만 존재한다. 이를테면 영업 담당자 경력 5년 이상, 영업 성과 최소 얼마 이상, 회사 지침을 위반하는 윤리적 문제 여부 등 '예', '아니오'로 판단할 수 있는 기준을 먼저 설정하고 거기에 위배되는 사람은 다른 장점이 있더라도 과감히 배제해야 한다. 절대적 기준을 적용한 뒤에는 바람직한 기준을 설정한다. 이때 미리 만들어 놓은 이상적인 영업 관리자의 특징을 놓고 1~5점까지 점수를 매긴다. 직원 간의 인간관계 점수, 영업 프레젠테이션 점수, 영업 전략에 대한 이해도 점수 등 영업 관리자에게 필요한 핵심 역량별로 점수를 부여한다. 그 결과 상위 점수가 나온 두세 명이 영업 관리자 후보군이 된다.

리더 양성을 위한 조언

영업 관리자 후보군이 정해졌다면 이들을 리더로 양성하기 위한 작업을 해야 한다. 물론 리더 양성이 영업 관리자가 전력을 기울여야 하는 별도 활동이 되어서 그 자체가 지나친 부담이 되는 것은 좋지 않다. 여유를 가지고 하되 리더 양성 과정 자체가 현재 영업 조직의 성과에 도움이 되도록 만들면 된다.

우선 이들의 태도를 점검해야 한다. 관리자가 된다는 것은 무한 책임을 지게 됨을 의미한다. 관리자에게도 물론 직무 범위라는 것이 있지만 한 조직의 수장은 명시된 업무 범위를 넘어서 주도적이고 창의적으로 팀을 이끄는 것이 기본이다. 여기에는 일종의 희생이 뒤따른다. 영업 관리자 역시 개인의 삶이 있고 지나친 노동에 번아웃 되어서는 안 되지만 담당자에 비해서 그 희생과 책임의 범위가 큰 것은 부인할 수 없는 사실이다. 영업 관리자가 조직을 이끌면서 "이것은 고용계약서에 없는 일인데" 하면서 매뉴얼에 있는 일만 하려는 태도를 보인다면 곤란하다. 관행과 업무 매뉴얼에 의존하는 관리자는 없는 길을 뚫어 내는 역할을 할 수 없다. 리더 후보들이 이러한 태도를 가지고 있는지 여부는 리더십 과제를 맡길 때 나오는 반응을 보면 알 수 있다. 팀을 위해서 이 일을 해주었으면 한다고 부탁할 때 기꺼이 맡고자 한다면 영업 관리자로서 일단 합격점을 줄 수 있다. 하지만 "그건 제 일이 아닌데요?" "그 일을 하면 추가적인 보상이 있나요?" 등을 따진다면 다시 생각해 봐야 한다. 물론 현재의 업무를 방해할 정도로 지나치게 부당한 일을 요구하는 것은 금물이다.

다음으로 리더 후보에게는 학습과 성장의 기회를 추가로 제공

카네기 세일즈 리더십

해야 한다. 리더로서 소양을 쌓을 수 있게 회사의 교육 기회를 적극 활용하도록 배려하거나, 추가적인 1:1 미팅을 통해 조직의 방향에 대해 깊이 있는 대화를 나누는 것도 좋다. 예를 들어 필자의 경우 성과평가 시즌이 되면 대부분의 직원과 회사에서 1:1 미팅을 하지만 관리자 후보로 염두에 두고 있는 직원과는 별도로 식사를 하면서 좀 더 긴 대화의 시간을 갖는다. 그러면서 개인 성과를 넘어 조직 전체가 나아가야 할 방향에 대해 대화를 나눈다. 그 과정을 통해 리더십 자질을 확인할 수 있고 서로 배울 수 있는 기회도 가질 수 있다.

인사는 인사팀의 전유물이 아니다. 영업 관리자가 인재 양성과 배치에 있어 선봉에 서야 한다. 그것이 경영 마인드를 가진 영업 관리자의 자세이고 이러한 태도는 영업 관리자 역시 다음 리더십 파이프라인으로 나아가게 하는 원동력이 된다. 이상의 지침들을 기억하고 리더를 양성하는 리더로 한 걸음 한 걸음 걸어가야 한다. 리더를 키울 때 내가 더 큰 리더가 될 수 있다는 사실을 명심하기 바란다.

흔히들 "자리가 사람을 만든다"고 한다. 하지만 과연 그럴까? 정말로 자리가 사람을 만든다면 누가 대통령이 되어도 국정을 잘 운영할 수 있어야 한다. 하지만 현실은 당연히 그렇지 않다. 자리가 사람을 만든다는 것은 무책임한 말이다. 어떤 리더가 그 자리에서 부정적인 관행을 답습할 때 그를 비판하는 말로 쓸 수 있을지는 몰라도, 누구나 맡겨지면 그 일을 한다는 뜻으로는 결코 적용될 수 없다. 자리가 사람을 만드는 것이 아니라 준비된 사람이 그 자리에서 더 크게 성장하는 것이다. 그리고 그 준비는 현재 그 자리에 있는 사람이 떠나기 전에 반드시 돌아봐야 할 중요한 과제이다.

성공 DNA를 남기는 최고의 영업 관리자

과학 수사에서는 DNA 감식이 기본이다. 범죄 현장에서 발견한 범인의 DNA는 사건을 해결하는 데 결정적인 역할을 한다. DNA는 사람을 규정하는 고유한 요소이고 누군가 움직인 자리에는 DNA라는 흔적이 남게 된다. 영업 관리자도 리더의 DNA를 가지고 있다. 각 영업 관리자에게는 고유의 리더십 스타일이 있고 그 사람이 있던 자리에는 그 흔적이 남게 된다. 그래서 영업 관리자는 성공의 DNA를 가지고 있어야 한다. 내가 원하든 원치 않든 누군가는 나의 DNA라는 흔적 위에서 다음 리더십을 이어받을 것이다. 다만 다음 리더가 나의 DNA를 깨끗이 지우고 싶어 하는지 아니면 나의 DNA를 이어받아 더 큰 발전을 이루려 할지는 전적으로 나 자신에게 달려 있다. 영업 관리자로서 조직을 이끌면서 겪은 수많은 경험이 무가치한 것으로 폐기되기를 원하는 사람은 없을 것이다. 자신이 조직을 떠나기 전에 성공의 DNA를 물려주는 사람이 된다면, 그간 수고한 모든 일은 결코 헛된 것이 아니다. 그래서 떠나는 것을 준비하는 것이 역설적으로 현재를 충실하게 만드는 일이 된다.

혹시 죽을 뻔한 경험이 있는가? 필자가 20대 청년일 때의 일이다. 어느 늦은 밤, 전화 통화를 하면서 외진 곳에 있는 철길을 걷고 있었다. 정신을 놓고 이야기를 나누고 있는데 빵 하는 경적이 울리고 등 뒤에서부터 밝은 조명빛이 나를 감싸 오기 시작했다. 그 순간까지도 무슨 생각이었는지 위험을 눈치채지 못했다. 그러다 뒤를 돌아보는데 눈앞에 전속력으로 달려오는 기차의 헤드라이트가 보였다. 그 순간 몸을 날려 가까스로 기차를 피할 수 있었다. 깜짝 놀라서 한참을 식은땀을 흘리며 그 자리에 서 있었던 기억이 난다. 지금도 그 생각을 하면 내가 그때 죽었을 수 있었겠구나 하는 생각에 머리끝이 쭈뼛해진다. 그런데 신기한 것은 그 죽음의 경험을 생각할수록 현재가 소중하고 감사하게 느껴진다는 것이다. 아침에 마시는 커피 한 잔, 직원들과 수다를 떨며 보내는 점심시간, 퇴근 후에 아내와 나누는 소소한 대화들까지, 당장 내일이라도 죽음이 찾아오면 이 모든 것이 사라질 수 있다는 생각이 들 때면, 이 작은 순간 하나하나가 얼마나 소중하게 느껴지는지 모르겠다. 하지만 문제는 우리는 마치 끝이 없을 것처럼 생각하며 산다는 것이다. 그래서 오늘 하루를 낭비하다 그 소중한 순간의 가치를 느끼지 못하고 그저 흘려보내고 만다.

모든 것에 끝이 있다는 사실은 우리를 겸손하게 만든다. 끝이 있는 것은 숭고하다. 스티브 잡스는 "삶의 최고의 발명품은 죽음이다. 죽음은 인생을 변화시키고 새로움이 낡은 것을 버릴 수 있도록 만들기 때문이다"라고 말했다. 그가 암 투병을 하며 죽음을 생각하면서 얻은 깨달음이다. 아마도 죽음에 가까워질수록 그의 삶에서 가장 중요한 것들이 더욱 뚜렷이 보였을 것이다.

영업 관리를 하면서 삶과 죽음까지 논해야 하나 하는 생각이 들 수도 있다. 다만 끝을 준비하라는 것이다. 끝이라는 거울은 현재의 가장 중요한 것들만 비춰 준다. 그래서 현재를 가치 있게 만드는 작업은 끝을 생각하면서 오늘을 사는 것이다. 영업 관리자로서 끝을 생각한다는 것은 다음 질문들을 품고 현재의 일을 성실히 수행하는 것에 다름 아니다.

첫 번째 질문은 '나는 어떤 사람으로 기억되고 싶은가?'이다.

훗날 나의 동료들은 나를 어떤 사람으로 기억할까? "홍 본부장님은 정말 우리 일에 대한 신념이 있는 사람이었다." "김 전무님은 탁월한 분이었다." "박 팀장님은 누구보다 열정적인 사람이었다." 지금의 영업 관리자가 떠난 후에 이런저런 말들로 후배들은 그 사람에 대해 회고할 것이다. 그때 기억되고 싶은 말이 곧 그 자신이 추구하는 DNA, 남기고 싶은 가치이다. '나는 어떤 사람으로 기억되고 싶은가?' 이 질문은 리더에게 방향성을 제시하고 그 목표에 충실한 현재를 만드는 나침반과 같다.

두 번째 질문은 '나로 인해 우리 조직이 더 나아진 점은 무엇인가?'이다.

대부분의 사람은 업적을 남기고 싶어 한다. 그러나 리더에게 있

카네기 세일즈 리더십

어서 중요한 성취는 나의 업적이 아니라 나로 인해 우리가 더 나은 팀이 되는 것이다. 사람은 자기효능감을 느끼고 싶기 때문에 무언가 공을 세우려는 욕심을 가지고 있다. 하지만 그라운드 밖에서 진두지휘를 해야 할 코치가 다시 골을 넣는 스트라이커로서 스포트라이트를 받고 싶어 해서는 안 된다. 영업 관리자는 공을 세워서 스타가 되는 것이 아니라 팀원들을 빛나게 만들어 주는 역할을 해야 한다. 나를 낮추고 그들이 스포트라이트를 받을 수 있도록 도움을 주라. 좋은 리더는 "그가 해냈다"라는 말을 듣는다. 그러나 위대한 리더는 "우리가 해냈다"라는 말이 나오게 만든다. 나로 인해서 우리 조직의 경쟁력이 높아질 수 있는 일이 무엇인가? 그것을 찾아서 그 일에 매진하라. 그러면 좋은 리더를 넘어 위대한 리더가 될 수 있다.

이제 마지막 질문이다. '나는 앞으로 무엇을 새롭게 이루어 갈 것인가?'

영업 관리자 역할을 경력의 마지막처럼 여겨서는 안 된다. 영업 관리자 역시 다음 단계의 리더로 나아가야 한다. 영업 프로세스만 생각할 것이 아니라 비즈니스 전체를 바라보는 안목을 키워보라. 조직과 산업 전반에 대한 학습을 게을리하지 말기 바란다. 이것은 자신만을 위한 노력이 아니다. 우리는 꿈이 있는 팀원을 원한다. 자녀에게 꿈을 심어 주려고 "너는 의사나 판사가 되어야 해" 하고 가르칠 수 있다. 하지만 이것은 가장 낮은 수이다. "너는 꿈이 무엇이냐" 하고 묻는 것은 그보다 낫다. 하지만 최상의 방법은 부모 스스로 자신의 꿈을 가지고 그것을 위해 노력하는 모습을 보여 주는 것이다. 그러면 자녀 역시 자연스럽게 자신의 꿈에 대해 생각하게 된다.

　지금까지 성공의 DNA를 남기는 영업 관리자에 대해 생각해보았다. "'우리 조직의 성공 DNA란 이런 것이다'라는 매뉴얼을 남겨서 전달하라" 하는 것과는 조금 다른 각도의 이야기였다. 끝을 생각하면서, 나는 어떤 사람으로 기억될지, 어떻게 하면 더 나은 조직을 만들지, 그리고 나의 다음 단계는 무엇일지를 고민하면서 사는 삶을 살자는 것이다. 그것이 성공의 DNA를 정의하는 과정이다. 그리고 그 DNA가 나의 흔적이 되어 다음 세대로 전수되는 역사가 된다. 우리가 몸담은 회사가 그 역사를 써 내려왔으며 나 역시 그 흐름 가운데서 고객을 만나고 직원들과 함께 울고 웃고 있다. 그것이 영업 관리자가 살아가는 리더의 삶이다.

에필로그

나는 영업이 좋다. 살아 있는 동안 많은 사람을 만나서 그들이 가지고 있는 문제를 해결해 줄 수 있기 때문이다. **"불멸에 이르는 길은 기억될 만한 가치가 있는 삶을 사는 것"**이라고 했다. 나를 만나서 솔루션을 제시받고 이를 통해 이득을 얻은 사람은 비록 내가 사라진다 할지라도 나의 제안 덕분에 혜택을 입고 살아간다. 누군가는 비용을 절감하고, 누군가는 좋은 제품의 효능을 얻고, 누군가는 조직 내에서 인정을 받을 것이다. 우리가 판매하는 제품과 솔루션은 그것이 크든 작든 다른 사람의 문제를 해결해서 더 나은 삶을 풍요롭게 영위하는 데 도움을 주는 것들이고 그것을 전하는 영업이라는 일은 그렇게 숭고하다. 그리고 영업 관리자는 솔루션의 가치가 끝없이 전해지도록 다리를 놓는 사람이다. 언젠가 직원들에게 이런 말을 한 적 있다.

"우리가 왜 데일 카네기의 교육 솔루션을 판매하고 또 강의를 하는가? 그것은 데일 카네기가 지금 여기에 없기 때문이다. 데일 카네기는 숭고하고 도전적인 정신으로 1912년 뉴욕의 YMCA 회관 한구석에서 이 일을 시작했다. 카네기는 수많은 사람의 문제를 만나고 그것을 해결하는 데 평생을 헌신했다. 이미 1955년에 작고한 카네기가 지금도 살아서 수많은 사람을 만나서 프로그램을 소개하고 강의할 수 있다면 우리가 굳이 이 일을 하지 않아도 된다. 하지만 카네기는 지금 여기 살아 돌아와서 그 일을 할 수 없다. 그래서 우리가 지금 여기에서 이 일을 해야 한다. 창립자인 데일 카네기를 대신해서 말이다."

거창하고 화려한 연설을 하고 싶었던 게 결단코 아니다. 내가 정말로 그렇게 믿고 신념으로 삼고 있는 생각을 솔직하게 직원들에게 이야기한 것이다. 자신이 생각하는 소중한 신념을 성실한 과업으로 증명하고 그것을 통해 생업을 유지하는 영업이라는 직업은 얼마나 멋진 것인가? 그리고 그 영업 전문가들을 지원하고 육성하는 영업 관리자를 비즈니스 세계의 성직자와 같다고 말하는 것은 지나친 과장일까?

당신의 조직이 판매하는 제품과 서비스의 본질은 무엇인가? 보험, 자동차, 생활용품, IT 솔루션, 컨설팅, 교육 프로그램, 산업 기기, 의료 제품 등 그 어떤 것이라도 겉으로 보이는 제품 자체가 본질은 아니다. 그 제품과 서비스를 통해서 다른 사람의 문제를 해결하는 데 도움을 주고 삶을 풍요롭게 만들어 주는 것이 제품과 서비스의 본질이며 그래서 우리는 이것을 솔루션이라고 부른다.

이 책을 곧 덮게 될 당신도 언젠가는 지금 속한 조직을 떠나는 날이 올 것이다. 하지만 우리가 떠나더라도 그 성공이 지속되기 위해서는 사람을 남겨야 한다. 리더는 사람을 키우는 사람이다. 우리가 믿고 있는 가치를 계속해서 실현해 나갈 수 있도록 우리는 리더십의 횃불을 잘 준비된 다음 사람에게 넘겨주어야 한다. 이 책이 그 횃불을 더 활활 타오르게 하고 그것을 다음 사람에게 건네주는 데 역할을 할 수 있다면 필자로서 더없는 보람이다. 또한 그 횃불이 누군가의 손에서 타오르고 있는 동안 독자 여러분의 존재 가치 역시 그 불꽃 속에서 영원히 빛날 것이다.

미리 카네기 세일즈 리더십을 맛본
어느 밀레니얼 세대 영업 담당자의 에세이

#1. 셀링(Selling): 밀레니얼 세대 영업 담당자가
목표 달성을 간절히 원하기까지

영업 담당자로서 본격적인 경력을 시작하면서 영업 목표를 정하고 목표 면담 미팅을 했을 때의 느낌이 생생하다. 나에게 주어진 숫자는 누가 봐도 불가능한 것이었기에 나는 질문을 할 수밖에 없었다. "회사의 그 누구도 달성하지 못할 것 같은데 이 숫자가 무슨 의미인가요?" 20대 중반의 사회 초년생치고는 정말 용기를 낸 발언이었지만 돌아오는 대답은 날카롭고 차가웠다. 주위 사람들도 그냥 넘어가지 뭘 그렇게 따지냐는 분위기였다. 매니저는 나름의 이유를 설명했다. 그리고 목표 달성을 위해 어떤 제품을 주력으로 삼아야 하는지에 대한 설득이 이어졌다. 그렇게 미팅은 끝났다. 하지만 역시 회사의 그 누구도 자신의 목표를 달성하지 못했다. 못하면 할 수 없고 (뜻밖에도) 달성하면 대단한 수준의 목표였기에 현실적인 실천 계획이나 월별 활동은 당연히 나오지 못했다. 왜 해야 하는지도 몰랐다. 사람들은 그저 할 수 있는 수준에서 반복적인 업무를 수행하면서 나름의 영업 활동을 했지만 주력 제품은 아무도 제대로 팔지 못했다.

이직 후 B2B 영업을 시작했다. 목표가 정해지고 미팅을 하는데 예전 미팅과는 확연한 차이점을 느꼈다. 가장 큰 차이점은 영업 관리자가 질문을 많이 한다는 것이었다. 예전에 경험한 목표 면담은 수직적인 목표 할당과 그것을 설득하는 일방적인 대화였다. 하지만 지금의 관리자는 "왜 영업 목표를 달성하고 싶은가? 개인적으로는 이 목표에 어떤 의미가 있는가?" 같은, 다소 신선하면서도 조금은 당황스러운 질문들을 던졌다. 그 질문들은 건강한 사고를 요구하는 느낌이 들었고 답을 생각해보는 것만으로도 미래와 비전, 그리고 나의 핵심 가치를 정리해볼 수 있었다. 그 질문을 통해서 나는 내가 왜 영업을 하고 싶어 하는지, 그리고 이곳에서 무엇을 이룰 수 있는지 생각해보고 또 그려보았다. 진정한 동기는 영업 담당자 자신도 모를 수 있다. 하지만 영업 관리자의 질문과 코칭을 통해 단순한 달성 목표, 즉 숫자 너머에 있는 가치를 발견하게 된다면 담당자는 목표 달성에 대한 이유를 받아들이고 이전과는 다른 모습을 보이게 된다는 것을 알게 되었다.

사실 신입 시절의 나는 영업인에 대한 정체성 자체가 잘 정립되어 있지 않았다. 영업이라고 하면 으레 생각나는 고정관념이 있다. 누구나 쉽게 시작할 수 있지만 지인에게 무리한 부탁을 해야하는 일(이 얼마나 심각한 편견인가?). 그런 편견에 힘들게 일한다는 안타까운 시선까지 겹쳐지면 스스로 직무 정의를 '영업'이라고 생각하기를 본능적으로 회피하게 된다. 나 또한 그런 편견을 가지고 있었지만 영업 관리자와의 1:1 미팅을 통해 생각이 바뀌게 되었다. "영업을 하는 것이 좋은가?"라는 질문으로 시작된 미팅은 분명 목표와 영업 계획에 대한 것이었지만 만약 숫자와 파이프라인 그리고 달성 전략에 대해서만 이야기를 나누었다면 지금까지 그 미팅이 내 마음에 남아 있지는 않았을 것이다. 그 질문은 너무 신선했다. 어쩌면 너무 당연해 아무도 묻지 않을 것 같은 질문이었다. "스스로를 영업하는 사람이라고 생각하는가?" 쉽게 답하지 못했다. 이러저러한 질문을 주고받고 나서 내린 결론은 나는 스스로를 '영업 담당자'라고 생각하기를 각종 이유로 거부하고 '고객사를 지원하고 제품을 잘 알리는 일' 같은 이상하게 꼬인 직무 정의를 가지고 있었다는 것이다.

그 꼬인 실타래를 풀고 나서야 비로소 나의 영업 담당자로서의 여정이 시작되었다고 해도 과언이 아니다. 직무를 다시 정의한 이후 개인적인 핵심 가치 그리고 조직에서 이루고 싶고 되고 싶은 그림과 영업 성과가 어떻게 연관되는지 이야기를 나누었다. 이 부분이 정말 중요한데 영업 담당자마다 인생관과 삶의 핵심 가치가 다르고 저마다 다른 욕구를 가지고 있기 때문이다. 이는 어쩌면 담당자 자신도 생각해보지 않아 잘 모를 수 있는 영역이다. 그 부분과 영업 성과를 달성하는 것이 연결되지 않으면 강한 동기부여가 일어나지 않는다. 그래서 관리자는 충분한 친밀감이 형성되었다는 전제하에 그것에 대해 질문해야 한다. 그리고 그것은 진심으로 그 담당자를 돕고자 하는 마음에서 우러나와야 상대도 마음의 빗장을 풀고 허심탄회하게 이야기할 수 있다. 그리고 그 동기의 영역은 한번 정하면 결코 변하지 않는 상수가 아니라 생애 주기에 따라 언제든지 변할 수 있기에 오랫동안 잘 알고 있다고 생각되는 담당자일수록 이런 대화를 더 자주 하는 게 좋을 것 같다.

단순히 인센티브가 많이 필요할 수도 있다. 하지만 핵심 가치는 그 인센티브가 필요한 이유가 무엇인지에 관한 것이다. 어떤 집단에서 꼭 두각을 나타내고 싶은 일종의 명예욕이 있는 경우도 있다. 행복한 가정생활을 위해서? 아니면 여유롭게 인생을 즐기고 싶은 욜로족이어서? 혹은 안정적인 생활을 원해서? 이유는 다양하다. 아니면 의외로 영업 목표를 달성하는 데 관심이 없거나 튀는 것이 두려워 그냥 중간만 하고 싶은 경우도 있다. 나 역시 나의 가치와 욕구를 미팅을 통해 발견하고 나서 '아, 이곳에서 잘하고 싶다. 내가 아직은 신입이고 주니어이지만 성과를 잘 내는 사람이 언젠가는 되고 싶다'는 결심을 하게 되었다. 그리고 그 미팅 이후로 나는 스스로를 "HRD 솔루션을 영업하는 사람입니다"라고 소개하기 시작했다.

모든 영업 담당자가 영업을 하고 있다는 이유만으로 당연히 목표를 달성하기 원할 것이라는 생각은 어쩌면 고성과자였던 영업 관리자들의 편견일지 모른다. 그렇기에 '숫자', 즉 목표에 대한 관리자의 에너지 넘치는 이야기는 결국 담당자에게 잔소리처럼 들리게 되고 부담과 압박만 남기는 미팅이 되고 만다. 하지만 어쩌면 너무 당연하다고 생각해서 묻지 않았던 가치에 대한 질문을 통해 가치와 영업 성과를 연결시켜 준다면 담당자는 관리자가 제시하는 비전과 목표를 기꺼이 받아들일 것이다. 그럴 때 담당자는 자신의 차별점에 대해 고민하고 고객에게 제품과 솔루션의 가치를 판매하기 위해 적극적으로 행동하게 될 것이다.

2. 애널라이즈(Analyze):
성과관리에도 좋은 도구가 필요하다

혹시 주변에 이런 사람이 있지 않나 한번 생각해보자. 회계를 하면 늘 결산이 정확하지 않은 사람. 예결산 소리만 들어도 머리가 멍해지는 사람. 이번 달 카드값이 얼마인지 잘 모르고 알고 싶어 하지도 않으며 엑셀을 별로 좋아하지 않는 사람. 그런 사람은 숫자를 정리하는 것 자체를 괴로워한다. 하지만 그렇다고 경제 관념이 없는 것은 아니다. 나름의 직관으로 잘 살아간다. 바로 나 자신에 대한 설명이다.

대학 졸업 후 처음 시작한 업무에서 가장 많은 부분을 차지한 것이 바로 부서의 회계 결산을 보고하는 일이었다. 관리해야 하는 몫의 개수와 송금 업무가 많았고 매년 감사를 받아야 했기에 감사 자료도 만들어야 했다. 미리미리 하려고 노력했음에도 불구하고 결산이 늘 맞지 않았고 몇 번을 다시 봐야 할 만큼 수정이 많았다. 숫자는 역시 나와 맞지 않았다.

본격적으로 영업을 시작하고 나서 매출을 예상하고 숫자로 정리하는 것에 가장 에너지가 많이 든 건 어쩌면 자연스러운 현상이었다. 직감을 강하게 사용하는 나에게는 나의 활동을 분석하여 미래를 예측하고 그 예측대로 활동량을 수치로 관리하는 것이 맞지 않는 옷을 입은 것처럼 어색했다. 하지만 시간이 흐를수록 나 자신을 위해서 예측이 필요하다는 것을 알게 되었다. 영업인으로서 안정적인 목표 달성에 이르기 위해서는 성과를 분석하고 활동량을 관리해야 한다는 것을 점점 깨닫게 되었다.

영업 조직이라면 매출을 관리하고 기록하기 위해 CRM이나 스프레드시트 등 나름의 툴(tool)을 사용하고 있을 것이다. 나 역시 많은 것을 사용해봤는데 가장 도움이 된 것은 연 매출 목표와 월별 매출 목표를 작성하고 월별 시트에 파이프라인을 입력한 후 실제 계약금액을 따로 입력하는 방식의 영업 대시보드이다. 특히 활동량과 계약금액을 입력하면 자동으로 평균 계약금액을 계산해 주고 그에 따라 다음 달 목표를 이루기 위해 수행해야 하는 고객 발굴 및 미팅에 대한 활동량을 계산해 주기 때문에 필요한 영업 활동량을 스스로 예측하고 관리하는 데 큰 도움이 된다. 앞서 말한 바와 같이 예측을 어려워하고 직관을 강하게 사용하는 성향인 나에게는 표면적으로 쉽게 알 수 있는 수치만 입력하면 자동으로 활동량을 계산해 주는 방식이 상당한 안정감을 준 것 같다. 대시보드 양식이 복잡하지 않고 단순한 편이기 때문에 자주 들어가서 수정하고 볼 수 있다는 것도 큰 장점이다.

대시보드를 함께 보며 영업 관리자와 미팅을 하면 어떤 부분을 더 보완해야 하는지 알 수 있다는 점도 좋다. 아직 주니어라면 평균 계약금액이 낮을 수 있다. 그러면 활동량을 훨씬 늘려야 한다. 고객 접촉 대비 계약 건수가 적다면 고객 응대, 제품에 대한 이해 등 영업 스킬에 대한 점검을 계획해야 한다. 실제로 고객을 만나 어떻게 대화하는지에 대한 관리자의 코칭도 큰 도움이 되었다. 그리고 동행 미팅을 통해 영업 담당자의 미팅 스킬에 도움을 주는 것도 좋은 방법이다. 관리자와 함께 시나리오로 연습하는 것도 물론 그 당시에는 압박도 있고 부담도 되었지만 지금 돌아보면 큰 도움이 되는 학습이었다. 그리고 정확한 진단을 통해 개선점을 짚어 주는 관리자가 있어서 참 다행이라고 생각했다. 물론 개선점을 아는 것에서 그치면 안 된다. 개선하기 위해 시행착오를 겪어 가며 실천하는 것은 온전히 담당자의 몫이다.

대시보드 양식을 엑셀로 만들어 이용하든, 유명 CRM 프로그램을 이용하든 성과 분석 미팅을 할 때 중요한 것이 있다. 영업 담당자가 그 미팅을 안전하다고 느껴야 한다는 점이다. 성과 분석에 대해 그 자체를 즐기는 담당자도 있겠지만 어딘지 부담스럽고 긴장되는 담당자도 있다. 그래서 관리자가 최대한 가치 판단을 빼고 사실 중심으로만 이야기할 때 마음이 편해지고 건설적인 계획을 세우는 데 함께할 수 있다. 성과 분석 미팅에서 성과와 인격을 결부시키면 담당자는 점점 더 본인의 문제를 숨기고 포장하게 된다. 또한 관리자에게 잘 보이기 위해 자료를 가공하거나 핑계를 대는 현상도 생긴다. 그런데 성과 미팅에서 관리자가 나의 약점을 찾아주고 보완책을 제시하고 실천에 대한 동기부여를 해주니 고민이 되는 부분을 오히려 먼저 상담하고 싶은 마음이 들었다. 나아가 미팅이 기다려지고 내가 미처 깨닫지 못한 영역이 있다면 의견을 먼저 묻고 가르침을 구하고 싶은 마음까지 생겼다. 결국 성과 미팅은 숫자의 좋고 나쁨과 상관없이 기다려지는 미팅이 되었다. 왜냐하면 나의 상황과 관리자의 분석 그리고 개선사항을 통해 내가 계속 성장한다는 것이 그 자리를 통해 증명되기 때문이다.

#3. 리딩(Leading): 밀레니얼 세대가 원하는 것은 영향력

B2B 영업에서는 '영업 대표'라는 직함을 많이 쓴다. 그 직함에는 한 명의 사원이 아니라 그 조직을 대표하는 전문가라는 뜻이 포함돼 있다. 이것은 일반적인 팀제와 달리 영업 조직은 개인의 성과가 곧 조직의 성과이기 때문에 전통적인 방식의 팀장 리더십이 잘 적용되지 않는다는 의미이다. 영업 대표(Sales Representative)

의 줄임말로 Rep이라는 단어를 쓰는데 이것은 스스로 본인을 동기부여하고 관리하여 매출을 일으키는 영업의 속성이 반영된 말이다. 심지어 MZ세대가 비즈니스 생태계의 큰 이슈로 등장하면서 전통적인 리더십 발휘는 '꼰대 문화'라는 단어로 치부되고 말았다. 개성과 포스(?)가 강한 영업 담당자들에게는 리더십 발휘가 더 쉽지 않은 것은 당연하다. 그렇다면 나에게 리더는 필요 없는가? 어차피 내 영업은 내가 만들어 가는 것이고 나의 관리자가 현역에서 일할 때는 경기가 좋아서 영업도 잘될 때였으니 그 경험들은 다 '라떼'로 여기고 말 것인가?

밀레니얼 세대이자 영업 담당자로서 여전히 영업 관리자의 리더십은 정말 필요하다. 영업은 개별적 활동이기 때문에 더욱 그러하다. 수직적인 조직의 관리자에 비해 영업 관리자는 더욱 고도의 리더십 역량이 필요하다. 단지 관리자라는 직급에서 오는 리더십이 아닌 각 영업 담당자에게 맞는 '개별 맞춤형 리더'가 되어야 한 명 한 명의 성과를 이끌고 결국 팀이 성공 경험을 할 수 있기 때문이다.

한 명의 영업 담당자로서 스스로 생각해봤을 때, 또 동료나 선배들과 이야기를 나눠봤을 때, 영업 조직에 필요한 리더는 다음과 같다. 일단 영업을 잘해야 한다. 데일 카네기는 "말할 자격을 갖추라"고 강조한다. 이 리더가 정말 나에게 영업 성과를 말할 자격이 있는지 본능적으로 영업 담당자는 마음속 저울로 리더를 재본다. 다음으로는 좌절과 실패 경험을 솔직하게 말할 수 있는 리더가 필요하다. 거절이 일상이고 실수를 통해 성장할 수밖에 없는 영업 직무에서 완전무결하여 흠이 없어 보이는 리더는 오히려 나의 상황을 있는 그대로 이해할 수 없다는 생각이 들게 한다. 오히려 개별 미팅이나 술자리 등에서 영업 관리자가 말해 주는 자신의 실패와 좌절 경험담은 그 자체로 신선한 경험이다. 탁월함으로 늘 승승장구했을 것 같은 선배들 역시 나와 마찬가지로 비슷한 좌절의 경험이 있었음을 깨닫게 된다. 그러면 내가 지금 겪는 거절과 실수가 충분히 극복 가능한 것이며 언젠가는 그 선배처럼 될 수 있다는 그림을 그릴 수 있다. 마지막으로 자신의 역량을 웅변하기보다는 영업 담당자의 성장을 진심으로 돕고자 하는 마음을 지닌 리더이다. 이 마음은 관리자의 코칭과 피드백 자리에서 바로 느낄 수 있다.

잔소리와 코칭은 어떻게 다를까? 경험을 통해 몇 가지 특징을 발견할 수 있었다. 먼저 잔소리의 경우 질문은 거의 없고 혼자 말하는 비중이 80% 이상이다. 반면 코칭은 좋은 질문이 계속 나오고 바로 답이 떠오르지 않아 몇 초 동안 침묵이 이어지기도 하는 시간들인 경우가 많다. 그리고 관리자의 설명이나 의견을 듣는 비중보다 내가 말하는 비중이 훨씬 더 높다는 특징을 가지고 있다.

밀레니얼 세대의 특징을 다루는 책과 글이 쏟아져 나오는 이유는 그들이 사회의 주요 소비층이 된 이유도 있지만 리더십 측면에서 그들의 특징이 손에 잘 잡히지 않고 소통이 쉽지 않기 때문이다. 영업 담당자 역시 MZ세대가 많아지고 있는데 이들의 특징 중

하나가 인플루언서를 신뢰하고 그들이 사용하거나 광고하는 제품을 소비한다는 것이다. 나도 최근에 산 물건들을 하나하나 생각해보면 인스타그램을 통해서만 판매하는 인플루언서들의 제품이 대부분이다. 인플루언서들은 그들만의 특별한 감각과 매력으로 사람들에게 좋은 영향을 미친다. 우리에게는 리더를 넘어 인플루언서가 필요하다. 관리자들이 영업을 함께 일구어 가는 사람들에게 좋은 영향을 미치기 위해 노력한다면 MZ세대 영업 담당자들 역시 기꺼이 함께하기를 원할 것이다.

#4. 이밸류에이트(Evaluate):
밀레니얼 세대와 성과관리

한 구인구직 플랫폼에서 실시한 조사에 따르면 밀레니얼 세대의 평균 근속연수가 2.7년이라고 한다. 2019년 기준으로 전체 입사자 대비 조기 퇴사자 비율은 평균 31.4%로 조사되었다. 이유를 물으니 적성과 안 맞는 직무라고 답한 비율이 제일 많고 그다음은 대인관계 등 조직 부적응이 뒤를 이었다. 나 역시 이직했던 이유를 생각해보면 맞지 않는 직무가 가장 중요한 이유였다. 체질에 맞지 않게 예결산을 맞추는 일을 계속할 수는 없었다. 다른 업무가 아무리 좋았다 해도 말이다. 나라는 사람이 더 이상 그 분야에서 성장할 수 없다고 느꼈을 때 과감하게 퇴사를 결심했다. 나의

카네기 세일즈 리더십

성장에는 도움이 전혀 되지 않고 그저 조직이나 어떤 한 개인을 위해 나의 시간과 노력이 희생당하고 있다는 생각이 들자 다음 진로도 결정하지 않은 채 과감히 사표를 던졌다. 진로 탐색은 그다음 문제였다. 밀레니얼 세대에게는 개인의 성장과 교육의 기회 그리고 유연한 분위기가 중요하다는 것이 나를 통해서도 증명된다.

지금은 어떨까? 현재 나는 6년째 지금의 직장에 근무하고 있다. 영업이 너무 좋아서? 잘 맞아서? 글쎄, 내가 영업에 잘 맞는 사람인지는 아직도 종종 고민이다. 하지만 분명한 사실은 이곳에서 일을 잘하기 위해 그리고 성장하기 위해 따로 아침에 시간을 내어 책도 읽고 관련 자료도 찾으며 자기계발을 하고 있다는 것이다. 이정도면 꽤 인게이지먼트 수준이 높은 편이라고 스스로 자부할 수 있다.

그 이유는 간단하다. 이곳에는 밀레니얼 세대에게 매력적인 요소가 가득하기 때문이다. 끊임없이 개인의 성장을 이룰 수 있다는 것이 첫 번째 이유이다. 영업이라는 직무 자체가 개인의 성과가 강조되고 자기관리가 중요하다 보니 경험을 통해서 얻는 것이 많다. 동기부여에서 말하는 '권한 위임된' 느낌을 강하게 느낄 수 있다. 내가 결정할 수 있는 업무 범위도 넓은 편이다. 또한 교육 프로젝트 전체를 진행하다 보니 영업의 단계로 보자면 사전 단계부터 계약, 그리고 영업 사후조치 단계까지 전체 사이클을 경험하며 성장할 수 있다. HRD 측면에서 보자면 진단, 솔루션, 강의, 사후 평가를 모두 다루며, 사원부터 임원까지, 필요한 역량별로 솔루션을 제시할 수 있고, 또한 강의 스킬까지 배울 수 있다. 그 길은 멀고도 험하지만 버티고 배우다 보면 전문가가 될 수 있다는 비전을 그려본다. 직무성과 기술서에는 당연히 영업 목표가 먼저 나오는데 꼭 빼놓지 않고 작성해야 하는 부분에는 자기계발 항목이 있다. 개인에게 필요한 것이면 어떤 것도 성과표준이 될 수 있다. 운동, 독서, 영어 등이 대표적인 예다. 영업 목표를 달성하면 성과 미팅의 분위기가 당연히 좋겠지만 다른 것을 달성해도 박수를 받을 수 있는 분위기이다. 오히려 더 대단하게 생각하기도 한다.

두 번째 이유로는 수평적인 분위기를 들 수 있다. 능력주의가 우선시되는 영업 조직이다 보니 단순히 연차나 나이가 아닌 개인의 능력으로 인정받는다. 그런 주니어가 있다면 비공식적인 자리에서도 회자되며 기대된다는 평가를 받을 수 있다. 마지막 이유로는 성과에 대한 비공식적인 보상이 있다. 영업 조직에는 당연히 공식적인 보상이 있다. 가장 높은 매출을 기록하거나 세일즈 위너가 되면 정해져 있는 보상을 받을 수 있다. 공식적인 자리에서 이름도 언급된다. 하지만 그게 다가 아니다. 목표를 달성하지 못했다 하더라도 많은 성장을 이뤘다거나, 예상외로 매출이 기대보다 잘 나왔다면 비공식적인 자리에서 얼마든지 격려를 받을 수 있다. 그 사람만이 가지고 있는 특별한 장점이 있다면 관리자가 먼저 언급해 주기도 한다.

숫자만 외친다면, 게다가 그 숫자 달성의 이유가 나와 무슨 상관인지 설득되지 않는다면 요즘 세대의 영업 담당자는 미련 없이 조직을 떠날 것이다. 한 사람의 영업 담당자를 잘 훈련시켜서 성과를 내게 하기까지는 많은 시간과 비용이 든다. 팀 관리의 효율을 위해서 꼭 명심해야 할 것은 영업 성과와 더불어 영업인으로서의 전인적인 성장을 조직이 인정해 주어야 한다는 것이다.

#5. 석세션(Succession):
관리자를 비전으로 꿈꿀 수 있는 조직

언젠가는 리더가 될 수 있다고 생각하며 일을 하지는 않았다. HRD 컨설팅을 시작하면서 스스로 너무 부족하다는 생각이 많았고, 공부하고 준비하고 역량을 갖춰야 할 부분이 정말 많다는 것을 몸소 느꼈기 때문이다. 처음에는 개인 고객을 대상으로 정규과정 클래스를 운영하는 데 업무의 초점을 맞췄다. 기업에 직접 교육 솔루션을 제시하는 일은 단순히 제품에 대한 지식을 암기하는 것만으로는 부족했다. 비즈니스에 대한 이해와 함께 솔루션 제시 능력과 협상 및 프레젠테이션 스킬이 필요했는데 20대 후반의 나에겐 아직 먼 이야기였다. 그래서 그런 일들을 척척 해내는 선배들이 정말 멋있고 대단해 보였다.

언제인지 정확히 기억은 나지 않지만 선배들이 모여서 꽤 큰 프로젝트의 프레젠테이션을 준비하고 있었다. 회의를 하고 자료를 준비하는데 이런 입찰 프레젠테이션은 어떻게 준비하는지 또 현장의 분위기는 어떤지 너무 궁금했다. 괜히 기웃거리다가 나도 프레젠테이션 장소에 가서 한번 봐도 되는지 묻기 위해 용기를 내어 영업 관리자실에 들어가 운을 띄웠는데 내 말이 끝나기도 전에 "같이 가고 싶어?" 하는 질문이 돌아왔다. 어떻게 알았는지 지금도 의문이긴 하나 아마 나의 욕망 같은 것이 알게 모르게 보였는지 모르겠다. 그렇게 선배들의 프레젠테이션을 직접 보게 되었다. 지금도 그 일이 기억나는 이유는 내가 견학(?) 이후 기업 맞춤형 교육 컨설팅으로 직무를 바꾸고 싶다고 먼저 요청했기 때문이다. 개인 고객 영업을 하고 있는 중이었음에도 나는 HRD 컨설팅 프로젝트에 참여해보고 싶은 마음을 숨길 수가 없었다. 결국 나는 기업 고객 미팅에 함께 가고 싶다는 요청을 관리자에게 여러 번에 걸쳐 드릴 수밖에 없었다. 지금 생각해보면 실수를 해가며 배울 자신은 없었으나 언젠가는 전문가가 되고 싶다는 마음은 꽤 강하게 있었던 것 같다. 나는 결국 팀을 옮겨 기업 HRD 컨설팅 업무를 시작하게 되었다.

　팀을 옮기기로 결정한 후 육아휴직을 마치고 복직을 했다. 업무에 차츰 적응하며 중간 규모의 프로젝트들을 시작했다. 물론 혼자힘으로는 할 수 없었다. 준비부터 미팅 현장까지 관리자의 도움이 정말 많았다. 때로는 원거리 고객과의 미팅을 위해 관리자가 직접 나를 태우고 지방 운전도 불사하는 노력을 보여 주었다. 지면을 빌려 감사를 전하고 싶다. 어떨 때는 내가 저지른 심각한 실수를 만회하기 위해 관리자에게 SOS를 보낸 적도 있다. 그럴 때도 관리자는 나를 질책하기보다는 고객 미팅 때 놓쳤던 것과 보완할 부분을 정리하는 자리를 마련했다. 그리고 그 고객과의 자리에 관리자가 동석해서 함께 문제를 해결했다. 이런 좌충우돌 현장 경험을 함께 하면서 느리지만 조금씩 성장하는 나를 느낄 수 있었다. 모든 미팅을 선배들과 함께 가야 했던 이전과 비교하면 이제는 혼자 진행할 수 있는 미팅도 많아졌고 난이도 높은 프레젠테이션을 준비하는 법도 배워 나가고 있다.

선배들을 통해 영업인으로서의 멋진 경험을 많이 할 수 있었다. 데일카네기 글로벌 컨퍼런스에서 선배 컨설턴트들이 전 세계의 참석자들을 대상으로 한국의 우수사례를 유창한 영어로 발표하는 모습을 보고 사내에 영어 바람이 불기도 했다. 나의 영업 관리자는 전 세계 3000명이 넘는 카네기 강사 중 단 30여 명밖에 없는 카네기 마스터 강사* 자격을 국내 최초로 취득했다. 그 모습을 보고 후배 강사들 역시 마스터 강사를 향한 꿈을 갖게 되었다.

사석에서 지인들을 만나면 자주 이런 푸념을 듣는다. "여기서 버틴 결과가 저 팀장이라면 저렇게 될 바에는 차라리 퇴사를 하겠다." "입사할 때는 참 좋았던 저 사람이 여기서 버티며 승진하다 보니 결국 그렇게 싫어하던 그 모습이 되어 있더라." 좋은 전통을 이어 갈 마음이 들기는커녕 나중에 그러한 팀장이 될까 봐 그 전

---

* 카네기 마스터 강사: 데일카네기 트레이닝 본사에서 인증한 강사 자격으로, 카네기 강사의 선발과 훈련 권한을 가진다. 데일카네기 트레이닝에서 최고 권위를 가지는 강사 자격이며 전 세계 80개국 3000여 명의 카네기 강사 중 현재 약 30여 명만이 본 자격을 보유하고 있다. 한국에서는 공저자인 홍헌영 강사가 유일하게 이 자격을 보유하고 있다.

에 적당히 경력 쌓고 이직하려는 계획들을 많이 듣는다. 관리자로서는 차기 리더라는 공을 던지려 해도 받을 사람이 없으면 큰 문제이다. 다시 말해 리더십 전수를 위해서는 예비 리더가 있어야 하고 그들에게 다음 리더십을 이어받을 마음이 있어야 한다. 현재의 영업 담당자들이 리더로서의 미래를 그리기 위해서는 지금의 관리자처럼 되고 싶어야 한다. 저 선배처럼 나도 살고 싶어야 한다. 그래야 리더의 공을 받기 위해 보이는 않는 곳에서 열심히 훈련도 하고 고민도 할 것이다.

언젠가 리더십의 공이 나에게 패스될 때가 온다면 그 공을 잘 받기 위한 준비를 해야겠다고 마음을 먹었다. 아직 갈 길이 구만리이지만, 아직도 도움이 필요한 처지이지만, 전문적인 컨설턴트가 되기 위해 지금까지 성장해왔듯 느리지만 그 성장을 계속할 다짐을 해본다.

직무성과 기술서 작성법

직무성과 기술서 양식

직무성과 기술서에는 기본적으로 조직 전체의 비전, 미션, 가치가 표현되어 있어야 한다. 조직이 나아가야 할 방향을 정확히 설정하고 상시적으로 상기할 수 있도록 모든 사람의 직무성과 기술서에 이 부분이 언어로 명시되어 있는 것이 중요하다. 그 이후에는 자신의 직무 목표를 한 문장 정도로 적는다. 직무 목표란 나의 직무가 이뤄야 할 목표, 핵심적인 역할, 지향하는 가치가 담긴 문장이다. 직무성과 기술서는 대개 연 1회 작성하고 수정, 보완하는 것이 기본이므로 1년간 자신이 해야 할 역할을 한 문장으로 표현해보는 것이다. "영업 담당자들의 생산성 향상을 도와서 전국 상위 10%의 팀을 만든다" "인당 생산성 ○○ 이상의 조직을 구축하기 위해 직원을 코칭하고 협력을 이끈다" 등이 적절하다. 경영자에게는 경영 철학이라는 것이 있다. 철학이 없는 경영자는 신뢰와 존경을 받는 리더가 될 수 없다. 영업 관리자도 마찬가지이다. 직무 목표란 영업 관리자로서의 철학과도 같은 것이다. 이 부분이 작성되면 자신과 승인권자의 서명, 이 직무성과 기술서의 기간을 명시하며 대개는 1년을 기본으로 한다.

핵심성과 영역

직무성과 기술서의 세부 내용을 살펴보자. 먼저 핵심성과 영역인데, 영어로는 Key Result Area라고 하며 줄여서 KRA라고 부르기도 한다. 이상적인 부모가 있다고 가정해보자. 부모가 해야 할 일에는 어떤 것들이 있을까? 아이를 학교에 보내야 하고, 음식도 챙겨 주어야 한다. 친구들과 싸우면 그 문제에 대해 조언도 해주고, 아이의 진로를 함께 모색하기도 한다. 또한 경제적으로도 자녀를 책임질 수 있어야 한다. 부모가 할 일을 나열하면 수십 가지가 넘을 것이다. 이것을 유사한 것끼리 묶어서 분류하면 부모의 역할을 몇 가지 유형으로 정리할 수 있다. 예를 들어 경제적 책임, 육체적 양육, 학습 및 교육, 인성 훈련, 진로 도우미 등으로 분류할 수 있다. 하나의 예시이지만 이렇게 부모의 역할을 빠짐없이 다 펼쳐 놓고, 중복되지 않게 모으면 부모의 역할을 균형 있게 분류할 수 있다. 균형을 놓치면 문제가 발생한다. 어떤 사람은 경제적으로 책임만 지면 부모의 역할을 다했다고 생각한다. 어떤 사람은 자녀를 좋은 대학에 보내는 것만 생각한다. 핵심성과 영역은 한 사람이 해야 하는 과업들을 균형감 있게 주요 카테고리별로 묶

직무성과 기술서 기본 양식

팀/조직의 목표

비전:

미션: 작성자:

가치: 승인자:

직무 목표: 기간:

핵심성과 영역	성과표준	활동과 스킬
KRA#1 조직 관리		
KRA#2 매출 관리		
KRA#3 프로세스 관리		
KRA#4 영업 교육		

출처: Dale Carnegie Leadership Training for Managers

은 것이다. 영업 관리자의 경우는 어떨까? 조직마다 업종마다 차이가 있기 때문에 하나의 정답이 있는 것은 아니지만 일반적으로는 영업 담당자의 채용과 팀 편성, 이직률 관리 등을 포함한 조직 관리, 매출 및 주요 영업 목표를 관리하는 성과관리, 영업 담당자들의 능력을 높이기 위한 교육 및 훈련 같은 역량 관리, 그리고 영업 관리자 자신도 개별 영업 성과를 내야 하는 경우는 개인영업 관리 등이 대표적인 핵심성과 영역이다.

우리는 늘 바쁘고 급한 일에 쫓긴다. 성과에 쫓기다 보면 사람을 놓친다. 단기성과에 집중하다 보면 장기과제를 등한시한다. 원칙과 가치에만 집중하다 보면 적시에 달성해야 할 성과를 잃게 된다. 그렇기 때문에 자신의 역할과 업무 전반을 돌아보고 핵심성과 영역을 잘 설정해 둔 후에 주기적으로 이 표를 다시 돌아보는 것이 중요하다. 한 달에 한 번 단 5분씩만 시간을 들여서 핵심성과 영역에 적혀 있는 것들을 돌아봐도 잃어버린 균형추를 바로잡을 수 있는 계기를 마련할 수 있다. 때로는 영업 관리자가 꼭 줄타기하는 곡예사 같다. 긴 봉을 들고 중심을 잡으며 외줄을 건너가는 모습을 한번 상상해보라. 한쪽에는 일이 다른 한쪽에는 사람이 있다. 한쪽에는 속도가, 다른 한쪽에는 정확성이 있다. 관리자는 성과와 사람을 다 잡아야 한다. 또한 단기성과와 장기과제의 균형을 맞춰야 한다. 조직원 개인의 입장과 조직 전체의 가치를 연결해야 한다. 이것은 스트레스가 될 수밖에 없다. 직무성과 기술서에 명시된 핵심성과 영역들은 무게가 한쪽으로 기울어져 떨어지지 않도록 균형을 잡아주는 역할을 하게 될 것이다.

보통 핵심성과 영역은 4~8개 정도로 잡는다. 핵심성과 영역이 매출 하나라면 좀 더 많은 역할을 해야 하는 것은 아닌지 돌아보고, 열 개 이상이 나오면 너무 많은 것을 하고 있거나 분류가 잘못된 것은 아닌지 점검해봐야 한다. 우리가 다루고 있는 세일즈 리더십 모델을 기준으로 핵심성과 영역을 도출해보는 것도 좋다. 비전과 가치 제공, 영업 데이터 분석, 조직 인게이지먼트 리딩, 성과관리, 직원 육성 등 다섯 가지 항목으로 영업 관리자의 핵심성과 영역을 분류하는 것도 좋은 방법이다. 한 가지 덧붙일 것은 핵심성과 영역 중 하나로 꼭 전문가로서의 자기계발을 포함해보라는 것이다. '수신제가'라는 말이 있듯이 자신이 바로 서야 좋은 리더가 될 수 있다. 일정 시간을 떼어서 독서와 운동, 새로운 통찰을 얻는 수련의 시간에 투자하는 것은 관리자로서 매우 중요한 영역이다.

성과표준

핵심성과 영역을 설정한 이후에는 각 영역별로 적게는 하나 많게는 서너 개의 성과표준을 설정한다. 성과표준은 해당 핵심성과 영역이 잘 달성되었는지를 확인할 수 있는 측정 가능한 조건이라고 할 수 있다. 이를테면 '조직원 20인 이상으로 유지' '상반기 내 전체 목표의 120% 달성' 등이 그것이다. 이 성과표준에서 가장 중요한 것은 활동이 아닌 성과에 초점을 맞춰야 한다는 것이다. '직원과의 면담 수행'은 단순히 활동을 명시한 것이다. 성과표준은 말 그대로 그 영역에서 결과로 확인해야 할 성과를 표현하는 것이 중요하다. '직원들과 좋은 관계 유지'라고 작성하는 것은 판단과 확인이 어렵기 때문에 성과표준이 되기 어렵다. 따라서 성과표준이 명확하게 설정되었다면 그것이 달성되었는가 아닌가를 판단할 수 있다. 성과표준을 설정할 때는 상위 관리자의 조언이나 기대

사항을 반영하고 조율하는 것이 좋다. 영업 관리자에게도 대표이사나 임원 등의 상사가 있다. 그들이 기대하는 것이 있기 때문에 성과표준을 리더와 멤버가 함께 검증하면 조직 전체가 한 방향으로 정렬되는 효과를 볼 수 있다. 성과표준은 획일적으로 적는 것이 아니다. 사람마다 책임량이 다르고 능력치가 다르다. 따라서 개인별로 최적화된 성과표준을 도출하는 것이 중요하다.

관리자로서 자신의 성과표준을 설정했다면 다음 질문들을 통해서 그것이 제대로 표현된 것인지 검증해보면 도움이 된다. 바로 'SMART한가?'에 대입하여 성과표준이 구체적이고 측정 가능하며 달성 가능한지를 검증하는 것이다. 내가 통제할 수 없는 변수를 성과표준에 넣는 것은 무의미하다. 결과를 측정하는 것이 아닌 단순히 활동만을 점검하는 성과표준은 피해야 한다. 실현 불가능한 것 역시 SMART하지 않은 성과표준이다. 그리고 '많이', '효과적인', '잘'과 같은 단어들은 측정하기도, 동의하기도 어려워 오해의 소지가 있기 때문에 사용하지 않는 것이 좋다.

끝으로 활동과 스킬이 있다. 성과표준을 달성하기 위해서 지속적, 반복적으로 해야 할 일이나 필요한 지식과 스킬을 명시한 부분이다. 우리가 흔히 알고 있는 직무기술서나 R&R(Role and Responsibilities, 역할과 책임), 업무 과제 등이 사실 여기에 많이 해당된다. '주 2회 면담 실시' '월 1회 상품 교육 실시' '코칭 스킬 필요' 등이 이 항목에 들어갈 수 있는 예시들이다. 이 부분은 반드시 측정 가능한 형태로 기입해야 하는 것은 아니다. 다만 채용, 위임,

훈련 등의 작업에 참고자료가 될 수 있다는 것은 기억할 필요가 있다. 미팅 스킬, 커뮤니케이션 스킬 등이 이 부분에 많이 등장한다면 그 항목을 학습하고 키울 수 있는 기회를 마련해야 한다. 이후 영업 담당자 채용과도 연관될 것인데 활동과 스킬이 종류별로 잘 나열되어 있으면 사람을 판단할 때 한쪽으로 치우치거나 감정적으로 판단하지 않고 종합적이고 객관적으로 검증하는 것이 가능하다.

핵심성과 영역, 성과표준, 활동과 스킬 이 세 부분은 직무성과 기술서의 몸체이다. 자신의 직관과 경험에만 의존한 영업 관리가 아니라 균형감을 갖고 체계적으로 영업 조직을 이끌기 위해 영업 관리자의 직무성과 기술서 작성은 필수적이다. 물론 조직에서 KPI를 부여한다. 그러나 그런 것을 포함해서 자기 스스로 이 직무성과 기술서 양식을 통해 리더의 역할을 점검한다면 한결 내가 해야 할 일이 분명해지고 역량 있는 영업 관리자로서 성공을 주도적으로 이뤄갈 수 있을 것이다.

영업 진전도별 확률과 파이프라인 분석

파이프라인 전략을 제대로 세우려면 영업 진전도별 확률에 대한 개념이 우선 전제되어야 한다.

먼저 영업 기회를 확인하는 단계이다. 고객이 우리 제품과 서비스를 구매할 기본 조건이 된다는 것을 파악한 단계를 말한다. 각 영업 분야마다 주요 타깃 고객이 있다. IT 보안 솔루션을 판매한다면 최소한 사내에 보안 및 정보관리 부서가 있는지부터 확인해야 한다. 부도 직전의 기업은 영업 가능성이 거의 없다. 미성년자에게 보험 판매를 할 수는 없다. 운전면허도 없는 사람이 자동차 판매 대상의 우선순위가 될 수는 없다. 제품과 솔루션을 구매할 수 있는 최소한의 조건을 갖춘 고객을 발견한 단계, 이것을 '영업 기회 확인'이라고 한다. 이 단계에서는 확률을 대략 10%로 잡는다. 여기서 확률은 장차 계약이 이뤄질 확률을 말한다. 그래서 기대 매출과 영업 진전도별 확률을 곱하면 예상 매출이 된다. 예를

영업 진전도별 파이프라인 분석 차트

Let's Go Fishing!	영업 진전도	%	Stage Description
어장 내 물고기 발견	영업 기회 확인	10	영업의 기회, 계약 가능성이 있는 고객 발굴
미끼를 던짐	니즈 분석 완료	20	초기 접촉이 이루어짐. 필요성 확인
미끼를 물다	솔루션 제안 완료	40	구체적인 기획, 상품 설명, 제안서 제출, 견적 제출 등
낚시대 릴을 당기는 중	협상 중, 혹은 구두 계약	60~80	고객이 계약 의사를 밝힘. 결제 전
낚시 성공, 어망에 담음	계약 완료	100	결제 완료 또는 합의된 계약서 작성, 주문서 정식 발송
낚시 바늘을 빼고 도망	영업 실패	0	재차에 걸친 고객의 거절 의사 확인

들어 제품이나 솔루션의 평균 판매 금액이 1000원일 때 영업 가능성이 확인된 고객을 발견한다면 1000원에 10%를 곱해서 100원이라는 예상 매출을 계산할 수 있다. 즉 하나의 파이프라인이 생긴 것이고 나의 파이프라인 금액은 100원이다. 만약 기회 확인 단계의 고객을 두 명 발견한다면 나의 파이프라인은 두 개가 되고 예상 매출은 200원이 된다.

두 번째 단계는 니즈 분석 단계이다. 이 단계에서는 확률이 20%로 올라간다. 니즈 분석이 되었다는 말은 최소한 고객과 의미 있는 접촉이 발생했다는 것을 전제로 한다. 예를 들어 구매 가능한 고객을 소개만 받았다면 그것은 '기회 확인' 단계이다. 그 고객을 실제로 만나고 나서 우리 제품군에 대한 니즈를 확인했다면 이때가 '니즈 분석' 단계인 것이다. 여기서는 반드시 고객이 우리 제품을 구매하겠다는 의사가 있어야 한다는 것은 아니다. 경쟁사 제품을 포함해서 적어도 우리가 제공하는 제품과 서비스의 종류를 필요로 한다는 것을 확인했다면 '니즈 분석'이라고 볼 수 있다.

세 번째 단계는 '솔루션 제안'이다. 제안서를 보냈거나, 제품을 프레젠테이션했거나, 1차 견적서를 발송한 단계가 이때이다. 이때는 목표 금액의 단가도 어느 정도 정해지기 때문에 최초에 설정한 목표 금액을 수정하는 것이 가능하다. '기회 확인'이나, '니즈 분석' 단계에서는 목표 금액을 정확하게 도출하기 어렵기 때문에 평균 계약금액을 기준으로 산정하되 이 단계에서는 좀 더 목표 금액을 특정할 수 있다. 솔루션 제안은 40%의 확률로 계산하는 것이 일반적이다. 개인적으로 필자는 문서로만 보낸 제안서는 이 단계로 인정하지 않는다. 반드시 문서와 함께 대면이나 비대면으로 솔루션에 대해 브리핑을 한 경우만 세 번째 단계로 인정한다. 단순히 이메일로 제품 소개서를 보내는 것을 솔루션 제안이라고 하지 않는다는 말이다.

다음 단계는 '협상'이다. 가격이나 물량을 협상하는 중이거나, 입찰에서 우선협상 대상자로 선정된 경우가 여기에 해당한다. 협상의 초기 단계는 60%의 확률을 인정한다. 구두로 계약을 했다면 80%, 계약서 작성이나 공식적인 주문서 발송은 100% 클로징된 것이라고 봐도 된다. 물론 구매 대금의 입금이 끝나야 100% 영업 클로징이라는 것은 두말할 필요가 없다. 물론 어느 단계에서나 영업이 실패할 수 있다. 고객이 구매 의사가 없다는 것을 재차 확인하고 더 이상 가능성이 없다고 판단되면 그 파이프라인은 무너진 것이니 이것을 영업 실패로 규정하고 파이프라인을 닫아야 한다. 그러면 그 파이프라인은 0원이 된다. 파이프라인이 닫혔다고 그 고객 자체를 포기하라는 것은 아니다. 어떤 고객이 A라는 제품은 구매하지 않더라도 추후에 B 제품을 구매할 수 있기 때문이다. 다만 전략적으로 해당 프로젝트 진행 건에 있어서는 파이프라인을 닫아야 한다.

지속적인 성과 개선을 위한 7단계 프로세스

1단계: 개선 기회 찾기

무엇을 개선해야 하는가를 발견하는 단계이다. "아니, 당연히 개선할 과제가 있으니까 성과 개선을 하는 것 아니야?" 하고 반문하는 사람이 있을지도 모르겠다. 그러나 이미 잘못된 결과가 드러난 것을 개선하는 것도 중요하지만 성과의 전반적인 영역을 관찰해서 주도적으로 개선 과제를 찾아내는 것이 유능한 리더의 자세이다. 관심을 기울인다면 다양한 경로를 통해서 개선의 기회를 찾을 수 있다. 우선 영업 담당자를 위한 기회 찾기이다. 담당자의 장점을 강화하거나 단점을 보완하기 위해 무엇을 해야 하는가 하는 문제를 발견하는 것이다. 영업 관리자 스스로를 위한 기회를 찾을 수도 있다. 영업 관리자가 직접 관리하는 고객이 많다면 일종의 위임이 필요한 부분인데 이것을 영업 담당자가 책임을 지고 수행하기 위해서는 어떤 역량이 보완되어야 하는가를 점검하는 것이 좋은 예가 된다. 고객이나 협력사 등 외부로부터 개선 기회가 올 수도 있다. 심지어 고객의 컴플레인이 들어오더라도 그것을 리스크로만 보는 것이 아니라 개선을 위한 좋은 기회로 인식하는 것이다. 때로는 변화하는 상황이 기회를 만들기도 한다. 감염병이 유행해서 대면접촉이 힘들어지자 온라인 서비스가 강화되고 이를 위해서 온라인 접촉 스킬을 강화했더니 오히려 생각지도 못한 부분에서 영업적 성과가 증진될 수 있다. 영업 관리자가 적극적이고 긍정적인 자세로 주변을 돌아본다면 지금 이 순간 일어나고 있는 많은 일들이 성과 개선의 기회가 될 수 있는 자극제라는 것을 알 수 있다.

2단계: 기대 성과 정의

개선의 기회를 찾았다면 그 기회에서 얻고자 하는 것이 무엇인지를 명확하게 정리해서 표현해야 한다. 예를 들어 영업 담당자가 제안 프레젠테이션에서 PT 자체는 잘하는데 질의응답 때 유연성이 부족하다면 그 부분을 개선하기 위해서 어떤 수준이 되어야 하는가를 설명할 수 있어야 한다. 단지 "좀 더 잘 준비해서 질의응답 잘 대비하세요"라고만 하면 개선을 위한 코칭으로는 부족하다. 질의응답에 유연하게 대처할 수 있다는 것은 어떤 것을 의미하는가? '해당 제품과 관련하여 관리자가 뽑은 열 가지 이상의 날카로운 질문에 즉각적으로 답할 수 있어야 한다' 같은 유의미한 기준을 정하는 것이 이 단계에서 할 일이다.

3단계: 올바른 태도 구축

무엇을 해야 할지 목표가 분명하다고 해서 그것을 바로 적극적으로 실행할 수 있는 것은 아니다. 우리가 성과 증진 사이클에서 이미 살펴본 것처럼 특정한 성과 증진을 위해서는 올바른 태도 형성이 가장 먼저 필요하다. 영업 담당자가 이 개선 과제에 대해서 필요성, 욕구, 자신감, 그리고 의지를 가지고 있는지를 소통하고 점검하는 이 3단계가 생략된다면 그것은 헌신이 아니라 복종을 강요하는 것에 지나지 않는다.

4단계: 자원 제공

성과 코칭이 성공하기 위해서는 올바른 자원이 제공되어야 한다. 물론 시간도 필요하다. 특정한 개선 과제의 가시적 결과를 보기 위해서는 어느 정도의 시간이 필요한지 사전 합의하는 것은 기본이다. 필요하다면 예산과 장비, 적절한 정보와 교육이 제공되어야 할 수도 있다. 코칭은 단지 말로만 하는 것이 아니다. 성과 개선에 필요한 지식과 스킬을 확인하고 이를 보완하기 위해 교육을 제공하거나, 시간을 부여하는 등 구체적인 자원을 투입해야 한다. 자원 제공이 다 비용이 드는 것은 아니다. 무엇보다 중요한 것은 관련자의 의지이다.

5단계: 연습과 스킬 개발

성과의 개선을 위해서는 크고 작은 시행착오가 필연적이다. 스타트업 기업을 위한 성공 조언 중에 "작은 실수를 최대한 빨리, 많이, 자주 하라"는 말이 있다. 이는 영업 담당자에게도 마찬가지이다. 콜드콜 성공률이 낮은 직원이 있다면 이를 위해 필요한 태도를 구축하고 스크립트나 관련 지식을 제공한 후에 연습을 시켜야 한다. 관리자 앞에서 직접 해보는 것이다. 연습, 시행착오, 코칭을 연쇄적으로 진행하면서 개선을 확인해 나가는 과정이 필요하다. 영업 관리자가 모든 연습 기회를 다 줄 수는 없다 하더라도 최소한 영업 담당자 스스로가 연습과 경험의 기회를 어떻게 가질지 확인하는 것은 필요하다.

6단계: 지속적인 진보를 위한 강화

개선하기로 한 부분이 한 번 잘되었다고 해서 그것이 계속 반복되는 것은 아니다. 작은 진전이 일어날 때 그때를 놓치지 말고 피드백하고 격려해야 한다. 그리고 이를 통해서 지속적인 강화가 일어나야만 최종적인 성과로 이어질 수 있다. 계속 발전하도록 자극하지 않으면 사람은 곧 예전 상태로 되돌아가기 마련이다. 무언가를 깨달았다고 해서 그대로 실천할 것이라고 믿는 것은 착각이다. 사람은 아는 대로 행동하는 것이 아니다. 오히려 늘 하던 대로 행동한다. 이 습성을 극복하고 변화하기 위해서는 끈기 있게 변화된 행동을 추적하고 피드백을 통해 강화하는 것밖에는 달리 방법이 없다.

7단계: 보상

2단계에서 정의한 기대 성과가 이뤄졌다고 판단되면 약속한 보상을 제공해야 한다. 물론 그 보상이 반드시 금전적인 것이어야 하는 것은 아니다. 때로는 비금전적인 보상이 더 강한 자극이 된다. 진심을 담은 말 한 마디도 보상이다. 아주 작은 선물과 인정도 가능하다. 물론 조직의 공식적인 보상체계에서는 물질적인 보상이 필요하다. 하지만 그조차도 사람의 진심이 더해질 때 효과가 배가한다. 사람은 적절한 보상을 받게 되면 그 일을 계속하려는 경향이 있고, 그 일을 계속하다 보면 결국 그것은 습관이 된다. 그리고 어떤 한 가지 행동이 습관이 될 때라야 비로소 그것이 한 번의 요행이 아닌 지속적인 성과로 이어지게 된다.

카네기 세일즈 리더십

DoM 005

사람을 통해 결과를 만드는
카네기 세일즈 리더십

초판 1쇄 인쇄 2021년 8월 27일
초판 1쇄 발행 2021년 9월 16일

지은이 홍헌영, 김선민
펴낸이 최만규

펴낸곳 월요일의꿈
출판등록 제25100-2020-000035호
연락처 010-3061-4655
이메일 dom@mondaydream.co.kr

ISBN 979-11-972053-8-5 (03320)

'월요일의꿈'은 일상에 지쳐 마음의 여유를 잃은 이들에게 일상의 의미와 희망을 되새기고 싶다는 마음으로 지은 이름입니다. 월요일의꿈의 로고인 '도도한 느림보'는 세상의 속도가 아닌 나만의 속도로 하루하루를 당당하게, 도도하게 살아가는 것도 괜찮다는 뜻을 담았습니다.
"조금 느리면 어떤가요? 나에게 맞는 속도라면, 세상에 작은 행복을 선물하는 방향이라면 그게 일상의 의미이자 행복이 아닐까요?" 이런 마음을 담은 알찬 내용의 원고를 기다리고 있습니다. 기획 의도와 간단한 개요를 연락처와 함께 dom@mondaydream.co.kr로 보내주시기 바랍니다.